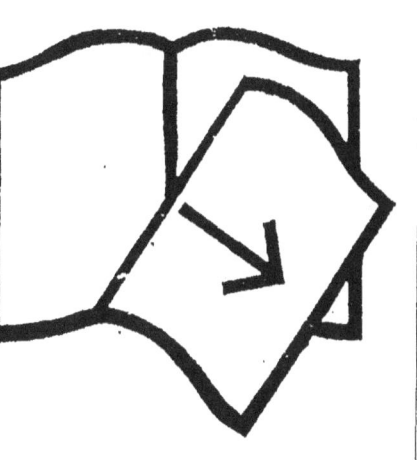

Couverture inférieure manquante

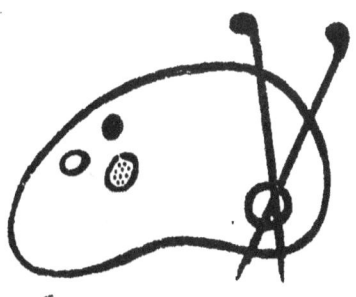

Original en couleur
NF Z 43-120-8

IGNIS

NANCY. — IMPRIMERIE BERGER-LEVRAULT ET Cie

IGNIS

Ignis ubique latet; naturam amplectitur omnem,
Cuncta parit, renovat, dividit, unit, alit.

PARIS

BERGER-LEVRAULT ET Cie, LIBRAIRES-ÉDITEURS

5, RUE DES BEAUX-ARTS, 5

—

1883

Tous droits réservés.

PRÉFACE

L'entreprise industrielle et scientifique, dont le récit va suivre, laisse loin derrière elle les plus grands travaux accomplis : forages de montagnes, percements d'isthmes et autres œuvres réputées gigantesques.

Le succès de cette affaire est tellement considérable, ses résultats sont si fructueux que l'humanité tout entière fait fortune et que, devenue riche et heureuse, dégagée des problèmes économiques, sociaux et politiques, elle n'a plus qu'à se laisser vivre au milieu des luxuriances édéniques du monde nouveau qu'elle a créé.

Ce rêve n'est-il pas, dans une certaine mesure, la vérité de l'avenir ?

Il semble conforme aux vues de la nature qu'avant que la Terre devienne Lune et que ses habitants périssent, l'homme en fertilise tous les sillons, en recueille toutes les sèves, en épuise toutes les sources ; de même que le moissonneur n'abandonne son champ que la récolte achevée.

Or, le FEU CENTRAL TERRESTRE, *objet de cette étude, est une source de force, de chaleur, de richesses et de puissances protéiques immense, presque inépuisable et jusqu'à ce jour inexploitée. Mais l'attention y est appelée ; la curiosité s'y porte ; et, à l'heure où je parle, un savant ingénieur français dresse les premiers plans de cette conquête superbe et rectifie au compas et à l'équerre les routes ouvertes par le romancier.*

Ici, comme en d'autres œuvres où l'on a mis la vérité scientifique aux prises avec la fable, le lecteur doit s'attendre à de dures épreuves : il sera projeté dans l'espace, précipité dans l'abîme, traîné de catastrophe en cataclysme, mais par d'autres chemins, vers un but différent et dans un autre esprit.

Car ce livre est, ou du moins a voulu être une satire autant qu'un récit.

Railler la chimie, la géologie, la philosophie, la physique ou les mathématiques est une audace démesurée ; et ces grandes dames de la science auront, si elles daignent, une réplique facile.

Elles diront que, pareil au renard de la fable, je trouve trop verts des raisins pendus trop haut, et que, tournant autour de l'arbre de science, j'en mutile le tronc et lacère les branches à défaut d'en savoir cueillir les fruits.

Et ce qu'il y a de pis pour moi, c'est qu'elles diront la vérité.

IGNIS

PREMIÈRE PARTIE

CHAPITRE PREMIER.

OÙ LE LECTEUR EST PRIÉ DE FAIRE UN PEU DE TOILETTE

(*HABIT NOIR ET LUNETTES D'OR*).

Je vous prie d'agréer, Monsieur, toutes mes excuses d'une semblable exigence, mais nous sommes en Angleterre, où l'étiquette est rigoureuse, où l'on ne fraie ensemble qu'après avoir été présentés ; et l'assemblée des actionnaires de la Compagnie du Feu central, qui va se réunir dans un moment, m'a semblé une occasion précieuse de vous présenter à ses fondateurs.

Je souhaiterais que de part et d'autre l'impression fût bonne, qu'elle jetât les bases d'une estime mutuelle et de relations cordiales, et que, dans le monde d'élite où je vais les conduire, mes lecteurs fussent reconnus tout de suite pour des lecteurs distingués.

Veuillez donc, Monsieur, et vous, Madame, faire un peu de toilette avant d'entrer dans le chapitre suivant, et garder, cela va sans dire, une bonne tenue pendant sa durée. D'ailleurs, pas d'excès, pas de cravate blanche ni de gants paille en plein jour, pas de lunettes en écaille, qui donnent aux yeux un faux air d'huîtres. L'élégance de la mise consiste, avant tout, dans son appropriation aux circonstances et aux milieux. Tout le monde sait que M. de Buffon, qui mettait son habit pour décrire le cheval, restait en vareuse pour parler du cochon.

Ces explications suffiront, je l'espère, pour que vous ne me gardiez pas rancune de cette exigence, et même pour que vous me sachiez gré de vous avoir prévenus.

Mon Dieu! je ne trahirai personne, mais je nommerais, si je le voulais, des lecteurs, même recommandables, qu'on surprendrait lisant dans une tenue et dans une pose très négligées ; le lecteur en robe de chambre, économe et frileux, qui se pelotonne sans grâce, les pieds sur sa chaufferette, la tête sous l'abat-jour de sa lampe, chauffé, par ses deux bouts, avec le minimum de dépense ; — le lecteur apoplectique, qui lit, la tête en bas, les jambes sur la cheminée, espérant, par cette ruse, tromper le cours du sang et le faire monter aux pieds ; — le lecteur apathique, qui lit par hygiène, comme on mange des légumes ; — le lecteur très vieux et revenu à l'enfance, qui épèle tout haut, brouille les lignes dans sa loupe, n'y comprend rien du tout, et déplore, en branlant la tête, l'obscurité des auteurs de ce temps ; — le lecteur d'été, qui se berce en hamac, aux accords de Lamartine ; — le lecteur du dimanche, qui prend l'air de Romainville dans un volume de Paul de Kock ; — le liseur en pleine rue, variété dangereuse et bonne à détruire, qu'on reconnaît, même au repos, à ses lunettes obliques, un œil sur le chemin, un autre sur le livre, à son chapeau bossué par les rencontres, à son parapluie taillé, par le manche, en couteau à papier, ce qui est du dernier gommeux, sur le turf austère des savants en *us*.

Le couteau à papier ! La manière de couper le livre ! Quels éléments féconds de diagnose psychologique ! Le couteau d'ivoire, grand comme un sabre turc, que l'on brandit sur le volume, et qui fait trembler ses feuillets comme des feuilles ; — le lecteur sans couteau, qui mouille avec sa langue, et sépare la tranche par imbibition ; — le lecteur passionné, qui tourne la page tout de suite, à tout prix, la coupe avec sa main, sa brosse à dents, son tire-bottes ; de sorte que le volume déchiré par les bords, hérissé par les déchirures, a l'air, lorsqu'il est lu, d'un caniche en papier. Les lectrices, surtout les blondes, coupent doucement les pages du bout de leur index effilé ; les brunes, entières dans leurs idées, et en défense contre le livre, s'arment d'épingles à cheveux, à double pointe, très commodes pour crever les yeux de l'auteur.

Mais Dieu me garde de m'en prendre aux lectrices qui, n'ayant pas, comme les lecteurs, à dissimuler leur laideur natale et les disgrâces de leur espèce, seront les bienvenues, dans quelque toilette qu'il leur plaira venir, telles qu'elles sortiront des mains du couturier, ou telles qu'elles sont sorties des mains du Créateur.

CHAPITRE II.

ASSEMBLÉE DES ACTIONNAIRES DE LA COMPAGNIE GÉNÉRALE D'ÉCLAIRAGE ET DE CHAUFFAGE PAR LE FEU CENTRAL DE LA TERRE.

Les actionnaires réunis représentant plus des quatre cinquièmes du capital social, l'assemblée se déclare constituée. Lord Hotairwell, fondateur, est nommé président ; M. Edward Burton, secrétaire. — Le vicomte Powell et M. Stopman prennent place au bureau, en qualité d'assesseurs.

M. le Président prend la parole, et s'exprime en ces termes :

« Messieurs,

« Dans votre assemblée du 20 avril dernier, vous avez confié à MM. les ingénieurs James Archbold et

William Hatchitt, ainsi qu'à M. Samuel Penkenton, professeur à l'Institut géologique, la mission de vous présenter un rapport sur les trois questions suivantes :

« 1° Le feu central de la terre existe-t-il ?

« 2° Son exploitation est-elle à la portée de l'homme ?

« 3° Quels seraient les charges et les bénéfices de cette exploitation ?

« Ces messieurs ont achevé leur étude, et sollicitent l'honneur de vous en faire connaître le résultat. En conséquence, je donne la parole à M. le Dr Samuel Penkenton. »

RAPPORT

DE M. LE PROFESSEUR SAMUEL PENKENTON

« Messieurs,

« A une époque éloignée, que Buffon fixe à 74,047 ans, que d'autres estiment à un billiard d'années, et qu'il est plus exact de ne pas préciser, un nuage s'échappa du soleil, et vint, en tournoyant, occuper dans l'éther la place que lui montrait un grand doigt invisible.

« Ce nuage était la terre à venir, et les temps anté-préhistoriques commençaient.

« Isolée dans l'immensité froide, la nébuleuse flamboya encore, et peu à peu s'éteignit. Une pellicule rida sa face ; les scories de sa combustion voilèrent sa flamme, comme un globe dépoli obombre une lampe ; la lueur solaire, étouffée sous sa cendre, devint le feu central terrestre.

« L'existence du feu central, la survivance, au sein du globe, de sa flamme originelle, sont attestées par les plus anciens peuples qui, survenus peu après que ce foyer venait de disparaître, ont marché sur ses cendres encore chaudes, et l'ont presque entrevu.

« Ces peuples ont élevé au rang d'un dogme leur croyance au feu de la terre, et l'ont sacré Roi d'empires mystérieux et infernaux. Moïse a célébré le feu qui brûle au chéol-profond, et qui embrase les fondements des montagnes. Platon et Aristote lui ont rendu témoignage. Pythagore a indiqué ses limites. Hérodote a expliqué qu'il fallait neuf jours pour y descendre ; et le géomètre Dionysiodore, avec une précision remarquable, a évalué sa distance à 42,000 stades.

« La science a confirmé ces témoignages ; et, remontant jusqu'à la création, tous les étages de ses métamorphoses, nos savants se sont faits les témoins de la Genèse. Newton et Laplace, dans des visions sublimes, ont surpris le grand œuvre des molécules cosmiques, s'accouplant dans l'espace, se soudant en nuages, s'enroulant en sphères, pour devenir des mondes. Cuvier, Arago, Saussure, scrutant notre planète de ses profondeurs à ses cimes, ont senti la chaleur du feu central et l'ont mesurée, croissant toujours, à mesure qu'ils descendaient vers son foyer [1].

« Le feu terrestre se proclame d'ailleurs, lui-même, par les tremblements de terre et par les volcans ; par les soffioni, les geysers, les eaux thermales, dont il chauffe la source ; par les oscillations du sol qui, depuis un siècle, ont exhaussé les côtes du Chili et de la Norwège, surélevé le temple de Sérapis ; ressacs des tempêtes de cet océan de flammes, respiration de géant oppressé sous son armure.

« En face de pareilles évidences, comment, Messieurs, s'attarder à des preuves ? Le feu central existe ; et moi, Samuel Penkenton, délégué par vous pour vérifier son existence, d'accord avec l'immense majorité de mes collègues, je déclare la certifier.

« Signé : Samuel אן Penkenton, *géologue*. »

Après la lecture de ce rapport, chaleureusement accueilli par l'assemblée, un membre demande la parole pour présenter une objection. M. le Président

---

[1]. Des observations de Gensanne, de Saussure, de Humboldt, il résulte que la progression de la chaleur, à mesure que l'on avance dans la profondeur terrestre, est de un degré par 30 à 35 mètres. (Note de M. le docteur Penkenton.)

lui fait observer que la discussion sera plus profitable lorsque l'assemblée aura pris connaissance de tous les faits de la cause ; et en conséquence, invité MM. les ingénieurs James Archbold et William Hatchitt à donner lecture de leur travail.

RAPPORT

DE MM. JAMES ARCHBOLD ET WILLIAM HATCHITT

« Messieurs,

« L'entreprise que nous avons reçu mission d'étudier, aux points de vue de ses moyens d'exécution, de ses bénéfices et de ses dépenses, a pour but, comme vous le savez :

« 1° D'établir une communication entre la surface de la terre et son réservoir de chaleur, nommé Feu central, au moyen d'un puits de profondeur appropriée.

« 2° De construire une ville modèle, sur des plans entièrement nouveaux, adaptés à la civilisation, également nouvelle, qui prendra sa source dans ce puits. Cette ville sera nommée Industria, et pourra recevoir 25,000 habitants. Ce puits, d'une profondeur de 3 lieues, sur 45 pieds de diamètre, devra fournir chaque jour, sous forme de vapeur, d'air chaud ou d'électricité, un million de chevaux-vapeur (203,000 calories); soit, par habitant, 40 chevaux affectés à son service et dressés par la science mécanique à tous les emplois de la domesticité ou de l'industrie.

« 3° D'exploiter le monopole que la Compagnie du Feu central s'est acquis par ses brevets, en se faisant entrepreneur des puits géothermaux que d'autres voudront creuser à son exemple; ainsi que des canalisations, conduites, tubes, tuyaux et tubulures, réservoirs d'arrondissements, citernes cantonales, bacs de vapeur pour stations de chemins de fer, et tous autres dépôts de feu central qu'il sera jugé utile d'établir.

« Les bénéfices d'une pareille entreprise sont extrêmement longs à chiffrer, étant énormes comme leur source, et se confondant, par leur durée, avec la durée même de cette planète et de son humanité. Aussi, éprouve-t-on tout d'abord la crainte que les obstacles et les dépenses ne leur soient proportionnés. Il n'en est rien heureusement; la dépense est modique, et les difficultés sont celles du premier terrassement venu.

« Notre globe, Messieurs, n'est qu'un vase en terre dont les parois de 40 kilomètres d'épaisseur sont remplies de mille soixante milliards et demi de mètres cubes de vapeurs ou de feu liquide; et il ne s'agit que de pratiquer une prise de vapeur sur cette chaudière, de donner un coup de vilebrequin dans cette paroi ; opération qui s'exécute chaque jour dans nos ateliers, avec la différence que nos chaudières sont en cuivre et en fer, tandis que la croûte terrestre est d'argile, et que nous nous proposons de trouer une partie seulement de son épaisseur.

« Nous étant convaincus, Messieurs, de la facilité d'arriver au feu central, il nous restait le devoir d'examiner si le forage d'un puits était le meilleur chemin ; car d'autres voies s'offraient à nous très séduisantes, il faut en convenir, tout ouvertes, et en apparence plus économiques : la voie des volcans, de ces déversoirs du feu central, auxquels il suffirait, ce semble, d'adapter un robinet et un couvercle, pour en capter la chaleur et la distribuer ; fallût-il, au préalable, y faire quelques travaux intérieurs, pour régulariser et accroître le débit : travail nouveau, d'un vif intérêt, dans lequel votre commission se fût jetée avec plaisir.

« Mais l'Angleterre et l'Irlande ne possèdent que des volcans éteints, effacés même de la surface, et qui eussent exigé de grands frais pour retrouver le filon de leur flamme, depuis si longtemps disparu. D'autre part, y avait-il chance de trouver ailleurs un volcan, dans de bonnes conditions, à vendre ? Votre commission se l'est demandé et a porté successivement son regard sur les cratères les plus estimés.

« Tout d'abord, il a fallu écarter quelques sujets d'une grande énergie, mais d'une mauvaise nature, ou trop éloignés. L'Islande, notamment, dont un coup de bêche, écorchant le sol, fait jaillir le feu et l'eau chaude, mais trop peu centrale ; en Amérique, le Cotopaxi, qui produit surtout de l'acide carbonique, et serait spécialement propre à la fabrication de l'eau de Seltz ; à Java, la Papandayang, volcan d'une belle puissance, mais inapplicable à l'industrie, tant qu'il se bornera à une éruption par siècle.

« Revenant en Europe, notre attention s'est portée sur le Stromboli, bon volcan, d'une activité persévérante depuis vingt siècles, recommandé par Homère pour la beauté de sa flamme et classé par lui parmi les phares de la Méditerranée, mais situé dans un pays abrupt, sur une mer dont les îles amphibies émergent ou plongent à l'improviste, comme l'île Giulia qui, depuis 1831, a passé 44 ans sous l'eau.

« Sur le Vésuve qui déploie, en ce moment, une louable activité, mais sujet à des paresses qui durent huit et dix ans. La Compagnie du Feu central, en faisant appel à son concours, s'exposerait à subir des chômages, ou à se lancer dans des améliorations dispendieuses au sein de son cratère. Les aptitudes du Vésuve le destinent moins, d'ailleurs, à être un producteur de feu et de force motrice qu'un volcan de luxe et de promenade. S'il a ruiné Herculanum et Pompéï, il enrichit Portici et Naples de la dépouille des étrangers qu'il attire ; et ces villes ne consentiraient pas plus à vendre leur volcan, que les Alpes leurs glaciers ou les Pyrénées leurs cascades.

« L'Etna, que nous avons étudié enfin, présente un remarquable ensemble de qualités, mais dont il a les défauts. Nous doutons que la violence de son cratère lui permît de supporter un couvercle : et comment blinder, luter, garantir des fissures une montagne en pression, de trente lieues de tour, de 3,315 mètres d'altitude, nous obligeant à l'effort illogique de monter dans les nuages pour descendre au sous-sol ?

« L'examen approfondi de ces différents moyens nous a conduits à les abandonner, et à choisir, préférablement à la voie rapide suivie par Empédocle, un chemin plus sûr, un puits qui nous mène au but pas à pas, mais à la vitesse certaine de 1 degré de chaleur par 32 mètres ; soit 12,000 mètres à creuser, pour obtenir les 203,000 calories correspondant au million de chevaux-vapeur proposé.

DEVIS D'UN PUITS GÉOTHERMAL

DE 15 MÈTRES DE DIAMÈTRE SUR 12,000 MÈTRES DE PROFONDEUR, AVEC VILLE DE 25,000 HABITANTS.

Déblais, fouille, montage, rangement et transport de 2,124,000 mètres cubes à 60 fr. l'un...	127,440,000 fr.
Structure métallique, 120,000 tonnes de fer à 700 fr. l'une.............	84,000,000
A reporter........	211,440,000 fr.

Report.	211,440,000 fr.
Bétonnage et maçonnerie, 700,000 mètres cubes, à 30 fr. l'un	21,000,000
Canalisation de la force motrice 6,250,000 mètres cubes, à 10 fr. le mètre cube	62,500,000
(Terrains à bâtir) achat de 10,000 hectares à 5 fr. le mètre	500,000,000
Construction d'une ville modèle de 25,000 habitants, avec jardins, squares, campagne autour et cité industrielle dans le sous-sol . . .	100,000,000
Intérêts du capital pendant la construction du puits (894,940,000 fr. à 5 p. 100 pendant huit ans)	357,976,000
Frais d'émission et de publicité, gratifications, remises, commissions, pots-de-vin aux journaux et pourboires aux banquiers	22,820,000
Dépense totale.	1,275,736,000 fr.

PRODUITS ANNUELS.

Les bénéfices à recueillir de l'opération consistent :

1° Location des immeubles construits par la Compagnie; 10 p. 100 du capital correspondant	10,000,000 fr.
2° Location de la force motrice, à raison de 2 fr. par cheval-vapeur et par jour, au lieu de 3 fr. 50 c. (prix actuel)	730,000,000
Total du bénéfice	740,000,000 fr.

« Soit 58 p. 100 du capital engagé.

« Auxquels bénéfices viendront s'ajouter les droits d'exploitation des brevets de la Compagnie, et les gains résultant de l'entreprise générale de tous les puits géothermaux.

« Nous sommes prêts, Messieurs, à discuter devant

vous, dans leurs détails et sous-détails, les chiffres que nous venons d'avoir l'honneur de vous soumettre.

« Signé : William Hatchitt et James Archbold,
« *ingénieurs.* »

La lecture de ce rapport est suivie d'une discussion approfondie, à laquelle prennent part MM. Stopman, Tom Barnett, le vicomte Powel, James Archbold, William Hatchitt, et divers membres de l'assemblée.

M. Greatboy ayant demandé à poser une question, M. le Président lui donne la parole.

L'honorable membre, tout en rendant pleine justice aux études si consciencieuses des éminents ingénieurs, exprime la crainte qu'ils n'aient oublié un point de vue.

MM. James Archbold et William Hatchitt protestent avec force, et affirment que jamais, de mémoire d'homme, un ingénieur, sortant de *Polytechnic School,* n'a oublié un point de vue. Ils estiment cette allégation regrettable, et somment M. Greatboy de s'expliquer.

M. Greatboy s'explique. Il craint que, les puits géothermaux prenant trop d'extension, à raison même de leurs grands avantages, le feu central ne soit inconsidérément exploité, et prématurément épuisé. Avant d'engager définitivement ses capitaux, l'honorable actionnaire désirerait que MM. les ingénieurs pussent garantir au feu central terrestre un minimum de durée, 99 ans par exemple, durée égale à celle de la Société.

MM. James Archbold et William Hatchitt répondent que M. Greatboy a joué de malheur en s'attaquant précisément au point de vue qu'ils ont le mieux étudié, non seulement comme ingénieurs chargés des intérêts de la Compagnie, mais encore comme d'honnêtes gens, désireux que la génération contemporaine ne dilapide point une richesse aussi importante que le feu central, patrimoine indivis de toute l'humanité; et qu'elle en laisse leur part à ses descendants. Que M. Greatboy se rassure : l'approvisionnement de feu terrestre répond aux plus larges éventualités; et, en admettant, comme une raisonnable moyenne, la création d'un puits d'un million de chevaux par 100,000 habitants de cette planète, il y en aurait, d'après les calculs les plus précis, non pas pour 99 ans, mais pour 2,153,300,000 siècles. Il appartiendra, d'ailleurs, à la Compagnie concessionnaire des forages d'en modérer l'extension.

M. Greatboy répond qu'il se félicite d'avoir posé une question dont la réponse dépasse toutes ses espérances. Il se déclare satisfait, et remercie MM. les ingénieurs.

Personne, dans l'assemblée, ne demandant plus

la parole, M. le Président se lève et prononce l'allocution suivante :

« Messieurs,

« Après les rapports si lumineux que vous venez d'entendre, si pleins de faits, appuyés de pareils chiffres ; après cette discussion qui a dissipé les dernières ombres, quels doutes pourraient subsister ? quelles objections oseraient se produire ?

« La terre existe : les explications de M. le géologue Penkenton ne laissent à cet égard aucun doute... Le feu central survit dans son sein, et sa conquête s'offre à nos efforts. A travers une mince pellicule, par delà le mur de terre qui nous sépare, ce feu nous tend ses bras de flammes ; et par ses trois cents bouches en activité, par la voix de ses tonnerres, par ses éruptions, par tous ses tremblements, il crie à l'homme qui ne l'avait pas encore entendu : « Je
« suis l'âme et le génie de la terre, sa lumière, sa
« chaleur, sa force sans limite, éternelle autant que
« ton humanité. Je suis un monstre mal enchaîné,
« terrible ; un démon qui attise mes feux sous tes
« continents et qui les y précipite à mon gré !....
« Mais je puis, si tu le veux, t'aimer et te servir ;
« tourner, comme l'esclave antique, la meule de tes
« moulins, les rouages de tes usines, enfler la voile
« de tes navires, animer de mon souffle de flamme,

« tes chevaux de fer courant sur les rails, et te
« réchauffer un jour, lorsque le dernier débris de
« tes forêts et de tes houillères se sera éteint dans
« ton foyer. »

« Voilà ce que dit le feu central ! Hâtons-nous de lui répondre. Ouvrons une large brèche dans la prison qui l'enserre ; captons, dans ses entrailles, cette source plus vivifiante si elle est plus profonde ; creusons jusqu'aux abîmes les fondements de la cité nouvelle, dont les murailles s'élèveront plus hautes, comme se dressent les grands arbres sur de puissantes racines.

« Jérusalem britannique, assise au bord d'un fleuve de lumière ! rayonnante d'incomparables clartés ! Qui pourra mesurer la hauteur de tes tours, dont le pied posera sur l'antique nébuleuse ; dont les nuages voileront la cime ? Métropole de l'avenir ! semence de cités qui vont croître et fleurir sur le sol fertile de la patrie ; qui se grefferont l'une à l'autre et ne seront plus qu'une ville ; qui feront de l'Angleterre, reliée aux continents par la main qu'elle leur tendra sous la Manche, une manufacture occupant tout un peuple, et versant sur le monde, par son tunnel-entonnoir, ses bienfaits et ses produits. »

Les applaudissements qui ont accueilli ces éloquentes paroles étant calmés, M. le Président propose de mettre aux voix :

1° Les conclusions des rapports des ingénieurs et de celui de M. le professeur Penkenton;

2° La résolution de constituer la Société définitive d'éclairage et de chauffage par le feu central, au capital de 50 millions de livres sterling ou un milliard et quart de francs, divisé en 2 $1/2$ millions de titres de 500 fr.

3° Le choix d'un comité qui, sous la présidence de lord Hotairwell, fondateur, prendra immédiatement les mesures nécessaires à la formation du capital social par voie de souscription publique.

Ces résolutions sont votées par acclamation.

MM. James Archbold, William Hatchitt, Samuel Penkenton et Edward Burton sont adjoints à lord Hotairwell, comme membres du comité d'émission; et l'assemblée, ayant épuisé son ordre du jour, se sépare après clôture du procès-verbal signé par les membres du bureau ès noms et date que dessus.

Munis de ces pouvoirs, les administrateurs délégués se mirent à l'œuvre, et s'occupèrent d'abord, par les moyens convenables, de former la conviction des journaux. Ceux-ci commencèrent aussitôt à expliquer l'affaire, simplement, sans emphase, sans parti pris d'optimisme, mais au contraire en l'analysant avec minutie, en la scrutant avec sévérité, en l'envisageant sous tant de faces et en la retournant sur tant de bases, que ses créateurs avaient parfois peine à la reconnaître, et que les conclusions favorables, résultant d'un examen si austère, émurent profondément le public.

Les autres moyens de publicité ne furent pas davantage négligés : les circulaires imprimées ou manuscrites, personnelles et confidentielles ; les placards de tout format, ceux qui stupéfient l'œil par leurs dimensions gigantesques, et d'autres, à peine lisibles, qui amorcent par l'appât du mystère.

Satisfait des premiers résultats, mais sans cesse appliqué à mieux faire, le conseil d'administration fit tirer plusieurs millions d'affiches de la taille et de la forme d'un pain à cacheter, qui furent, pendant la nuit, apposées en telle abondance que Londres, à son réveil, eut horreur d'elle-même, en se voyant couverte de ces pustules. Mais l'éruption continua tout le jour : les passants, les voitures, les chiens, les chevaux, les portes et les murs, toute chose ayant un corps et tout être montrant une face, reçurent l'estampille de la Compagnie. La population se fâcha, et un gentleman, moucheté comme un tigre par les afficheurs, intenta un procès. Les administrateurs s'engagèrent avec plaisir dans cette voie de publicité judiciaire. Condamnés par les premiers juges, ils traînèrent leur adversaire devant toutes les cours, pour finalement s'entendre condamner à 10,500 fr. de dépens, somme bien inférieure au bruit profitable qu'avait fait le procès.

Sans entrer dans plus de détails, qu'il suffise

d'assurer que, durant trois mois, pas un Anglais ne put sortir de chez lui ou y rester, sans que, à chaque instant et sous les aspects les plus divers, la Compagnie du Feu central vînt se rappeler à son souvenir.

Aussi l'intérêt public était-il éveillé à l'extrême; ses bonnes dispositions atteignaient leur comble, et jamais moment ne fut plus psychologique pour ouvrir des guichets à la foule avide de souscrire.

Mais, par une maladresse que l'on n'eût pas attendue de tels hommes, on ne vit pas de guichets s'ouvrir. L'époque de l'émission resta vaguement indiquée; et un silence, une apathie inexplicables succédèrent si complètement à tout ce bruit, qu'il devint même impossible d'avoir audience d'un administrateur, ou d'obtenir un renseignement.

S'informait-on de lord Hotairwell, fondateur et cheville ouvrière de l'entreprise? son secrétaire vous répondait qu'il était parti, toute affaire cessante, appelé en Écosse par un passage de bécassines.

Les bécassines sont des oiseaux qui fixent eux-mêmes leur passage et l'époque de leur ouverture, à laquelle il faut se soumettre, si l'on veut les chasser. Aussi excusait-on quelque peu lord Hotairwell, tout en blâmant la légèreté des gens du monde qui se lancent dans les affaires, jettent feu et flammes, et s'éteignent comme un feu de Bengale.

Mais l'étonnement n'avait plus de bornes lorsque,

poursuivant ses recherches, on apprenait que l'ingénieur en chef de la Compagnie, M. James Archbold, dont la santé n'avait jamais fait un pli, prenait des douches à Brighton, et que son bras droit, M. l'ingénieur Hatchitt, ayant obtenu un congé, visitait les travaux du tunnel sous la Manche et ne semblait pas près d'en sortir.

Il est vrai que M. le géologue en chef, Samuel Penkenton, n'avait pas quitté Londres, et quelques personnes s'étaient hasardées à l'interroger. Mais M. Penkenton, prenant son air le plus fossile, et sans paraître comprendre, avait répondu des choses incohérentes, dans une langue morte avant le déluge. Or, pour peu que l'on connût ce savant bizarre et irascible, toujours armé de sa canne-massue, on ne se risquait pas à insister, lorsqu'il lui déplaisait de répondre. Il fallait, en vérité, qu'une Compagnie eût perdu la tête pour s'absenter en un moment semblable, et en ne laissant qu'un pareil représentant.

Ces procédés fâcheux, ces manques d'égards pour le public, causèrent à Londres et dans toute l'Angleterre autant de mécontentement que de surprise. Mettre un peuple en émoi, lui faire déplacer ses fonds, tenir prêts ses capitaux, l'amorcer avec cette ardeur, pour lui retirer l'appât et le planter là, bouche béante, c'était par trop se moquer. Aussi, les bruits les plus désobligeants ne se faisaient faute de courir. On disait la souscription clandestinement couverte avant d'être émise : le changeur Goldlove, syndiqué avec le banquier Shyllokston, avait acheté l'affaire pour la revendre extrêmement majorée ; et, comme toujours, les souscriptions sincères et les petites bourses seraient sacrifiées.

Tout le monde cherchait un dessous de cartes, personne ne pouvant croire à tant de maladresse ; chacun, à tout hasard, portait sur soi son argent, se tenait prêt à souscrire, surveillait son voisin et le soupçonnait d'être dans la confidence : population d'aspirants actionnaires, lancée à la poursuite de son siège social évadé. Poursuites stériles dont l'insuccès aiguisait, chaque jour, les dépits et les colères. On tint des meetings et l'on y prit des résolutions. La police craignit des troubles ; et il est certain qu'on se fût porté à des violences, s'il y avait eu quelqu'un pour les subir. Mais, comme on l'a dit, M. le professeur Penkenton, seul administrateur présent, était peu connu du public et impropre, en raison de son mauvais caractère, à jouer le rôle de victime.

Si donc les premiers agissements de ses administrateurs avaient bien servi la Compagnie, en la faisant connaître et en appelant sur elle la faveur populaire, on peut dire que leur maladresse et leur incurie avaient décuplé ces bons résultats. L'empressement du public était devenu de la rage, et leur négligence eût été largement réparée s'ils avaient su en tirer parti.

Dans la nuit du 7 août, vers 11 heures trois quarts, les habitants de Londres eurent une vive alerte. Un incendie avait éclaté au delà de Regent's Park, et ses flammes, alimentées sans doute par des produits chimiques, projetaient jusque sur la Cité des lueurs de feu d'artifice et de dangereuses fusées.

La brigade de feu, aussitôt prévenue, s'élance ventre à terre de son quartier de Wathing-Street, devancée, de trois longueurs de pompe, par M. le capitaine Shaw, son commandant. Emportés au galop furieux de quatre bons demi-sang du Lincoln, tandis que, dans leurs flancs, les chevaux-vapeur s'éveillent sous le fouet du chauffeur, les chariots, conduits par ces hommes bardés de casques et armés de lances, ont l'aspect des chars de guerre antiques. Ils sillonnent les rues avec un bruit d'orage, et fendent la foule qui les acclame et stimule par ses cris leur course rapide. Car l'inquiétude est extrême : un incendie aussi intense qu'on peut le conjecturer par l'éclat qu'il jette, est la ruine et la mort de Cambden-Town tout entier, et une moitié de la ville contiguë à ce faubourg peut devenir également la proie du sinistre.

Aussi, quelle détente dans les cœurs, quel enthousiasme, quelles clameurs de gratitude, quels tonnerres d'applaudissements frappés, dans leurs paumes, par deux cent mille mains, lorsque l'incendie acquérant une violence nouvelle et les flammes se surélevant à une hauteur terrible, dessinèrent en lettres étincelantes ces mots sur la nuit sombre :

COMPAGNIE DU FEU CENTRAL.
A DEMAIN !! 9 HEURES !....

Le lendemain, dès l'aube, la population de Londres, ne s'étant pas couchée, était debout ; et la Compagnie du Feu central l'attendait de pied ferme dans soixante bureaux-kiosques dressés pendant la nuit, pourvus chacun d'un caissier de confiance embusqué derrière son grillage, et prêt à l'ouvrir à l'heure sonnante.

Dès longtemps avant 9 heures, des queues énormes circonvenaient ces bureaux ; queues fébriles, nerveuses, frétillantes, s'emmêlant dans leurs nœuds de reptiles, faisant alliance ou s'envoyant des ruades ; telle queue perdant le kiosque qui lui servait de tête, et telle autre tête recevant plusieurs queues ; mais bientôt, le flux croissant toujours, toutes ces queues s'effacèrent, comme dans l'Océan les fleuves, et on ne distingua plus, sur la mer houleuse, que les kiosques portés sur des vagues d'épaules, tantôt les surnageant, tantôt noyés par elles, sans que d'ailleurs le travail de la souscription en souffrît, sans que ces caissiers d'élite, marsouins se jouant des flots, se ralentissent un instant.

A 10 heures, l'affluence fut telle que le Gouvernement eut des craintes et prit des mesures. Des renforts de police furent demandés aux villes voisines, mais ne purent être envoyés, attendu que ces villes se trouvaient, à la même heure, en proie à la même fièvre, et que la police, très occupée elle-même de souscrire, s'efforçait de percer la foule beaucoup plus que de la contenir.

Le bon sens britannique suffit à sauver l'ordre; et, d'un si grand tumulte, il ne résulta que des accidents sans valeur : le kiosque n° 36, série B, établi à l'entrée de Hyde-Park, ne put résister aux empressements de sa clientèle, et sombra dans le flot populaire qui n'en rendit pas les débris; et le kiosque n° 42, situé à l'extrémité ouest de Kensington-Garden, fut retrouvé le soir dans Victoria-Park, sans que l'employé qui l'habitait, tout à son travail, se fût aperçu de ce déplacement. Le remous de la vague humaine l'avait emmené à la dérive, comme une barque que la mer trompe et entraîne à l'insu du nocher.

La souscription fut couverte un si grand nombre de fois que quelques privilégiés, seuls, purent obtenir des fragments de titres; succès admirable dû, pour une part, à l'habileté des fondateurs, et pour une autre, à l'entreprise elle-même que le peuple anglais, si pratique, avait tout de suite jugée.

Comment en eût-il été autrement? Et quelles craintes les plus timorés auraient-ils pu concevoir? L'existence du feu central n'étant pas douteuse, les aléas se réduisaient à plus ou moins d'efforts et de dépenses : détails sans importance dans une affaire où les bénéfices devaient centupler le capital, où le capital avait deux milliards de siècles pour s'amortir. Aussi les souscripteurs furent-ils principalement des capitalistes sérieux, des pères de famille jaloux de classer dans leur portefeuille une valeur de tout repos, d'un grand revenu et susceptible d'une plus-value énorme. Placement industriel et foncier au premier chef, garanti par première hypothèque sur une portion de ce globe évidemment libre de privilèges antérieurs.

CHAPITRE III.

FÊTE D'INAUGURATION DE LA COMPAGNIE GÉNÉRALE D'ÉCLAIRAGE ET DE CHAUFFAGE PAR LE FEU CENTRAL TERRESTRE.

Pour peu qu'un lecteur vigoureux veuille me prêter son aide, nous soulèverons, à nous deux, la toiture de la salle à manger de Mansion-House, aussi facilement qu'on enlève le couvercle d'une soupière, et tout le monde pourra jouir du coup d'œil magnifique qu'offrent ce hall et la table immense, ourlée de ses 400 convives.

Si vous voulez bien regarder de ce côté, j'aurai l'honneur de vous présenter d'abord ce petit homme joufflu, assis à droite du Président. C'est M. Tom Barnett, marchand de chevaux et lord-maire de Londres, qui, resté obscur et maigre jusqu'à l'âge de

60 ans et forcé, sur le tard, d'engraisser pour devenir lord-maire, se trouve comme oppressé sous ses couennes et fait souvent le geste de déboutonner sa peau. Mais l'intelligence est restée agile dans le corps alourdi, et si M. Tom Barnett ne s'entend guère plus en poésie que son prédécesseur de l'année 1770, qui offrit à Chatterton une place de valet de chambre, il est fin connaisseur en affaires, ainsi que le prouve d'ailleurs la grande part qu'il a prise à celle-ci. C'est grâce à sa bienveillance que la Société du Feu central a pu disposer de Mansion-House pour son banquet.

A la gauche du Président, vous voyez sir Richard Wallson, le démophile sincère, philanthrope cosmopolite, riche comme il faut l'être quand le cœur est toujours dispos, la main toujours ouverte, et de qui l'on peut dire ces paroles de Bossuet : « Sa richesse est une fontaine publique, qui s'élève pour se répandre. »

On a reconnu déjà M. l'ingénieur James Archbold assis auprès de sir Richard Wallson, et il n'est pas non plus besoin de nommer M. le capitaine Shaw qui, en écartant deux assiettes, s'est improvisé un couvert auprès de l'ingénieur. Car, par suite d'une erreur inconcevable, M. le capitaine Shaw, commandant des pompiers de Londres, n'avait pas été invité ; mais, passant d'aventure devant Mansion-House et entendant parler de feu central, il était entré, flairant un incendie, et avait trouvé une table servie où l'avait fait asseoir son vieil ami, M. Archbold : l'illustre ingénieur Archbold, celui-là même dont le nom, déjà attaché à tous les travaux d'Hercule de ce siècle, devait acquérir une gloire incomparable dans l'entreprise du feu central.

James Archbold, homme de caractère froid, pondéré, positif, d'une science technique également étendue en profondeur et en surface, intelligence presbyte et myope, voyant clair de loin et de près, aussi habile à l'analyse qu'à la synthèse ; esprit réfléchi et attentif, sachant écouter, et écoutant encore lorsqu'on ne parle plus. C'est à croire que, de lui à vous, le son ne franchit pas ses 300 mètres à la seconde, tant la réponse est lente à venir ; mais elle arrive enfin si complète, si lucide, si bien mâchée en toutes ses parties, que l'auditeur rattrape le temps qu'il a perdu à l'attendre par la facilité qu'il trouve à la digérer.

Autoritaire et absolu dans le gouvernement des autres et de soi-même, ne laissant agir un muscle, tressaillir un nerf, sans l'autorisation du pouvoir central, régulièrement transmise par les organes compétents ; n'autorisant pas sans motifs la mise en marche de ces organes, et ne subvenant à leurs besoins qu'en proportion de leur dépense.

Belle et bonne machine que cet homme ! Non pas de ces locomotives à haute pression et à grande vitesse qui boivent l'espace et s'enivrent, passent la station sans crier : gare ! et s'arrêtent épuisées, haletantes, toussant la ferraille, ayant usé, en un jour, des organes trempés pour une vie ; mais une machine fixe, à basse pression, à détente variable suivant l'ouvrage, donnant régulièrement ses 90 coups de piston par minute, solide dans toutes ses parties, un peu massive, mais si strictement équilibrée, si normale dans ses gestes, qu'on l'emploierait aussi bien à appointer des aiguilles qu'à faire mouvoir les aubes du *Léviathan*.

Au physique, un buste rectangulaire sommairement équarri, appuyé à une épine dorsale d'un seul morceau, comme les épines anglaises, et supporté par une paire de jambes de longueur suffisante pour quelqu'un qui, n'aimant ni le trot ni le galop, se contente de marcher d'un bon pas dans la vie.

On comprend à quel point était précieuse, pour la Compagnie du Feu central, l'adjonction d'une pareille capacité, et comment l'adhésion d'un tel homme avait suffi à dissiper tous les doutes sur la valeur d'une entreprise dont il était l'ingénieur; secondé par le petit homme que vous voyez assis de l'autre côté de la table, dont les mains agiles déblayent son assiette avec tant d'activité, dont les mouvements si vifs, la physionomie si expressive, révèlent tout de suite la haute intelligence.

Ce nain n'est rien moins, en effet, que la cheville

ouvrière de tous les grands forages de ce temps. Il a fendu, troué, transporté, émietté, desséché des mers, des continents, des montagnes : j'ai nommé M. William Hatchitt !

William Hatchitt ! ingénieur perforateur, géotrupe, spécial pour les percements d'isthmes et de tunnels en tous genres, forages de puits de mine ou artésiens ; collaborateur de toutes les fouilles faites depuis vingt ans, et si absorbé en elles que, durant cette période, il n'en était guère sorti. Aussi, la grande renommée de l'ingénieur s'étendait elle sous terre plus loin encore que dessus. Cet homme était une taupe et ses traces externes ne donnaient qu'une faible idée de ses travaux sous le sol, où il se confinait par goût de l'obscurité, par l'horreur du grand jour dont sa vue autant que sa modestie souffrait.

Ce fut M. l'ingénieur Hatchitt, comme on le sait, qui détermina le percement du mont Cenis et fixa les incertitudes sur la nature interne de cette gibbosité géologique, en y pénétrant de force. Mince et souple comme une lame, insinuant comme une vrille, se pliant aux anfractuosités, s'adaptant aux fissures, son corps suivant la tête ou la précédant, il se glissa de faille en faille jusqu'au cœur de la montagne, et ressortit de l'autre côté par un entre-bâillement, ayant relevé les plans du massif à traverser.

Ce fut lui qui, pendant les 160 mois que les travaux

durèrent, dirigea l'équipe italienne, sans trêve ni repos, sans venir respirer à l'ouverture, toujours au premier rang ; à ce point que ses ouvriers, qui l'adoraient, discutèrent pour savoir si c'était là tête de l'ingénieur ou la pointe de leur pic qui était apparue la première en France, au moment où tomba la cloison entre les deux pays.

Le percement du Gothard languit jusqu'au jour où l'on fit appel à M. William Hatchitt. Il vint et la roche s'effrita devant lui. Depuis son départ, elle semble avoir repris de sa ténacité[1].

Mais ces écorchures hypodermiques, comme il appelait ses grands travaux, n'étaient à ses yeux que des commencements. L'idée fixe de cet homme était de creuser. Au contraire de l'aéronaute, montagnard

---

1. Peut-être sera-t-on curieux de connaître l'opinion de cet ingénieur sur la question si actuelle de la jonction de l'Angleterre au continent.

M. William Hatchitt regardait comme puérils les moyens proposés par ses collègues Thomé de Gamond, Vérard de Sainte-Anne, Dupuy de Lôme, et n'admettait ni tunnels, ni pont, ni vaisseaux porte-trains ; il construisait un isthme. Ayant jaugé le détroit du Pas-de-Calais et cubé les montagnes d'Écosse, il avait reconnu que celles-ci combleraient celui-là ; formant un terre-plein qui agrandirait d'autant l'Angleterre, la doterait d'une plaine fertile, comme le sont les terres rapportées, et l'unirait au continent aussi intimement qu'à l'époque où, la mer du Nord et la Manche n'existant pas encore, la Tamise poursuivait son cours sur l'Europe préhistorique.

« Mais, soit que le terrassement fût exécuté à la pelle et à la brouette, soit qu'on fît glisser en bloc la partie sud de ces montagnes comme glisse, dit-on, la ville d'Oran sur son assise d'argile, la dépense était considérable, et l'éminent ingénieur avait dû se

des nuages qui s'allège pour les gravir, M. Hatchitt aurait voulu se donner la lourdeur du mercure, afin de trouer le sol par sa pesanteur : il eût disloqué le globe, si on l'eût laissé faire ; et s'il est avéré, au rapport de Pline, que les habitants des îles Baléares furent mis en péril par une invasion de lapins, au point d'appeler au secours une légion romaine, on peut croire qu'une légion de lapins de la force de M. Hatchitt eût fait de cette terre une écumoire ou un terrier.

Petit de taille et le visage d'un proboscidien, long et conique en forme de hure qu'ombrage une moustache taillée en brosse à dents ; d'une pâleur de champignon, le crâne dénudé et le sinciput si pointu

retourner vers un plan plus modeste : une jetée en béton joignant Boulogne à Folkestone, ayant sept lieues de long, un kilomètre de large, coupée par une porte-écluse pour le passage des navires ; rivage créé de main d'homme, à deux faces et à deux fins ; brisant, d'un côté, les grands remous de l'Atlantique et transformant en eaux dormantes les vagues du détroit ; inscrivant dans ses parois un port fait sur la mesure des vaisseaux de l'avenir, ayant pour quais les rives d'Angleterre et de France, et pour rade la mer du Nord.

La dépense était encore énorme, mais M. Hatchitt en couvrait les risques en s'engageant, sur l'honneur et avec dédit, à exécuter le travail à forfait et à le livrer dans cinquante ans. Néanmoins et quoique très séduits, les capitalistes hésitaient, objectant que, du train dont marchent les progrès que la science est en chemin de faire, les chemins de fer, les bateaux, les ponts, les jetées et les routes seraient prochainement remplacés par des moyens plus perfectionnés, et que, se présentant alors avec leur digue, elle pourrait leur rester sur les bras. Les pourparlers ouverts, il y a dix ans sur ces bases, entre M. Hatchitt et ses actionnaires, se continuent de nos jours avec des phases diverses.

qu'on eût creusé un trou en piquant cette tête dans le sol, et virant sur les jambes comme sur un cabestan.

Agile et remuant comme les petits hommes, exprimant sa pensée par deux tiers de gestes contre un tiers de paroles : tantôt les gestes vifs d'un chien qui se gratte, tantôt les mouvements giratoires d'une tarière qui creuse la pensée ; non moins tenace qu'ardent, marchant vers son but d'un pas de vis, s'y fixant comme un écrou. Lorsqu'il avait mordu en un point de l'écorce terrestre, on l'eût sectionné d'une omoplate à l'autre, et de l'occiput à la vertèbre caudale, sans lui faire lâcher prise.

Extrêmement irascible et intolérant dans la discussion, mais en dehors de cela très affable, et se plaisant à unir les hommes par les idées, comme les continents par les tunnels; d'une obligeance extrême, et poli jusqu'à se déranger pour offrir ses souhaits à un passant qui éternue. D'une santé de fer, quoique sujet à des ophtalmies, lorsqu'il sortait de terre, et aussi à des étouffements. Sa poitrine, dressée à respirer avec parcimonie, suffoquait à l'air libre, car de même qu'on s'habitue à manger peu et de tout, M. l'ingénieur Hatchitt s'était astreint, sous terre, à respirer peu et tout. Le premier gaz venu, le moindre miasme, de l'acide carbonique ayant déjà servi lui étaient suffisants; tout au plus, dans des cas exceptionnels, faisait-il fondre sur sa langue un peu d'air solidifié, dont il avait toujours des pastilles dans sa poche.

Le hasard, qui fait le plus souvent des sottises, avait placé à table, auprès de M. William Hatchitt, la seule personne pour laquelle il manquât de bienveillance, M. le docteur Samuel Penkenton.

Le docteur Penkenton était un géant dont les dimensions choquaient M. Hatchitt, et il s'élevait souvent, entre ces deux hommes, des discussions aigres, mais finalement inoffensives, comme le sont les querelles d'un petit chien et d'un éléphant.

« Il n'y a guère de mérite, disait parfois le petit ingénieur en considérant l'énorme stature du docteur, à être grand et fort, en plein air, comme vous l'êtes, dans un milieu sans résistance. L'homme ou l'animal qui se meut sous terre a seul le droit de se dire fort. Faites creuser un terrier par un éléphant, ou creusez-le vous-même, essayez comme la taupe d'ouvrir des galeries d'un kilomètre et d'y galoper à la vitesse d'un cheval ! Vous ébrécherez vos dents et vous userez vainement votre trompe, parce que vous n'avez ni l'aptitude ni la puissance de cette petite bête. Donnez à une taupe la taille d'un pachyderme, elle bouleversera le monde ; qu'on vous réduise, vous, à la taille d'une taupe, à quoi seriez-vous bon ? »

M. le docteur Samuel אב Penkenton, qui n'avait jamais dit le sens des signes bizarres qui lui servaient d'initiales, était professeur d'histoire naturelle au British Museum ; mais le naturaliste était doublé d'un géologue et M. Penkenton était surtout dans sa doublure. Sachant le passé comme s'il l'avait vécu, l'histoire préhistorique comme s'il l'avait vue se produire, traitant de vieilles connaissances les personnalités les plus lointaines, il était moins un savant qu'un spectateur qui a vu tout ce qu'il enseigne, ou un savant si incrusté dans sa science qu'il ne la distingue plus de sa propre substance : grain de folie que recèle toute tête de géologue ; seulement dans cette grosse tête, le grain était gros.

M. Penkenton avait, du passé, la nostalgie plus encore que l'amour, le mal de ce pays et l'idée d'y retourner. Désolé de vivre dans un temps qui n'était pas le sien, qui n'avait pas ses goûts, où il était venu par erreur, il s'en désintéressait et, pensif, assis sur la rive, il regardait couler sa vie ; fleuve ennuyé de son cours, qui demande à rentrer dans sa source. Blasé sur tout, même sur la science et sur ce globe terrestre qu'il avait écorcé en tous sens, sur lequel son corps était retenu de force, mais d'où son âme s'absentait souvent, cherchant sans doute une autre terre, une porte pour sortir de celle-ci ou une échelle pour remonter dans le temps.

La structure et les proportions de M. Penkenton, de même que les tendances de son esprit, appartenaient à un autre âge ; elles étaient plutôt architecturales qu'humaines. Cet homme avait dû être construit par les Pélasges, peut-être plus anciennement, et taillé à grands coups dans un bloc de granit. Sa tête de Titan, sa large face, sans être belles, avaient quelque chose de la majesté des sphynx, types d'humanité primitive, création gardant l'empreinte plus immédiate du créateur. Pareillement à ces sphynx, la tête de M. Penkenton allait diminuant vers l'occiput ; sa face n'était qu'une façade qui se prolongeait en caverne ; ce visage humain avait un crâne de loup. Sur ce crâne étrange, aucune croissance capillaire ; sur les joues de parchemin, quelques poils égarés çà et là, végétations morbides des terrains volcaniques et des cimes foudroyées. Une cravate raide, — hausse-col, faux-col ou licol, — reliait la tête au corps, comme une frise de pierre consolide une tour.

M. le docteur Penkenton avait de la fortune, consistant dans ses collections, dont certaines pièces étaient sans prix : par exemple, une épaule de mouton fossile (*ovis prisca*), encore emmanchée dans son avant-bras, avec des poils et des tendons presque purulents, ce qui est pour un fossile l'état idéal de fraîcheur, — l'arrière-train du cheval de Troie, tombé en poussière par l'effet de l'âge, et contenu dans un sac de deux hectolitres, où le vulgaire ne voyait que de la sciure, mais où les savants et les hommes de cheval discernaient parfaitement une poussière équestre, — un dessin très exact de l'arche de Noé, gravé à la pointe de silex sur un os d'halitérium ; et recueilli par M. Penkenton lui-même dans les terrains du diluvium asiatique, sur le versant sud du mont Ararat : gravure inestimable, objet de controverses si jalouses et si vives que le savant M. Bryce n'avait pas craint de gravir les 1,712 pieds du mont Ararat, pour voir si, comme les Arméniens l'assurent, l'arche s'y trouvait encore, et pouvoir, dans ce cas, contrôler la ressemblance du dessin et du modèle.

Enfin, outre ces richesses et tant d'autres, M. Penkenton avait une autre source de fortune dans la publication en cours, à Athènes, à la librairie de Léonidas jeune et Pélopidas fils, de son *Dictionnaire syriaque* en caractères glagolithiques ; nouvelle édition mise à la portée des gens du monde, au moyen d'une glose en cophte et en hébreu.

Le docteur était sans parents. Quelques personnes croyaient savoir qu'il avait eu un frère mort tragiquement depuis longtemps, mais il ne faisait pas bon questionner M. Penkenton à ce sujet; pas plus que toucher à sa canne, si l'on peut donner ce nom à une branche noueuse, énorme, d'une essence inconnue, qui portait, gravés à coups de hache, des signes bizarres sur son écorce. Ce bâton semblait rivé à sa main, cette canne et cet homme ne se quittaient pas. Appuyés l'un sur l'autre, ils portaient le poids du jour, et durant la nuit, les mains crispées du docteur serraient sur sa poitrine le corps rugueux de sa compagne. Toucher à sa canne ou parler de son frère était, pour le docteur, une égale offense ; il devenait furieux, brandissait son bâton et un éclair sanglant striait son regard d'une lueur que l'on n'oubliait plus quand on l'avait subie. Mais ce n'était qu'un éclair ; sa main à peine levée s'affaissait tremblante, comme effrayée d'elle-même ; il se confondait en excuses et retombait dans sa mélancolie.

Depuis que M. Penkenton s'intéressait à l'entreprise du feu central, il était devenu meilleur, moins noir, plus expansif ; il s'était épris, pour cette affaire, d'un enthousiasme en dehors de sa nature et il lui apportait tous ses soins, accueillis avec gratitude, car si l'homme était fantasque, le savant était indiscutable, et personne ne pouvait l'apprécier mieux que le fondateur de la Compagnie, lui-même géologue éminent. Seulement, tandis que le docteur morose tournait le dos à son temps et s'inhumait dans sa science, lord Hotairwell, ardent et enthousiaste, chevauchait à toutes brides sur les chemins de l'avenir, et ses retours scientifiques en arrière n'étaient que du champ pris pour s'élancer.

— 41 —

époux de sa compagne. Tandis à sa camp or
parler à son frère était pour le docteur, une égle
offense ; il devenait furieux, brandissait son bâton
et un éclair sanguinaire saillit son regard d'un l'on
que l'on n'oubliât plus quand on l'avait au ; ; Mais
ce n'étair qu'un délair ; sa main à peine levé se
baissait tremblante, comme effrayée d'elle-même ; il
se contentait en excuses et retombait dans sa nut
lancolie.

Depuis que M. Pontaenson s'intéressait à l'écran
prise de l'air central, il était devenu meilleur, moins
noir, plus expansif ; il s'était épris, pour cette chaine,
d'un enthousiasme en dehors de sa nature ; il lui
apportait tous ses soins, amoureusement prodilis, et
si l'homme était fantasque, le savant était indéfen-
table, et personne ne pouvait l'apprécier mieux que
le fondateur de la Compagnie, lui-même géologue
éminent. Seulement, tantôt que le docteur moroso
tournait le dos à son temps et s'informait dans sa
science, lord Hofitrwell, ardent et enthousiaste,
chevauchait à toutes brides sur les chemins de l'avenir, et ses rêves scientifiques en arrière n'étaient
que du champ pris pour s'élancer.

CHAPITRE IV.

LE COMBLE DU PATRIOTISME OU UN HOMME QUI TRANSPORTE UNE ÎLE.

Son Honneur Mylord Georges Hotairwell, que l'on a vu à l'œuvre dès le début de cette entreprise, était de haute taille, d'une taille qui dépasse la foule et lui impose, sans l'ébahir à la façon des géants de foire ou du docteur Penkenton. Son visage, d'une grande beauté dans le haut, laissait peut-être à désirer dans la partie inférieure et animale, pourvue seulement du strict nécessaire. Cette tête n'était qu'un crâne, un front et des yeux ; des yeux noyés, au repos, dans une phosphorescence dont la lueur, tout à coup s'allumant, jaillissait de l'orbite comme le trop-plein du feu qui la dévore s'échappe par les fenêtres d'une maison incendiée. Le front était énorme, tantôt lisse comme un marbre et tantôt strié de petites vagues, tressaillements de la pensée qui transsude. A voir ce front, on pressentait que lord Hotairwell devait souffrir de pléthore intellectuelle, comme d'autres sont gênés par le sang, et qu'à défaut de l'essor des grands espaces et de l'usure des grands efforts, il eût fallu, pour dompter cette tête, les murs épais d'un cabanon. Ajoutons que son crâne eût fait la joie des phrénologues par l'ampleur de ses reliefs, notamment de la merveillosité (organe 18 de la classification de Gall) et de l'idéalité (organe 19), tellement protubérants l'un et l'autre, qu'ils ressemblaient moins à une éminence phrénologique qu'à une bosse que l'on se fait en tombant.

Ancien capitaine des Horse-Guards, membre de la Chambre Haute, lord Hotairwell était en outre un savant de rare mérite, d'une science acquise moins par l'étude que par une intuition merveilleuse de toutes les questions de ce temps. Esprit alerte, embrassant d'un regard tous les aspects d'une entreprise, élargissant son champ, fertilisant son sol et y jetant, à pleines mains, des semences de moisson. Passionné pour ses œuvres, s'en faisant l'esclave et le chef, le capitaliste et l'ouvrier, sacrifiant au succès des trésors de génie, des prodiges de labeur, et voyant presque toujours ses capitaux et ses efforts sombrer dans un naufrage inattendu.

Ces constants insuccès étaient-ils dus à un agacement de la fortune contre un homme incessamment attelé à sa roue ? Ou ce grand esprit trouvait-il sa perte dans l'excès de son activité ? Peut-être dans ce cerveau-volcan y avait-il des fissures où l'imagination, passant par surprise, troublait un moment la haute et droite raison. A ce poète de l'industrie il eût fallu un associé sévère, un mentor à cerveau de glace, un homme-chiffre bridant cet homme-idée.

Ce curieux de toutes choses, cet affamé de sciences qui eût pu prendre la devise algébrique (? X), l'interrogation devant l'inconnue, était naturellement géologue à ses heures, géologue enthousiaste et progressiste, autant que le professeur Samuel Penkenton était réactionnaire et morose ; liés tous deux d'une amitié maintenue à l'état aigre par la dissemblance de leurs caractères et par des discussions scientifiques d'une telle violence que plus d'une fois, dans ces querelles, le bâton du docteur, levé sur la tête de son partenaire, rencontra le revolver de lord Hotairwell tout braqué pour la réplique.

La naissance de la terre, ses exodes du néant, ses métamorphoses neptuniennes ou plutoniques, les arcanes et les archives de son histoire préhistorique, lord Hotairwell en avait compté les pages, surpris les secrets, scruté les sources, et était même remonté au delà.

Pareil au chasseur qui rebrousse une voie pour retrouver le gîte ; suivant, au travers des âges, le contre-pied de la trace humaine, il avait remonté tous les étages géologiques, refait toutes les étapes génésiaques jusqu'à la nébuleuse qui fut l'embryon de cette planète, et il s'était convaincu que l'homme antédiluvien, le fossile de Moulin-Quignon, l'homme miocène lui-même, n'étaient que des modernes, des fils de pères bien autrement anciens. Il affirmait et fournissait les preuves qu'au temps où la terre n'était encore qu'une bulle d'incandescence flottant dans l'éther, déjà l'homme y vivait incandescent lui-même, vaporeux et adapté à l'état physique de son globe.

En étudiant les cartes de la terre avant la création, dressées par lord Hotairwell avec une exactitude que n'ont pas dépassée les géologues-géographes des époques secondaire et tertiaire, on se convainc, en effet, que le nuage terrestre échappé du soleil était déjà configuré en mers et en continents, peuplé de plantes et d'animaux nébuleux et flamboyants comme lui. Les océans, à l'état de vapeur, couvraient, comme aujourd'hui, les quatre cinquièmes du globe, bordés par des terres en flammes de couleurs variées, suivant les matériaux brûlant dans leurs entrailles. Ni jours ni nuits sur ce globe lumineux, pas de pesanteur pour cette matière affinée par la surchauffe, pas de distances pour ces corps sans pesanteur, pas d'opacités limitant les regards. L'œil plongeait, d'un pôle à l'autre, à travers la masse diaphane, suivant la course des monstres marins dans leurs abîmes, ou le vol d'oiseaux-comètes rayant l'azur des cieux.

Pourquoi cette terre-soleil était-elle descendue à l'état de planète et de gaz condensé? Lord Hotairwell estimait que cette déchéance devait être le châtiment d'un péché originel, naturellement bien antérieur à celui d'Adam, qui aurait été commis dans le soleil et à la suite duquel cet astre se serait purgé d'une portion de lui-même, l'aurait chassée du paradis solaire et condamnée à la mort, par le refroidissement, dans les Sibéries de l'espace. La terre ne serait donc qu'une sécrétion morbide du soleil, et l'homme un gaz déchu.

L'homme gazeux sur la terre nébuleuse,

L'homme solide ou l'homme actuel,

L'homme à venir, redevenu gazeux par sa résorption dans le soleil,

Telles étaient les trois divisions de l'ouvrage ayant pour titre: *l'Homme avant la Terre et la Terre avant la Genèse*, que lord Hotairwell venait de publier, et dans lequel il faisait faire de si grands pas à la science que les plus agiles s'essoufflaient à le suivre et que le monde savant ne savait que penser.

On sait quelles discussions passionnées souleva ce livre, et quels trésors d'érudition furent dépensés, de part et d'autre, au profit de questions véritablement sans intérêt pratique. Lord Hotairwell succomba sous le poids de ses hétérodoxies condamnées par un concile de géologues qui, par hasard, s'était écoutés, s'entendirent, et au nombre desquels le docteur Samuel Penkenton se distingua par sa violence.

Lord Hotairwell, sans se tenir pour battu, allait se mettre en quête de documents nouveaux, lorsqu'il réfléchit qu'il avait sous la main mieux que des raisons, des preuves, puisqu'un restant de la nébuleuse originelle persistait encore au centre du globe sous le nom de Feu central, dans lequel l'homme gazeux pouvait survivre. Il pensa avec raison que ce serait, pour un géologue, une gloire immortelle de déterrer cet homme et, pour sa thèse, un argument sans réplique. Dès lors, l'idée de la conquête du feu terrestre se mit à évoluer en lui.

Mais, des complications diplomatiques, survenues à cette époque et qui préoccupèrent son patriotisme, vinrent l'en distraire.

Froissé des façons de l'Europe vis-à-vis de son pays, il se rendit un jour à la Chambre Haute et y développa une motion fameuse, avec tant de passion, d'éloquence et de science technique, qu'on ne sut jamais si, dans la pensée de l'orateur, son projet n'était qu'une menace ou si lord Hotairwell disposait réellement des moyens de l'exécuter.

Il s'agissait, par un travail de mine dont M. l'ingénieur Hatchitt avait donné les plans, de détacher l'Angleterre de son pivot terrestre, d'en faire une île flottante et libre, comme ces îles du lac Supérieur, au Canada, qui, pendant une tourmente, se séparèrent de Rice's-Point et vinrent, poussées par le vent, aborder au Wisconsin.

Cette opération préalable accomplie, la Grande-Bretagne levait l'ancre et disait adieu à l'hémisphère qui l'a vue naître. Ses vaisseaux cuirassés, ses steamers et les chevaux-vapeur qui se meuvent dans leurs flancs, ses voiliers aux ailes rapides, lui donnaient la remorque, et la royale Amphitrite, guidant leur troupe docile, s'avançait par les mers. Elle faisait route au Nord, l'Écosse en avant, le cap Lizard au gouvernail, franchissait par d'habiles manœuvres les passes de la mer du Nord, puis virant sur bâbord entre l'Irlande et l'Islande, elle s'engageait dans l'Atlantique.

Cherchant les grands espaces et les eaux profondes nécessaires à son tirant d'eau, elle passait au large en vue des côtes de France, qui envoyaient de tristes adieux à cette vieille voisine, amie fidèle dans les jours heureux. Elle longeait l'Espagne et la côte d'Afrique, se laissant porter sur le bras du Gulfstream qui coule des Açores au cap Vert, rasant, sous petite vapeur, les Canaries qu'eût pu noyer le remous de son sillage, surveillant par tribord la mer des Sargasses, cette prairie-poulpe aux tentacules de fucus et d'algues.

On conçoit combien était délicate la conduite d'un vaisseau tel que l'Angleterre, mesurant 700 kilomè-

tres de l'étrave à l'étambot, et 300 au maître-couple.
Aussi les plus grandes précautions étaient prises.
Nuit et jour, le premier lord de l'Amirauté faisait le
quart sur le sommet de la chaîne des monts Grampians, passerelle de ce navire. C'est de là qu'il commandait les remorqueurs, au moyen de fils électriques assemblés dans ses mains comme un faisceau de rênes qui guide des coursiers. On marchait lentement, l'œil fixé sur le bathomètre de M. Siemens, qui mesure la profondeur par l'intensité de l'attraction terrestre; côtoyant à mi-pente le thalweg atlantique, sombre vallée profonde de 15 kilomètres, qui va, se creusant toujours, rejoindre, dans les gouffres du Pôle, les thalwegs de la mer des Indes et de l'Océan Pacifique.

Ayant passé le cap Vert et près de franchir l'équateur, le convoi maritime quittant le bras du Gulfstream qui retourne au Mexique, passait au large de Sainte-Hélène; puis, doublant le cap de Bonne-Espérance, l'Angleterre, toutes voiles dehors, hissant le pavillon de sa Reine-Impératrice, pénétrait dans la mer des Indes, et labourait les eaux de son empire asiatique.

A ce spectacle inattendu, à la vue de la grande île, leur sœur et leur souveraine, les continents riverains tremblaient de saisissement et tressaillaient d'amour. De la pointe du Cap aux côtes d'Australie, de Java à Ceylan, de Bombay à Aden, tous les peuples vassaux s'empressaient sur les grèves. Dans l'Inde, aussitôt la nouvelle, les Kchatryas, guerriers agiles, fils cadets de Brahma, s'élançaient les premiers, serrant, pour mieux courir, leurs ceintures en fil de mourvi. Les Brahmanes, si savants et si sages, issus de la tête même de Brahma, fermaient en toute hâte le livre des Védas et abandonnaient le temple, sans même servir au dieu son beurre clarifié. Les Soudras quittaient leurs métiers, et aussi les ouvriers de Madras, de Paliacate, de Masilipatam qui fabriquent l'indienne; aussi bien que ceux de Patna et de Surate qui tissent les soieries brochées d'or et les tapis. Il n'était jusqu'aux 30,000 tisserands de la lointaine vallée de Kachemyr qui ne délaissassent leur travail, jusqu'aux Vaïcias qui ne fermassent leurs comptoirs, aux Parias hérétiques, dont le Gange ne lave pas la souillure, aux Poulias plus abjects encore, qui ne fissent trêve, pour un jour, à leur solitude maudite.

L'Inde entière affluait sur ses rivages, dans un tumulte indescriptible, dans la confusion de ses races, de ses castes et de ses langues, chantant un hosanna magnifique à la glorieuse suzeraine descendue d'Occident : immense poussière humaine, chassée par le même souffle, vers le même horizon; que devançaient encore et foulaient sous leurs chars les radjahs superbes, guidant des *four-in-hand* de tigres, aux harnais d'or, plus légers que les moussons.

L'ardeur était semblable sur toutes les terres anglaises que baigne la mer des Indes : en Australie où les aborigènes, nègres Papous stupides, grimpaient au faîte des boababs, s'efforçant de voir, désespérant de comprendre; où les convicts sanglotaient à genoux sur le rivage, en voyant leur exil finir par l'arrivée de la patrie. Jusque sur la Terre de Van-Diemen, la vieille reine Lalla Rookh quittait en hâte Hobart-town, curieuse de voir, avant de mourir, ceux qui l'avaient faite veuve de cinq rois et de son peuple. Venus de plus loin encore, les Malais, hardis canotiers, pirates au teint de brique, plus perfides que l'onde dont se jouent leurs esquifs, faisaient voile, comme des flottilles d'insectes, au-devant de la grande navigatrice.

Du sein de cette foule en délire, pressée comme le sable sur les plages, s'élevaient, par bouffées sonores, des acclamations énormes, polyglottes, cacophoniques, proférées par toutes ces voix, dans toutes ces langues, répétées sur les instruments de musique de tous ces peuples. Hottentots du Cap ou Cafres du Natal soufflant leur allégresse dans les trompes de leurs éléphants, la redisant sur les darabouskahs et sur les canouns, sur les tambourahs à cinq cordes et sur les lyres du Kordofan; auxquels répondaient en chœur, des autres rivages, les tabors en coquille et les gongs, les violons raffirs, les kemenechs et les tambourins en peau de nègre, si renommés pour la douceur de leurs sons.

Cependant la Grande-Bretagne, pour savourer son triomphe, ayant cargué ses voiles, modéré ses hélices et ses aubes, marchait à petite vitesse sur cette mer peu profonde, semée de récifs de corail. Elle rangeait par bâbord Madagascar, les îles Mascareignes, les Séchelles, et jetait l'ancre près du 20° parallèle, sur les confins de la mer d'Oman : la proue tournée vers l'Inde, comme l'œil du maître sur l'esclave, fermant de sa poupe la Méditerranée par le golfe d'Aden, couchée au soleil comme le léopard son symbole, la griffe posée sur le globe austral, la queue déroulée sur l'Europe par Suez, l'Égypte, Malte et Gibraltar.

Aussitôt achevées les longues et difficiles manœuvres du mouillage, l'île Britannique amarrée sous sa nouvelle latitude, un grand silence se faisait sur les rivages et sur les flots. Puis l'artillerie de Woolwich, de Chatham, de Plymouth, les canons des monitors et des cuirassés éclataient avec le fracas d'une batterie de volcans : l'Angleterre rendait à l'Asie son salut.

Et alors les cent mille matelots de l'équipage couvrant les vergues, les vingt millions de passagers couronnant les cimes entonnaient, dans un hourra immense, l'hymne national : *God save the queen Empress of India!* Et les peuples assemblés sur les rives le répétaient en chœur ; et la mer, recueillant cette tempête sonore, la propageait sur ses flots, la mugissait

dans ses abîmes ; murmurait en caressant ses grèves :
God save the queen Empress of India!

Les frais de transport de la Grande-Bretagne en Asie eussent été considérables, mais inférieurs aux bénéfices. Quel profit, en effet, et quelle sécurité, pour l'Angleterre, de s'annexer de la sorte à ses colonies, d'habiter au centre de ses intérêts, au sein de sa famille hindoue ! D'autre part, quel allégement dans l'équilibre européen, dans l'équilibre politique ! car, pour l'équilibre terrestre, M. Hatchitt, avec sa grande connaissance de ces choses, avait garanti qu'il n'en serait pas affecté.

L'Irlande, malgré les vives instances que lord Hotairwell avait faites auprès d'elle, s'était montrée désireuse de ne pas suivre sa grande sœur en Asie, préférant continuer de plus loin ses relations avec elle, et lui servir en Europe de pied-à-terre et de colonie.

Les contrariétés diplomatiques qui avaient fait naître cette idée, prirent fin comme on sait. En échange de l'île de Chypre qu'on lui donna, l'Angleterre rendit son affection à l'Europe ; et lord Hotairwell, recouvrant sa liberté d'esprit, se retourna aussitôt vers la conquête du feu central qui, pendant ce temps, avait mûri dans sa tête en plusieurs sortes de fruits.

Sur le premier projet purement scientifique, il avait greffé une conception industrielle (l'utilisation de ce feu pour l'éclairage et le chauffage), accueillie, avec faveur par tout le monde, par le public qui aime le nouveau comme par les spécialistes qui l'avaient tout de suite jugée, et par ses nombreux amis heureux de le voir mettre la main sur une bonne affaire. Quelques-uns poussaient l'enthousiasme jusqu'à voir un pronostic de succès dans le nom même du fondateur, dans le nom de Hotairwell[1], qui indiquait, en effet, une sorte d'affinité singulière entre l'homme et l'entreprise.

Mais si le public regardait avidement les côtés lucratifs de l'affaire, sans se soucier beaucoup du point de vue scientifique, lord Hotairwell, lui, visait les deux buts, et se promettait de les atteindre en conduisant à 12,000 mètres un premier forage, qui donnerait aux actionnaires la chaleur et la force promises, et en le poursuivant ensuite, au profit de la science, jusqu'au noyau incandescent.

Malgré ces développements, le portrait du fondateur de la Compagnie du Feu central serait incomplet, si l'on ne présentait au lecteur son chien, le caniche Mirk, attaché à son maître autant que M. Penkenton à sa canne. Enfin, la liste sera achevée des principaux convives du banquet de Mansion House,

---

[1].   *Hot   — air — well.*
      Chaud — air — puits.

Total : Puits   d'air   chaud.

lorsque j'aurai cité mon propre nom, le nom modeste de Edward Burton, mais bien connu, sur la place de Londres, pour celui d'un négociant ayant donné assez de preuves de loyauté et de capacité dans la conduite de ses affaires, pour que la Compagnie du Feu central ait désiré se l'adjoindre en qualité de gérant.

CHAPITRE V.

UN PUITS DE TROIS LIEUES.

Au nord de l'Irlande, à l'ouest du comté de Donegal, dans la province d'Ulster, s'étend, sur la rive atlantique, une contrée pauvre, inculte et incultivable, sans autre végétation que des sapins et des bruyères, enfants maudits de Flore, arbres devenus herbacés à force de rachitisme, et qu'un faucheur trancherait comme un gazon.

Un mauvais soleil, aux rayons tout frangés de givre, éclaire parfois ce pays le plus souvent plongé dans un brouillard opaque, transsudant l'hydropisie et la fièvre, puant et fade comme si les Esquimaux du Groënland d'en face l'avaient déjà respiré.

S'il arrive par malheur que ce brouillard se dissipe, le froid devient intense, cette terre grelotte, dépouillée de sa brume ; son atmosphère visqueuse se cristallise en aiguilles de glace qui criblent, de leurs pointes, les malheureux habitants. Ceux-ci errent, faméliques et hâves, sur ce sol qui ne veut pas les nourrir, lamentables et grotesques dans leurs ulsters de toile dont le vent gonfle comme des voiles les basques échevelées ; dépenaillés comme des chanteurs des rues, ridicules comme des mendiants en habit noir, et fiers comme des bardes issus de la race d'Ossian.

Quelques loups heureusement échappés aux proscriptions de Cromwell s'adjoignent à cette faune humaine, loups avachis par la faim, domestiqués par la misère, vêtus de peaux trop grandes qui forment paletots-sacs sur leurs corps maigres ; trop heureux d'être entrés, comme chiens, au service de pareils maîtres.

Ce malheureux territoire est long de 80 kilomètres, large de 40, borné dans sa longueur par la mer et par la petite rivière de White-Water qui, de Old-Town à West-Stand, coule parallèlement à la côte. Le Great Central Irish Railway y conduit ou plutôt s'en approche jusqu'à la station de Poor-Farm, où les locomotives s'arrêtent, s'ébrouent et s'enfuient comme des bœufs qui viennent de flairer un mauvais pâturage.

Tel est le terrain que lord Hotairwell, avec sa grande sagacité, avait choisi pour son entreprise ;

estimant qu'une preuve, pour être décisive, doit être faite dans les conditions pires, que le pays le plus apte au progrès est celui qui les a tous à faire, et que la puissance civilisatrice du feu central serait surabondamment démontrée le jour où elle aurait créé une ville dans ce désert, fertilisé ce sol, rendu aimable ce climat.

A l'époque où nous pénétrons sur les chantiers du puits géo-thermal, six années ont passé depuis le début des travaux, et le forage, qui devait atteindre ses 12,000 mètres en huit ans, n'en a encore franchi que 2,000. Néanmoins, la totalité du capital social a pu être dépensée, et l'appel de fonds en perspective sera chaleureusement accueilli par les actionnaires demeurés pleins de foi et d'espérance; de même que les ingénieurs sont restés pleins de confiance en eux-mêmes, et aussi dans l'affaire qui, à part ces circonstances, suit un cours extrêmement favorable.

La ligne du Great Central Irish dont naguère Poor-Farm était le terminus, se prolonge maintenant jusqu'au bord du puits, à la grande satisfaction de la Compagnie, qui bénéficie du transport de tous les matériaux nécessaires à la construction de ce puits et de sa ville.

Ce qu'on distingue à l'horizon, lorsqu'on a franchi la rampe encaissée qui descend dans la plaine d'Industria-City, c'est le pourtour énorme d'une coupole méplate, toiture d'un hall pareil, sauf ses proportions gigantesques, aux hangars circulaires qui abritent les locomotives. Au milieu de ce hangar s'ouvre le puits d'où rayonne, où converge un enchevêtrement de rails portant les wagons de matériaux et de déblais. On se fera une idée suffisamment exacte de l'aspect externe de ce gouffre, en le comparant à un bassin du jardin des Tuileries, qui serait profond comme 5 fois la longueur des Champs-Élysées, ou 67 fois la hauteur de l'Arc-de-Triomphe, ou 7,500 fois la taille de M. William Hatchitt; puis en se penchant sur le bord, avec les précautions qu'inspire un tel abîme, on embrassera l'ensemble de l'atelier souterrain.

Le puits géothermal présente une ouverture dont la section a été portée à 15 mètres; sa profondeur à ce jour, qu'indique le bathomètre fixé à la margelle, est de 2,100 mètres et, suivant la progression de 1 degré par 33 mètres, donne une température de 73 degrés. La fouille s'exécute à la main : 30 ouvriers travaillent par équipe ; 15 pioches alternées par 15 pelles déblaient en cercle : vis d'Archimède vivante qui s'incruste dans le sol, lentement mais invinciblement.

A mesure que le forage pénètre, un cuvelage en acier descend et revêt la paroi. Ce cuvelage se superpose à lui-même par fractions de 2 mètres de hauteur, qu'une grue apporte, à mesure, sur les sections posées, jointoyées entre elles et rendues unicorps au point que, le puits achevé, on obtiendrait, en déblayant son pourtour, une colonne en fer trois fois plus large et 200 fois plus haute que la colonne Vendôme ; pouvant servir de socle à 20 douzaines de Napoléon.

Avant d'adopter ce système, les ingénieurs avaient creusé la question de savoir si le revêtement métallique du puits serait solidaire et chargé de se supporter dans toute sa longueur, ou si on l'établirait par fragments appuyés sur des consoles et ajustés en sous-œuvre. M. l'ingénieur William Hatchitt avait chaudement préconisé ce moyen et prouvé, jusqu'à l'évidence, l'impossibilité d'asseoir sur lui-même un tube de 12,000 mètres de long, pesant 120 millions de kilogrammes, qui s'écraserait dans ses parties inférieures sous son propre poids. Mais M. l'ingénieur James Archbold, partisan décidé d'un cuvelage solidaire, avait établi avec la même évidence l'inanité des calculs de M. Hatchitt et démontré que la dilatation moléculaire du métal, devant croître parallèlement à la température et par conséquent à la profondeur et à la charge, s'opposerait avec une efficacité proportionnelle aux efforts de l'écrasement. Cette opinion avait prévalu, en raison de sa valeur technique et aussi de sa valeur hiérarchique, puisqu'elle était celle de l'ingénieur en chef.

Pour les autres parties de l'outillage, telles que

les norias, les treuils, les bennes et les chaînes qui n'auraient pu s'allonger à de telles profondeurs sans se rompre, la distance avait été partagée en dix sections ou paliers, s'appuyant en encorbellement sur la paroi métallique et servant de supports et de relais à tous les appareils de mouvement et de traction, aux tubes et aux fils de toute sorte, ainsi qu'à une locomobile de la force de 15 chevaux, par palier, répondant aux besoins de la station. Un chauffeur-chef de gare - aiguilleur - cantonnier de cette grande route géologique conduit la machine et répond personnellement de la gestion de son palier.

Il est extrêmement difficile de rendre les aspects de ce chantier-abîme, rempli jusqu'aux bords d'activités bruyantes et de silences profonds comme lui, de ténèbres épaisses et d'étincellements qui trouent ces ténèbres, de lueurs électriques éparses, errantes, feux follets captifs, oiseaux-lumières en cage, qui voltigent et se heurtent aux parois de leur prison.

Toutes les comparaisons sont bonnes, et toutes sont impuissantes à décrire ce que voit l'œil appliqué à cet orifice, porte d'un enfer où s'agitent des démons armés de pelles, de pics, de pinces, qui torturent le sein de la vieille Cybèle! Cratère creusé de main d'homme! Gueule gargantualesque avalant des êtres et des choses, vomissant des fumées et des vapeurs, des bouffées de ténèbres et des flots de lumière qui jaillissent et débordent jusque sur la margelle, en ruisseaux étincelants : tourbillonnement, bagarre, fourmillement de machines affolées, d'hommes qui plongent ou qui s'exhument, de bennes chargées de déblais qui gravissent lourdement leur route verticale, basculent, se vident et retombent avec une vitesse folle, de norias rapides portant les relais d'ouvriers, de tubes atmosphériques d'où s'élancent, comme des diables d'une boîte, des contremaîtres affairés.

Faut-il parler du caniche Mirk, le chien de lord Hotairwell, employé de confiance, messager de la surface au fond, piquant droit dans le gouffre, dégringolant par un tube, glissant le long d'un fil, s'accrochant comme il peut et tombant comme cela se trouve, sur le dos, sur le ventre ou sur la tête de M. Hatchitt, qui a en horreur ce commissionnaire aboyant?

Plus on regarde dans ce trou profond comme le ciel, plein comme lui d'étoiles et d'ombres, plus la vision se multiplie. Après les grandes choses les petites; après les astres les poussières cosmiques; après les grosses machines les petites locomobiles verticales debout, sur leurs paliers, comme des bouteilles sur une planche; les échelles en lacet qui enjambent la profondeur, les fils électriques qui rampent et s'accrochent comme des lianes, s'insinuent comme des lierres : flore grimpante de la métallurgie. Désordre apparent d'une fourmilière; circulation si active dans un étroit espace, qu'il semble que, par les chocs, tout doive se réduire en une même poussière égalisée par ses frottements.

A Paris, en hiver, sur le boulevard Montmartre, quand la nuit est venue et que le mouvement des piétons et des voitures atteint son apogée, les allants et venants se heurtent, les voitures s'accrochent, les chevaux s'abattent, un passant se casse un bras, un fiacre se brise un brancard ; mais la quantité de ces avaries est infime, comparée au grand nombre de ceux qui suivent leur route sains et saufs, qui arrivent presque tous à leur destination, et qui arrivent tous à leur destinée. De même, dans ce puits, dans ce boulevard vertical, encombré d'une circulation intense, par un soir éternel, le désordre n'est qu'apparent, et les hommes et les choses glissent dans leurs rainures et suivent leur droit chemin. Il n'en saurait être autrement sur une voie qui a pour têtes de ligne MM. les ingénieurs James Archbold et William Hatchitt, le premier veillant à l'orifice, le second résidant au fond dans son bureau suspendu et à claire-voie comme une cage pour faciliter sa surveillance.

M. l'ingénieur Hatchitt s'était fixé sous terre d'une manière définitive, n'en sortant plus que les jours de conseil, ou pour affaires de grande urgence, et il s'y était installé avec un confort modeste, mais suffisant à ses goûts. L'horticulture était la distraction préférée de ses loisirs, et il y obtenait de grands succès, dus à ses soins intelligents et aux circonstances exceptionnellement favorables dans ce puits qui lui offrait une série complète de climats perpendiculaires, une échelle graduée de toutes les températures, depuis celle de l'Irlande, à l'orifice, jusqu'à la zone torride, au fond. C'était, suivant l'expression de M. Hatchitt lui-même, une merveilleuse serre en pleine terre.

Disposant de peu d'espace et ne cultivant qu'en espaliers ou sur le terre-plein des paliers, M. William Hatchitt s'appliquait spécialement à la culture des orchidées, ces plantes qui vivent de rien, sans humus, sur une claie, sur un mur, accrochées dans une fente ; êtres interlopes, « animaux enracinés », dit Linné, plus vivants que certains animaux, métis de Faune et de Flore, fleurs-oiseaux et insectes-papillons pourvus de racines qui sont des pattes et de feuilles qui sont des ailes.

Au soleil absent de son jardin, M. Hatchitt suppléait par la lumière électrique nuancée et assortie aux tempéraments de ses élèves. On sait quels magnifiques résultats de culture animale et végétale ont été atteints par l'application des rayons de lumière isolés, et quelle économie de temps la science a, de la sorte, procurée à la nature. Il serait oiseux de rappeler comment M. Béclard, plaçant des œufs de mouche sous la lumière violette, a obtenu, trois fois plus vite, des vers trois fois plus beaux que ceux éclos au soleil ; comment des têtards anémiques à la lumière blanche, et d'autres se mourant sous la lumière verte, sont revenus à la vie et passés grenouilles aussitôt qu'on les eut mis au bleu ; comment enfin de petites truies trichinées, maladives, presque tuées par les verres blancs, sont redevenues vaillantes et comestibles aussitôt que leur propriétaire, le général Pleasonton, de Philadelphie, les eut placées sous un jour plus favorable.

Appuyé sur ces faits et sur d'autres qui démontrent que la lumière rouge est aussi tonique aux plantes que la lumière violette aux animaux, M. Hatchitt nourrissait ses cultures de rayons rouges et violets, ces derniers très abondants, comme on sait, dans la lumière électrique ; et il obtenait des résultats prodigieux, mais qui, dans la pensée de ce jardinier intensif, n'étaient encore que des débuts.

Jugeant, comme son compatriote, M. Huxley, que la différence entre la plante et l'animal est moins une différence de nature que de degré, M. Hatchitt ne doutait pas que, par le bon choix et le progrès des lumières, on pût obtenir, non seulement des éclosions promptes, de beaux engraissements et des perfectionnements d'espèce, mais encore des avancements de degré, des transformismes et des évolutions rapides de la plante vers l'animal.

M. Hatchitt dirigeait ses cultures vers ce but et

avec tant de succès qu'à de certains jours, si brave qu'il fût, la vue de ses fleurs l'effrayait.

Était-ce trouble de sa vue, effet d'ombre ou de lumière électrique? Mais plusieurs fois, se promenant dans ses plates-bandes, il avait surpris, chez ses plantes, des signes évidents de culture intellectuelle, des symptômes prononcés d'activité animale, des contractilités nerveuses et des marques de sensibilité réelle, des embryons de gestes et des essais de physionomie. Certaines fleurs se pâmaient à son approche, ou se tournaient vers lui comme vers leur soleil; des pensées le fixaient, langoureuses, avec leurs yeux d'or; et d'autres, paraissant le haïr, hérissaient leurs cils de velours et fuyaient son contact de toute la longueur de leurs tiges. Des roses du Bengale aiguisaient leurs griffes comme des tigres, et des gueules de loup faisaient mine de le mordre. Un jour, une vénus gobe-mouche (*Dionæa discipula*) avait essayé de le prendre et, chaque jour, des poussières de pollen, agressives comme des insectes, venaient, en voltigeant, déposer sur ses lèvres leur parfum de vierge-fleur et leur saveur de baisers.

En présence de ces progrès qui donnaient à réfléchir, M. Hatchitt avait éteint le violet dans ses lampes électriques et n'entrait plus dans son jardin sans précaution.

La santé de M. William Hatchitt se soutenait admirablement sous terre, et lui-même estimait que ses facultés s'y étaient épanouies. Devenu un peu matérialiste dans ses prises perpétuelles avec la matière, il solidarisait l'âme et le corps au delà de la mesure que les philosophes et les physiologistes ont si exactement marquée, et prétendait avoir plus d'intelligence au fond d'un puits qu'au sommet d'une montagne, et sous terre que dessus. Il arguait à l'appui de sa thèse, de la charge atmosphérique diminuant sur les sommets, au point de ne plus suffire à dynamiser les circonvolutions cérébrales qui génèrent, digèrent, sécrètent, concrètent et excrètent la pensée. A 10,000 mètres d'altitude, disait-il, le poids de l'atmosphère est notablement réduit, et l'eau bout avant d'être chaude ; pareillement, à cette hauteur, la pensée fuse et s'évapore avant d'être en possession de sa force expansive et de sa chaleur.

Un instrument de son invention, le psychomètre, servait à M. Hatchitt à mesurer cette dépression morale et, des expériences qu'il avait instituées sur sa tête au moyen de cet appareil, il était arrivé à conclure que si, partant du fond d'un puits où sa cervelle marquait $+ 80°$, il montait sans souffler au sommet de l'Himalaya, son intelligence, en arrivant là-haut, serait descendue à $— 10°$, c'est-à-dire au-dessous de l'étiage moyen de la sottise humaine ; il en donnait comme preuve l'hébétement qu'éprouvent les touristes arrivés au sommet du Mont-Blanc, et qui persiste chez quelques-uns, lorsqu'ils en sont revenus.

Habitué à vivre aussi profondément, le niveau de la mer, rez-de-chaussée de cette planète, était pour M. Hatchitt un sixième étage ; il y avait le vertige ; son intelligence défaillait, et pour le remonter, il fallait le redescendre dans le puits, où il retrouvait de suite ce qu'il appelait en riant son « esprit du bas de l'escalier ». Aussi augurait-il que ses facultés s'accroîtraient encore en descendant davantage, et que, s'il parvenait au noyau du globe, il serait certainement un ingénieur de génie.

Partant de là, M. Hatchitt recommandait le séjour des puits aux personnes faibles d'esprit et, en général, à tous les anémiques, ainsi qu'aux rhumatisants qui, à la température où le gouffre géothermal était parvenu, y trouveraient des conditions climatériques supérieures aux plus chaudes stations du Midi, variables suivant les paliers, et s'améliorant chaque jour par le creusement.

Au sortir du puits, l'œil du visiteur est attiré tout d'abord par les engins merveilleux qui alimentent la vie et le mouvement du chantier, dans ses profondeurs et à la surface ; les générateurs énormes, dont les flancs ronflent comme des poitrines essoufflées ; les machines aspirantes, les pompes à air qui vont emplir, à cette longue distance, les poumons des puisatiers ; les appareils Pictet, qui solidifient l'oxygène; les grues qui surplombent l'orifice et fournissent au cuvelage ses tronçons : géants de fer et de bronze, créés à la taille de leur destinée.

Si ensuite on franchit la porte ouest du hall, on se heurte, après deux cents pas, à une montagne en cône qui présente, sur cette plaine plate, le relief violent d'un pain de sucre sur une table ; montagne artificielle, faite au jour le jour avec les déblais du puits, s'élevant d'autant qu'il se creuse, et servant de support et d'enveloppe au tuyau qui en active le tirage : c'est la cheminée du feu central.

A l'entour s'étend, dans la campagne, la ville à venir formée de terrains à vendre et de rues à bâtir. Les fondateurs, arrivés les premiers et ayant le choix du quartier, se sont fixés pour la plupart dans le voisinage des travaux. M. l'ingénieur en chef James Archbold partage avec moi, Burton, un modeste chalet, au n° 1 de Burton street. M. le professeur Samuel Penkenton, dédaigneux du confort et qui eût habité par plaisir les cavernes de l'homme primitif, s'est fait construire, dans un faubourg, une sorte de guérite extrêmement étroite et haute, une redingote en planches plutôt qu'une maison, composée d'un rez-de-chaussée très élevé, en raison de la taille de son habitant, et d'un grenier formant chambre d'amis, dans lequel descend parfois M. Hatchitt, lorsqu'il lui arrive de découcher du puits.

Ces nuits-là se passent en discussions scientifiques

qui dégénèrent, presque toujours, en personnalités et en querelles si vives que, fréquemment, les voisins, s'il y en avait, pourraient voir M. Hatchitt projeté dans la rue par une main énorme, sans céder d'une semelle et toujours discutant.

Lord Hotairwell, décidé à tenir son rang et à recevoir aussitôt que la ville aura des habitants, s'est fait construire, dans Hotairwell square, une fort belle maison dont il prête obligeamment une salle aux réunions du conseil : vaste pièce, ayant l'aspect sévère d'usage, meublée d'une table à délibérer qui supporte les récepteurs téléphoniques et télégraphiques correspondant à l'atelier souterrain, ainsi que le tétroscope, miroir du lointain, mirage canalisé qui réfléchit le spectacle absent, qui permet aux administrateurs de suivre, même pendant la séance, les moindres détails des travaux, et de discuter avec une compétence inconnue aux administrations qui n'ont pas de tétroscope, et qui n'y voient pas de loin.

D'autres instruments semblables, mais de dimensions moindres, en forme de miroirs à barbe ou de globes, épars çà et là, facilitent une incessante surveillance et mettent M. Hatchitt dans l'impossibilité de s'absenter ou de se ralentir, sans que l'administration supérieure en soit immédiatement informée.

A la profondeur atteinte en janvier 1867, la chaleur faisait vivement souffrir les puisatiers, mais les mesures prévues pour la combattre entraient au fur et à mesure en ligne, comme des troupes qui se déploient parallèlement à celles de l'ennemi. La durée consécutive du travail était réduite à deux heures alternées par trois heures de repos ; et les bennes fonctionnaient sans relâche, chargeant et déversant des relais d'ouvriers. Ceux-ci travaillaient sous des douches, habillés de peignoirs en toile-éponge imbibés d'eau, dont l'évaporation, opérée par la chaleur ambiante, les rafraîchissait comme les vases qu'on expose au soleil enveloppés de linges humides ; et la transsudation cutanée qui réfrigère, elle aussi, par l'absorption de la chaleur latente, naturellement active dans un milieu si chaud, était soigneusement entretenue par des boissons abondantes.

Ainsi vêtus, ces ouvriers avaient l'air de spectres malpropres et dévorés, sous leurs haillons, par un feu qui fume avant de flamber. Les parois du puits, revêtues également de matières spongieuses toujours humectées, exhalaient des buées énormes, contribuant à épaissir l'atmosphère. On eût dit un carrefour de Londres tombé dans un gouffre, avec ses mendiants, ses voleurs, son brouillard, sa boue et même sa pluie ; car, si les courants d'air venaient à se ralentir, les ventilateurs à manquer d'énergie, toutes ces vapeurs se condensant en pluies bouillantes retombaient en eaux sales ; et les malheureux puisatiers, la tête sous l'eau chaude, le corps dans une étuve, les pieds sur le feu central, ne respirant que des miasmes et ne voyant que des ténèbres, auraient pu se croire des hommes arrivés par mégarde avant le sixième jour sur la terre obscure et brûlante, en proie aux averses diluviennes et seulement habitable pour les zoophytes et pour les mollusques.

Leur vie se soutenait cependant dans ce milieu si impropre, et M. l'ingénieur Archbold n'avait pas même encore autorisé les distributions gratuites d'oxygène Pictet. Les suppléments d'air respirable, pris à la cantine du chantier, étaient payés comptant ou décomptés sur le salaire. En revanche, le service de la glace du Groënland fonctionnait, et apportait aux travailleurs un notable soulagement.

Cette importation de la glace avait subi diverses phases dans sa pratique. Tout d'abord, et d'après les ordres de M. l'ingénieur Archbold, l'agent de la Compagnie au Groënland découpait, dans la masse de la banquise circompolaire, des banquises plus petites, en forme de navire, pourvues d'un gouvernail et d'une voilure suffisante pour venir s'échouer sur la côte d'Irlande. Mais plusieurs naufrages ayant eu lieu, et le recrutement des équipages étant difficile pour ces ice-boats dont l'un, dérivé dans le Gulfstream, avait fondu corps et biens, la Compagnie avait adopté un système plus pratique de steamers solides, appropriés à la chasse des banquises, les capturant errantes ou les détachant du bloc arctique.

M. l'ingénieur Hatchitt, on l'a dit, résistait parfaitement aux fatigues de sa vie si sédentaire et si active, et n'avait fait d'autre concession à la chaleur que de mettre ses habits d'été. En revanche, il souffrait du froid et s'enrhumait chaque fois qu'il venait sur la terre, ce qu'il faisait rarement, et toujours enveloppé de fourrures. Sa taille lui permettant d'entrer dans les tubes à air comprimé de petit diamètre, où son corps faisait piston, il circulait par ces voies avec une grande rapidité ; et en outre, pour parer aux cas fortuits, il portait habituellement sur lui une petite échelle en aluminium, métal si léger, sorte d'échasse qui suppléait à sa stature et facilitait ses rapports avec les choses ou avec les hommes, soit pour prendre un attachement, soit pour arriver à l'oreille de M. le docteur Penkenton.

M. Hatchitt étant monté depuis peu, ses collègues furent surpris de le voir surgir à l'improviste, de son tube, le 23 juin de grand matin. Il paraissait soucieux, et ne répondait pas avec son entrain habituel aux affectueux shake-hand qui lui étaient prodigués.

— Mes ouvriers se mettent en grève, fit-il brièvement ; ils disent qu'il fait trop chaud.

— Peuh ! fit M. Penkenton.

— On se plaindrait à moins, opinai-je, moi,

Burton, qui ne pouvais regarder ce puits sans tomber en moiteur.

— Vous avez raison, monsieur Burton, approuva M. Hatchitt; et le docteur en parle à l'aise, lui qui se prélasse au climat tempéré de l'Angleterre superficielle, et qui ne descend presque jamais au-dessous.

— Je comptais qu'ils iraient jusqu'à 100°, interrompit M. l'ingénieur Archbold.

— Et comptiez-vous sur un moyen de vous passer d'eux lorsqu'ils arriveraient à 100°, interrogea M. Hatchitt?

— Sans doute, et je suis en mesure.

— Tant mieux! car leurs prétentions sont élevées.

— Quelles sont-elles, monsieur Hatchitt?

— Ils veulent se reposer une heure toutes les demi-heures; ils demandent que le repos leur soit compté comme travail, et qu'on augmente le prix de l'heure de travail; enfin, ils exigent l'air respirable gratuit.

— Ils sont fous! fit M. Archbold : leur donner pour rien de l'air qui me coûte plus de six pence le litre! s'ils ne peuvent pas l'acheter, qu'ils retiennent leur souffle! Prétendent-ils respirer autant que des gens riches?

— Je leur ai dit cela; ils l'ont bien compris, mais ils ont objecté qu'ils ne faisaient pas un ouvrage ordinaire.

— Cela est vrai, convint lord Hotairwell.

— Ils disent encore que le puits n'était pas aussi creux quand ils l'ont commencé, et Tom Foster lui-même, qui nous est très dévoué, est de cet avis.

— Cela est encore vrai, fit lord Hotairwell, toujours impartial.

— J'oubliais de dire, continua M. Hatchitt, qu'ils demandent en plus que leur ration de pale-ale, qui est de 20 litres, soit portée à 50 litres par homme et par jour.

— C'est au moins 10 litres de plus que leur peau n'en pourrait transpirer. Une peau humaine ordinaire, je mets de côté les peaux de M. Penkenton, de M. Hatchitt et de M. Burton, qui sont trop grandes, trop petites ou trop épaisses, mais une bonne peau moyenne de $0^m,002$ d'épaisseur, percée de ses tubes sudorifères de $0^{mm},05$ de diamètre et offrant une surface normale de 12 pieds carrés, compris les plis et les rides, et déduction faite des ongles, n'arrivera jamais, dans les conditions les plus favorables, à exsuder par ses glandes sudoripares plus de 3 litres de sueur à l'heure, soit 30 litres pour une journée de 10 heures, soit 20 litres de moins que la quantité de bière qu'ils demandent. Donc, s'ils buvaient 50 litres, ils boiraient avec excès ; ils deviendraient hydropiques, cachexiques, rachitiques : donc, je ne leur accorde pas 50 litres ; et pour le surplus, je ne leur accorde rien.

— Comme vous voudrez, dit M. Hatchitt ; mais

il est urgent de délibérer et de décider, car ils attendent en bas.

— Priez-les de monter, répondit l'ingénieur en chef; car je délibère, et je décide que je les congédie.

— Alors, dit M. Hatchitt froissé, vous arrêterez les travaux ?

— Non, monsieur Hatchitt, je n'arrêterai pas un instant les travaux.

— Pas un instant, monsieur Hatchitt, appuya le docteur, qui semblait être dans le secret.

— Vous vous proposez sans doute de creuser vous-mêmes ? demanda M. William Hatchitt; vous ferez bien : c'est la meilleure manière d'utiliser M. Penkenton, qui est grand et fort, et qui ne fait rien.

— Nous n'en sommes pas là, répondit l'ingénieur en chef, qui en même temps donna un coup de sifflet.

Un chef d'équipe se présenta, reçut des ordres, et quelques minutes s'étant écoulées, une porte du hall roula sur ses galets et livra passage à deux fourgons hermétiquement clos qui s'approchèrent poussés à bras.

— Ont-ils mangé aujourd'hui ? demanda M. l'ingénieur Archbold.

— Pas encore, répondit l'employé.

— Alors ouvrez avec précaution.

On ouvrit, et derrière les panneaux enlevés apparurent deux cages de ménagerie fermées par des barreaux solides et remplies chacune d'une trentaine de grands diables noirs, nus et velus, qui se prirent à célébrer le lever du jour dans leur demeure par des cris d'animaux, des rires de bêtes, des bondissements de panthère et des gestes de singe; les mains ou les griffes tendues vers leurs hôtes, pour les serrer ou pour les happer : grouillement et confusion d'acrobates sauvages, emmêlés dans leurs membres et soudés en un corps sans forme et sans fin.

— Qu'est-ce que cela? fit M. Hatchitt avec dégoût.

— C'est votre nouvelle équipe d'ouvriers, répondit l'ingénieur en chef.

— Ce sont des singes de grande espèce ?

— Des singes ! monsieur Hatchitt. Que dites-vous? Ce sont des hommes superbes! Quels torses et quels mollets ! ajouta M. Archbold, en essayant de tâter une jambe qui, aussitôt, lui envoya une ruade.

— Et le mollet, insista le docteur, en fixant les maigres tibias de M. Hatchitt, constitue entre l'homme et le singe l'une des plus essentielles différences.

— Ils ont l'air féroce ! fit M. Hatchitt.

— Ils ont de bonnes figures ! dis-je à tout hasard et dans le but de l'encourager.

— Vous trouvez, monsieur Burton? glapit ironiquement le petit ingénieur.

— Ne jugez pas ces braves gens sur leur mine, reprit M. Archbold; dites-vous qu'ils sont énervés par un long voyage, et peut-être intimidés par cette présentation à leur débotté.

— D'où viennent ils ces singes? demanda M. William Hatchitt.

— D'une des contrées les plus torrides de l'Afrique, monsieur Hatchitt; on ne saurait trouver d'hommes mieux acclimatés à la chaleur; et c'est une véritable trouvaille que M. le docteur a faite...

— Oui, interrompit M. Penkenton, prenant de force, suivant sa coutume, le dé de la conversation : ces naturels du Cololo, que j'avais remarqués dans mes promenades en Afrique, sont d'une espèce laborieuse, rustique, quelque peu moins féroce que les peuplades voisines. Habitués à une chaleur énorme, ils seront peu éprouvés par celle du puits, et il y a longtemps que j'avais exprimé à M. Archbold l'opinion que ces ouvriers-là seuls pourraient l'achever.

— Ainsi, c'est vous qui avez eu cette belle idée? Tous mes compliments en vérité, ricana M. Hatchitt.

— Je les accepte avec plaisir, répondit le docteur, car je suis convaincu que ces hommes vous donneront pleine satisfaction. Le seul point délicat est de les retirer de leur cage, sans qu'ils s'irritent et sans qu'ils s'échappent, car une fois dans le puits, il faudra qu'ils y restent, et ce sera votre affaire. Je vous conseillerai toutefois d'exercer sur eux toute votre vigilance, car ils grimpent comme des singes, et à peine en bas, ils reviendraient en haut. Je n'ai pas d'ailleurs à vous apprendre, ajouta gracieusement le docteur, comment on dirige des ouvriers, et je me persuade que l'extrême agilité de ceux-ci, transformée par vous en travail utile, donnera des résultats tout à fait surprenants.

— Ces sauvages-là doivent coûter cher, dit M. Hatchitt, qui, suivant son usage, n'avait pas écouté M. Penkenton; mieux aurait valu transiger avec nos ouvriers.

— Ils coûtent moins cher que vous ne pensez, dit M. Archbold.

— Combien les payez-vous?

— Quatre mille francs pièce, port payé, rendus à pied d'œuvre; c'est pour rien!

— Quatre mille francs par jour?

— Non, monsieur Hatchitt, quatre mille francs une fois payés, puisque je les achète.

— Vous les achetez! Mais l'Angleterre défend la traite des nègres.

— A la surface, monsieur Hatchitt; mais en dessous..... Oh! quand ils sortiront du puits, ils seront libres, mais naturellement, ils ne seront pas libres d'en sortir.

— Alors vous les nourrissez, les esclaves sont toujours nourris.

— Non, je ne les nourris pas, puisqu'ils ne sont pas esclaves, mais, prenant en considération leur situation particulière, je leur avance leur nourriture, et j'en débite leur compte courant. Leur alimentation est d'ailleurs très simple : quelques dattes, un melon d'eau le dimanche, voilà tout. Je puis d'ailleurs vous donner le plaisir de les voir manger.

M. Archbold prit des dattes dans un panier et en lança une volée dans les cages qui s'emplirent d'un tapage joyeux et d'un bruit de mâchoires tels qu'on pourrait en entendre dans un banquet offert par le directeur du Jardin des Plantes à tous ses animaux réunis. Une seule chose troublait le charme de ce spectacle, c'était la crainte que les barreaux de la salle à manger ne cédassent à la pétulance des convives.

— Voyez, dit l'ingénieur en chef, quelle bonne humeur et quel entrain !

— L'humeur d'une troupe de hyènes, répondit M. Hatchitt. Qu'est-ce que vous prétendez que je fasse de cette équipe de bêtes féroces ?

— Je vous assure, dit M. Penkenton, qu'ils sont plus doux qu'ils n'en ont l'air; la preuve en est que, dans leur pays, on les laisse en liberté.

Il ne manquerait plus qu'ils fussent assez féroces pour être obligés de s'attacher entre eux, répliqua furieux M. William Hatchitt.

— Puis n'oubliez pas, intervint M. Archbold, que Pot'alo est là pour les commander sous vos ordres.

— Qu'est-ce que Pot'alo ? un contre-maître ?

— Un roi, monsieur Hatchitt, un roi ! le roi de cette peuplade, qui s'est donné à nous par-dessus le marché.

— Un roi révoqué, un mauvais sujet, ricana M. Hatchitt.

— Non, un roi qui a l'air très bien.

— Où est-il ? je n'en vois pas un qui ait l'air mieux que les autres.

— Il n'est pas avec les autres, répondit M. Archbold : on ne met pas un roi au régime du sujet ; ce serait contraire à l'étiquette. Sa Majesté voyage dans une cage de première.

Et l'ingénieur ayant ouvert une trappe à l'arrière de l'un des wagons, il apparut une tête de nègre gracieuse et saluante, qui fit mine de vouloir sortir, mais M. Archbold referma vivement le panneau.

— Vous ne le laissez pas descendre, dit M. Hatchitt étonné. Il est donc aussi féroce que les autres.

— Je crois que non ; mais c'est plus prudent. On peut vouloir s'échapper, tout en étant d'un caractère très doux, et puisque ces messieurs ne prendront leur service que demain, il est mieux de ne pas les déranger.

Le lendemain, à l'heure fixée, non sans répugnance, par M. Hatchitt, les 48 nègres, sous la conduite du roi, la pioche et la pelle sur l'épaule, étaient rangés en silence et en ordre autour du puits. Quand l'ingénieur parut, le silence devint plus profond, l'alignement et l'attitude plus corrects ; et lorsqu'il s'approcha, il y eut, dans les rangs, ce frissonnement d'amour et de crainte qui parcourt une armée à la vue de son chef. Le commandant Pot'alo se tenait en avant de ses hommes, sévère et digne, brandissant, dans sa main royale, sa canne en bois de fer, sceptre approprié à ses nouvelles fonctions.

Reçu avec une courtoisie et des honneurs auxquels il n'avait pas lieu de s'attendre, M. Hatchitt s'en trouvait presque gêné et ne savait trop quelle contenance choisir en face de sauvages si corrects et d'un prince gardant, dans l'esclavage, une majesté supérieure à celle qu'il avait eue sur le trône. Il se frottait les yeux, s'étirait la taille, et se tâtait pour savoir s'il n'était pas lui-même noir et nu, général nègre ou major sauvage en tournée de révision.

Pendant ce temps, M. l'ingénieur Archbold opérait le récolement de ces hommes, et les marquait au fur et à mesure avec de la craie.

— Je vous prie de constater, dit-il à M. Hatchitt, qu'au lieu de 48 nègres, je vous en livre 52, sans que je puisse d'ailleurs m'expliquer cet excédant.

On vous aura donné les treize à la douzaine,

répondit M. Hatchitt, dont la bonne humèur était revenue.

A la stupéfaction des deux ingénieurs, cette plaisanterie comprise et savourée par les sauvages, leur causa des haut-le-corps et des pouffements de rire que le roi, qui avait lui-même peine à se contenir, réprima en hâte au moyen de quelques coups de sceptre.

M. Hatchitt ayant apposé son paraphe sur l'état matricule des ouvriers, et donné quittance de 52 nègres, se tourna vers ces hommes et leur montra le puits. Ils rompirent les rangs, et il y eut un moment de confusion causée par l'empressement de la troupe à voir son chef de plus près et à lui témoigner son affection naïve, en le touchant avec curiosité, le flairant avec respect, cherchant à préjuger son caractère par son odeur, comme font les animaux et les sauvages, dont la perception est plus intimement liée aux tacts matériels.

M. Hatchitt ne put d'ailleurs avoir l'ombre d'une inquiétude sur leurs dispositions, et moins encore sur leur obéissance, car ayant réitéré son geste pour les inviter à entrer dans le puits, toute la bande, roi compris, fit mine de s'y jeter. Ces pauvres gens ignoraient les moyens que la civilisation a inventés pour descendre, et l'ingénieur n'eut que le temps de les retenir, pour les faire entrer un à un dans les bennes. Quand tous y furent assis, et après un dernier échange de civilités, M. Hatchitt s'embarqua lui-même par la voie rapide de son tube, afin de veiller à l'arrivée, comme il avait présidé au départ.

Plus inquiets au fond que nous ne voulions le paraître, nous fûmes extrêmement heureux de cette bonne entrée en relations ; néanmoins nous restâmes toute la journée sur le qui-vive, demandant souvent à l'ingénieur de ses nouvelles. Celui-ci revint au bout de huit jours seulement, passer quelques moments à la surface. Il était enchanté.

— Ces noirs, dit-il, sont d'excellents sauvages ; ils travaillent comme des nègres, transpirent parfaitement ; et leur chevelure crépue, qui absorbe l'eau, leur tient la tête fraîche. J'en ferai de bons ouvriers, et peut-être je les rendrai blancs. Est-ce l'influence de la vie en cave qui les pâlit comme des laitues ? Ils semblent déjà moins noirs.

— Si ces nègres deviennent blancs, dit M. Penkenton, ils acquerront une plus-value intrinsèque qui permettra de les revendre avec bénéfice.

— Non, répondit avec fermeté M. l'ingénieur Archbold ; j'ai promis qu'ils seraient libres à leur sortie du puits, et s'ils en sortent blancs, je leur ferai cadeau de leur plus-value.

CHAPITRE VI.

PROMENADE EN FORÊT.

Quelques mois plus tard, par une belle matinée de juin, nous nous trouvions réunis autour du forage qui, depuis quelques jours, traversait des couches friables, à la vitesse extrêmement satisfaisante de neuf mètres par vingt-quatre heures. Lord Hotairwell écoutait pensif les battements réguliers de ce bel outillage, et les coups de trépan dont l'écho montait du puits, assourdi et lourd.

A quelques pas de lui, le docteur Samuel Penkenton s'agitait au milieu des déblais déversés par les bennes, qui devaient être pleins de trésors géologiques; car le docteur, ne sachant à laquelle de ses trouvailles entendre, courait de l'une à l'autre comme un enfant embarrassé de ses jouets.

Près du puits, M. l'ingénieur Archbold qui venait de téléphoner une question au chantier souterrain, se tenait attentif à saisir la réponse. Tout à coup, de l'entonnoir appliqué à son oreille il sortit un cri si formidable que l'ingénieur repoussa le téléphone, comme s'il en eût jailli un soufflet au lieu d'un son.

« Stop ! Hoist away !... Arrêtez ! hissez ! » cria la même voix stridente, appuyée d'un coup de sonnette qui désarticula l'appareil.

Prompt comme l'éclair, M. Archbold exécuta la manœuvre demandée.

Un accident grave venait évidemment de se produire, et le temps parut long jusqu'au moment où les wagonnets affleurèrent l'orifice, ramenant les ouvriers.

Ces hommes étaient-ils sains et saufs ? Étaient-ce même des hommes ? On n'aurait su le dire, à voir ces têtes de nègres, hérissées, livides, les yeux hagards.

— Pour Dieu, Tom Foster ! que vous arrive-t-il ? demanda lord Hotairwell au contre-maître, qui semblait avoir gardé plus de sang-froid.

— Il arrive, Mylord, répondit cet homme non sans effort, qu'une seconde plus tard nous étions brûlés.

— Brûlés ? fit lord Hotairwell.

— Oui, brûlés par le feu central.

— Par le feu central ? C'est impossible.

— Par le feu central, dont la fumée a voulu nous étouffer.

— Cela n'est pas sérieux, Tom Foster, dit à son tour M. Archbold.

— Monsieur l'Ingénieur, répliqua le contre-maître, croyez-vous que ces sauvages fassent le mort pour rire ? On croirait, à les voir, qu'ils font plutôt semblant de vivre.

Les nègres, arc-boutés l'un à l'autre pour se consolider, regardaient Tom Foster, branlant la tête comme des magots de la Chine, en signe d'assentiment ou d'imbécillité.

— Cependant, Tom Foster, reprit lord Hotairwell, il est absolument impossible que vous ayez rencontré le feu central à cette profondeur ; les savants le placent vingt fois plus loin, sans compter que, si vous vous étiez approchés de ce feu, dont la chaleur est énorme...

— 195,000 degrés, précisa M. Archbold.

— Il ne resterait de vous, à l'heure qu'il est, pas même une pincée de cendres, mais une simple bulle de vapeur.

— Sans compter encore, intervint M. Archbold, après avoir regardé le thermomètre, que, sous l'influence d'une pareille chaleur, cet instrument aurait éclaté en miettes. Tout cela est impossible, conclut l'ingénieur en boutonnant sa redingote, suivant son habitude, comme pour s'enfermer dans sa conviction.

— Monsieur Archbold, répliqua Tom Foster, le

feu central est là, puisqu'il nous a brûlés ; et les savants l'ont vu ailleurs, parce qu'ils n'y sont pas allés, ou qu'ils y sont allés par un autre chemin. Le thermomètre n'a pas monté, parce qu'il ne s'est pas senti assez long pour marquer la chaleur que vous dites, et parce qu'il n'avait pas de motif pour monter, puisque le feu central n'est pas chaud.

— Le feu central n'est pas chaud ? m'écriai-je.

— Non, monsieur Burton ; il ne ferait pas bouillir une marmite. Le feu central est un feu froid, un feu triste, qui n'a que de la fumée, qui ne flambe pas et qui éteint les autres, car il a soufflé nos lanternes, mais, par exemple, qui brûle les yeux et la gorge comme un vrai feu.

— Enfin, dit M. Archbold, dans quelles circonstances s'est produit l'accident ?

— Nous travaillions depuis une heure dans une terre qui avait un drôle d'air, dans un mélange de sable, de pierres, de plâtras, de morceaux de bois grume et autres qui ressemblaient à des charpentes: une démolition plutôt qu'un terrassement. Il y avait des branches et des troncs d'arbres si gros qu'il a fallu les scier pour les charger dans les bennes, et quand le malheur est arrivé, nous piochions en pleines broussailles, dans un bois. C'était le bois dont le feu central se chauffe, puisque c'est à ce moment que sa fumée s'est jetée sur nous pour nous étouffer, et que le fond du puits est tombé dans un trou.

— Le fond du puits s'est effondré ? Ceci est très grave, fit l'ingénieur.

— La moitié seulement, dit Tom Foster, autrement, nous aurions tous péri.

— N'importe, cela est grave, car le cuvelage se trouve ainsi en porte à faux et pourrait s'écrouler. Il faut vérifier cela au plus vite.

M. Archbold, suivi de lord Hotairwell, se mit en devoir de descendre.

— Messieurs, s'écria Tom Foster, n'y allez pas, ne vous faites pas tuer pour un feu qui n'est que de la fumée, pour une fumée qui n'en est pas, puisqu'on ne la voit pas, et fermez solidement le puits, pour le cas où ce feu aurait l'idée de nous suivre ; mais pas avant d'avoir prévenu M. William Hatchitt de remonter.

— William Hatchitt ! crièrent avec stupeur lord Hotairwell et M. Archbold. Nous l'avions oublié, et vous, Tom Foster, vous l'avez abandonné !

— Pardonnez-moi, Mylord, j'ai fait l'impossible pour décider M. Hatchitt à revenir.

— Il fallait le ramener de force, dit M. Archbold.

— C'est ce que j'ai voulu faire. Trois fois je l'ai mis dans la benne, mais il en ressortait comme une anguille d'un baquet. Quand je suis parti, il m'a crié de vous dire de ne pas s'inquiéter de lui, qu'il remonterait plus tard, mais qu'il allait d'abord descendre.

— Descendre où ? Dans ce gouffre ? Le malheureux a été asphyxié.

— Non, monsieur Archbold, car il nous a crié de vous dire encore qu'il ne serait pas étouffé ; et il en est bien capable. M. Hatchitt a un fort tempérament, et il jouait par le nez avec cette vapeur comme avec la fumée de sa cigarette.

On n'écoutait plus Tom Foster, et l'ingénieur en chef donnait des ordres en toute hâte.

Le plus pressé était d'envoyer de l'air à M. Hatchitt, et d'évacuer le gaz méphitique en l'obligeant de monter à la surface. Dans ce but, les ventilateurs et les pompes à air furent mis en marche et conduits à leur plus grande vitesse.

— Le feu central, à cette faible profondeur, dit lord Hotairwell, qui s'agitait autour des appareils, fébrile et impatient, n'aurait d'explication que par la rencontre de quelque cheminée de volcan mal éteint.

— La nature des terrains infirme cette hypothèse, répondit l'ingénieur. Mais voyez donc le docteur, ajouta-t-il, en montrant M. Penkenton plus enchevêtré que le chevreau d'Abraham dans un monceau de broussailles poudreuses, avec lesquelles il était depuis longtemps aux prises ; car jamais scieur de long sur lequel la sueur a mastiqué la sciure, n'avait présenté un visage plus étrange.

— Vous me voyez sortant d'une forêt dans laquelle je tâchais de remettre un peu d'ordre, dit le docteur à ses collègues qui s'étaient approchés. Voici quelques arbres déjà rangés.

Et M. Penkenton montrait la plus grande partie d'un chêne triée dans ces débris et soigneusement reconstruite : les moignons fourchus bien ajustés à leurs branches, et sur ces dernières, toute la série des rameaux décroissants, dont chaque pointe extrême n'attendait plus que sa feuille.

— Voyez ce chêne, Messieurs, et sauf la couleur acajou que prennent, avec le temps, les momies d'arbres et d'hommes, ne diriez-vous pas un chêne de Hyde-Park, dépouillé par l'hiver? L'hiver a été long pour cet arbre ; il a duré des siècles, aussi bien que pour cette vigne, ancêtre des cépages que l'Angleterre a cultivés jadis, et dont le vin n'était pas mauvais, un peu âpre et de difficile conserve, comme tous les vins faibles d'esprit, mais sain et d'un bouquet franc, conclut M. Penkenton, en faisant claquer sa langue comme un dégustateur. Vous riez, monsieur Burton, vous ne croyez pas cela ; mais Bentham, dans son histoire d'Ély, vous dira comme moi que le comté de Glocester était renommé pour ses crus, et que le parc de Windsor était une closerie estimée des Romains. Il est vrai qu'à cette époque le climat d'Angleterre était plus chaud, car le soleil va s'éteignant..... lentement.

— De 1° par 57,000 siècles, soit $\frac{1}{5000}$ de degré depuis l'Empire romain, précisa M. James Archbold.

— Oui, aussi n'est-ce pas au soleil seulement

qu'il faut s'en prendre du refroidissement de l'Angleterre et d'autres pays, mais encore aux déboisements. Les hommes d'autrefois n'étaient pas conservateurs des forêts, et ne comprenaient pas qu'elles sont aussi nécessaires à une plante que ses poils et sa fourrure à une bête.... Quoi qu'il en soit, ajouta M. Penkenton, qui retournait à son travail avant que sa loquacité eût permis de lui apprendre l'accident survenu, cette journée est belle pour la géologie, et pour la Compagnie du Feu central qui fera fortune, si elle persévère dans cette voie de découvertes ; quant à moi, dussent mes capitaux ne me rapporter que ces débris, je me considérerais comme le plus fortuné des actionnaires. Nous ne sommes d'ailleurs qu'au début, car ces échantillons montrent que nous entrons dans une forêt fossile engloutie par un cataclysme. Nous y entrons par les branches, mais nous descendrons aux troncs et aux racines.

— Monsieur Archbold ! Mylord ! monsieur Burton ! cria en ce moment la voix de Tom Foster : le feu central arrive ! Il sort des pompes ! Il a encore éteint ma lanterne !

On ne voyait ni flamme ni incandescence d'aucune sorte, mais M. Archbold ayant, comme Tom Foster, approché son visage de l'orifice d'une pompe, fut pris d'un étouffement et d'un violent accès de toux.

— Ce gaz, dit l'ingénieur, est de l'acide carbonique qui éteint la vie aussi rapidement qu'il souffle une lanterne, et il y a lieu de tout craindre pour M. Hatchitt.

Le jeu des pompes fut encore activé ; leurs tuyaux ronflaient comme des orgues, sous la pression de l'air refoulé dans leurs flancs. Mais il devenait probable que l'on avait affaire à l'un de ces inépuisables réservoirs de la nature, tels que le Cotopaxi, qui dégage en un jour plus d'acide carbonique que vingt millions de poitrines humaines, ou que le vallon sinistre de Tungguranga : tant les effluves méphitiques jaillissaient par bouffées énormes, s'emmagasinant, par leur densité, au ras du sol dans le hall.

L'atmosphère était calme ; nul courant d'air ne dispersait cette marée montante dont, avec un flambeau, on mesurait l'étiage. La lumière vacillant à son approche, s'éteignait dans ses ondes qui s'élevaient de niveau comme un liquide : envahissement redoutable, inondation qui pouvait, sous peine de mort, contraindre à quitter le hall, à déserter les appareils, à perdre tout espoir de sauver M. Hatchitt.

Énervés par l'angoisse et par les émanations capiteuses, lord Hotairwell et M. Penkenton qui, parvenu à se taire, avait appris la catastrophe, parcouraient la salle, soulevant sous leurs pas des tempêtes invisibles dans ces flots incolores.

— Si cela continue, s'écria le docteur, avant une

heure, ce gaz nous aura noyés ; car je déclare que je ne lui céderai pas la place.

Le docteur était celui de tous pouvant le prendre de plus haut avec son adversaire, qui ne l'atteignait qu'aux genoux, quand ses collègues l'avaient déjà à hauteur de ceinture. Sa tête, juchée à l'altitude de son grand corps, eût émergé longtemps après que ses compagnons eussent été engloutis.

— Quant à moi, dit lord Hotairwell, s'arrêtant devant le puits, je préfère mourir en essayant de rejoindre William Hatchitt.

M. Archbold l'arrêta comme il enjambait la margelle.

— Mylord, dit l'ingénieur en chef, je commande ici, et personne ne descendra sans mon ordre. J'estime qu'avant peu cette tentative sera possible; en ce moment, vous ne feriez pas dix mètres dans le puits sans être asphyxié.

M. Archbold présenta à la valve des pompes une lumière qui vacilla et s'éteignit. A divers intervalles il recommença l'expérience, et après 20 minutes environ, il fit signe à ses collègues que le moment était venu de descendre.

Lord Hotairwell et moi, nous entrâmes avec lui dans une benne. M. Penkenton, à raison de sa taille, se plaça seul dans une autre, dont le chargement fut complété par des engins de sauvetage. Le treuil dérapa en grinçant, et les wagonnets commencèrent à glisser, longeant ce lourd cuvelage que rien ne portait plus, et qui se fût écroulé dans l'abîme si les pressions latérales ne l'avaient retenu.

La main sur le cliquet, M. Archbold se tenait prêt à enrayer la marche au premier signe de danger. Mais rien d'anormal ne sembla devoir se produire; et nous avions franchi plus de 1,500 mètres, lorsqu'un cri strident, une sorte de hennissement ou d'éternuement sauvage et formidable, venant de la profondeur, frappa nos oreilles.

— Qui peut faire ce bruit? demandai-je stupéfait.

— William Hatchitt, peut-être ! s'écria lord Hotairwell.

Et, se penchant hors de la benne, il appela M. Hatchitt.

La voix de lord Hotairwell, naturellement forte, répercutée par les parois métalliques, prit l'intensité d'un roulement de tonnerre, mais elle resta sans réponse.

— William Hatchitt est perdu! murmura lord Hotairwell avec l'amertume d'un espoir déçu.

En cet instant, nous arrivions au fond du puits ou mieux au bout du cuvelage, le puits n'ayant plus de fond.

Les choses y étaient telles que Tom Foster les avait décrites. La moitié du terrain inscrit dans les parois avait croulé dans un gouffre; et le reste, sans point d'appui assuré, n'allait-il pas céder sous nos pas? Lord Hotairwell y mit le pied, nous le suivîmes; et les bennes encombrantes furent renvoyées à la surface, nous laissant naufragés sur ce récif.

M. William Hatchitt ne s'y trouvait pas; aucun bruit ne se faisait entendre. M. Archbold, sans perdre un moment, prit ses dispositions pour explorer le précipice.

— Qu'est-ce que cela? fit M. Penkenton, qui venait, en marchant, de heurter quelque chose de semblable à une queue d'animal roulée autour d'une pierre, et dont le bout, éveillé par le coup de pied du docteur, se mit à frétiller.

— Un animal à cette profondeur! dit lord Hotairwell; ce ne peut être qu'un fossile en vie!

L'animal de cette queue devait être, en effet, de nature et de taille prédiluviennes, à voir la longueur de son appendice noué par plusieurs tours à la roche, et s'allongeant ensuite dans l'abîme, où son corps se balançait.

— C'est un singe, dit M. Penkenton, se penchant sur le trou noir. Il n'y a tels que les singes pour se pendre dans leurs moments perdus.

— Le singe primitif, appuya lord Hotairwell, un *Mesopithecus* sauvé du déluge dans cette caverne.

— Et qui est encore vivant! admirai-je.

— Vous le voyez bien, puisqu'il remue.

— Est-ce possible?

— Pourquoi pas? répliqua lord Hotairwell. On

a bien trouvé à Blois, en France, un gros crapaud tertiaire vivant dans un petit caillou.

— Si cette bête est enfermée depuis autant de siècles, elle doit être affamée et féroce, remarquai-je judicieusement, et nous n'avons pas d'armes.

— Qui pouvait s'attendre à avoir besoin d'armes au fonds d'un puits ?

— Et à trouver du gibier dans une forêt fossile ? ajouta M. Penkenton.

— Le docteur, dit M. Archbold, ne pourrait-il pas essayer d'assommer cette bête avec une pierre qu'il lui lancerait de toute sa force ?

— Oh ! fit lord Hotairwell, quel dommage de la tuer ! Elle serait si précieuse à conserver vivante ! sans compter que le docteur, qui est maladroit, peut la manquer et tuer M. Hatchitt, s'il est au fond de ce trou.

— Je pourrais, proposa M. Penkenton, dénouer vivement sa queue, la bête tomberait dans le gouffre ; nous en serions débarrassés.

— Débarrassés ici, dit lord Hotairwell, mais pour la retrouver, en bas, indisposée. Il faut la tuer net ou l'apprivoiser, et j'insiste pour ce second parti. Pourquoi préjuger que cet animal est un ennemi ? S'il est le premier singe, il est le premier homme ; et peut-être qu'en lui témoignant des égards, en l'abordant avec le respect que des fils.....

— Docteur, dit M. Archbold, qui n'aimait pas les

conseils interrompant l'action, c'est le cas de déployer la puissance de vos muscles. Empoignez cette queue et hissez l'animal lentement, afin que nous puissions vous prêter main-forte, au moment où il prendra pied. A nous quatre, nous viendrons à bout de le maintenir ou de l'étrangler.

Le docteur saisit avec répugnance cet appareil caudal noueux, pelé, visqueux, et l'ayant déroulé sans éprouver de résistance, il se mettait en mesure de hisser, lorsque la bête, grimpant après sa queue, avec une agilité surprenante et sans laisser le temps de la saisir au passage, s'élança dans les bras de M. Penkenton qui, de surprise, lâcha tout, mais qu'elle ne lâcha pas.

— Dieu vous bénisse, Docteur ! s'écria l'animal, en proférant l'éternuement terrible qu'on avait déjà entendu.

La queue était une corde, et M. Hatchitt était la bête, qui couvrait de baisers M. Penkenton non encore revenu de sa surprise et de son dégoût.

— Ce cher William Hatchitt ! s'écria lord Hotairwell, très contrarié de perdre un singe fossile, mais bien aise de retrouver un ami... Ce cher William Hatchitt ! Quel plaisir de le revoir !

— Vous allez bien ? dis-je, en échangeant avec M. Hatchitt une chaleureuse poignée de main.

— Parfaitement, répondit l'ingénieur, après s'être ébroué avec la vigueur d'un cachalot ; parfaitement, quoique un peu enrhumé, mais ce n'est rien, c'est le coryza des abîmes, dont sur terre on n'a pas idée ; et que je dois, sans reproche, à l'atroce courant d'air dans lequel vous m'avez placé. Entre le gaz que vomissait ce gouffre et l'air que crachaient vos pompes, j'étais ballotté comme un bouchon dans un remous, et j'ai dû soutenir une lutte sérieuse, pour n'être pas aspiré dans les tuyaux. Aussi ai-je voulu m'en aller ; je me suis attaché, mais je n'ai pas pu me descendre, ma corde s'est emmêlée et je vous ai attendus.

— C'est bien aimable à vous, dit lord Hotairwell, mais pourquoi n'avoir pas répondu lorsque je vous ai appelé ?

— Parce que je n'ai pas entendu.

— Nous entendions bien vos éternuements.

— Vous entendiez, monsieur Burton, parce que le son est plus agile à monter qu'à descendre : un aéronaute entend, d'une grande hauteur, un chien qui aboie sur terre.

— Depuis 2,000 mètres, confirma M. Archbold.

— Tandis qu'à une faible altitude...

— Cent cinquante mètres, dit l'ingénieur en chef.

— On n'entend pas un chien qui aboie dans un ballon... Mais ne perdons pas notre temps, poursuivit M. Hatchitt ; maintenant que vous voici venus, je vais descendre sans peine, M. Penkenton suffira pour me soutenir.

M. Hatchitt, qui était resté lié à l'un des bouts de sa corde, présenta gracieusement l'autre extrémité au docteur.

— Ne vaudrait-il pas mieux que je descendisse moi-même? objecta M. Penkenton qui mourait d'envie de précéder son collègue.

— C'est absolument impossible, répondit celui-ci, qui aurait sauté dans le gouffre plutôt que de se laisser devancer par le docteur, votre poids s'y oppose. Il faudrait une grue pour vous soutenir, et il n'y en a pas.

— Avec les échelles, fit observer lord Hotairwell, nous pourrions descendre tous à la fois.

— Non! non! repartit M. Hatchitt, en retenant par ses basques le docteur qui cherchait les échelles. Ne nous risquons pas tous ensemble et, avant de descendre, faisons comme les marins, jetons une sonde, pour reconnaître le fond.

— Soit, jetons une sonde, approuva M. Penkenton, bien disposé pour tous les expédients qui retarderaient son collègue.

— Et la sonde, c'est moi, reprit M. Hatchitt; veuillez donc, Docteur, me tenir au bout de cette corde et me laisser couler.

Pendant que M. Penkenton, à bout d'objections, prenait en maugréant la corde, M. Hatchitt ayant avisé, dans un coin, une pelote de suif servant au graissage des outils, s'en oignit abondamment.

— Que faites-vous là ? lui dit M. Archbold.

— Je suis une sonde et je me traite en conséquence, je me rends gluant comme la sonde de Brooke, l'une des meilleures, afin de ramener des échantillons du fond, automatiquement, et quand même je serais évanoui ou noyé... Voyons, Docteur ! déployez vos cabestans.

M. Penkenton résigné écarta ses jambes au-dessus du vide, un pied sur le restant de terre ferme, l'autre sur un saillant de la paroi ; et, tenant M. Hatchitt au bout de son câble, il ressemblait au colosse de Rhodes en train de pêcher à la ligne un matelot.

La corde filait entre les mains du docteur qui la mesurait par grandes brasses : lorsqu'il en eut compté douze, il fallut nouer une rallonge, opération délicate pour ces grosses mains maladroites ; et d'autant plus que M. Hatchitt, impatient, se livrait à des exercices de trapèze et donnait des secousses que le docteur recevait dans la mâchoire, ayant dû, pour faire le nœud, prendre la corde avec ses dents.

Dix brasses ayant filé encore :

« Terre !! » cria la voix aiguë de M. William Hatchitt.

Aussitôt le docteur amarra la corde.

— Sur quoi avez-vous touché ? demanda M. l'ingénieur Archbold.

Aucune réponse ne vint.

— Il n'a pas entendu, dis-je.

— Je vais le faire entendre, moi, fit le docteur; mais il faut d'abord le faire écouter.

Et, secouant la corde comme il eût fait de la laisse d'un chien :

— Sur quoi avez-vous touché ? mugit-il de sa voix de trombone.

— Sur un tas de feuilles, dans un chemin sablé, fut-il vivement répondu.

Cinq corps d'échelles d'acier, boulonnés l'un à l'autre, ayant été envoyés, les quatre explorateurs, une lampe de Davy au front, pareils à des spectres qu'éclairent leurs crânes lumineux, plongèrent dans ces ténèbres, lentement, se suivant à distance, assurant leurs pas sur ces degrés fragiles qui, à l'inverse de l'échelle de Jacob, appuyaient leur faîte sur la terre et leur pied dans l'inconnu.

Cette seconde partie du voyage s'effectua sans plus d'accident. Sur le dernier échelon, on trouva M. Hatchitt qui s'y tenait par obligeance, pour caler l'échelle et aussi parce que, M. Penkenton lui ayant donné trop peu de corde, il n'avait pas pu se délier et était resté suspendu, ne touchant la terre que de ses pointes.

— Pourquoi n'avez-vous pas lâché la corde ? cria le petit ingénieur furibond et cessant de maintenir l'échelle où le docteur restait seul.

— Pour vous empêcher de vous perdre, répondit M. Penkenton.

— Non! mais pour m'empêcher d'explorer cette caverne avant vous! C'est une indignité !

M. Penkenton ne répondit rien, mais descendit à plus grandes enjambées, au risque de briser l'échelle qui décrivait, sous sa charge, les oscillations d'une balançoire.

Les lampes électriques, que M. Archbold mit aussitôt en activité, éclairèrent alors un étrange spectacle. C'était, dans une enceinte de roches dont les murs s'effaçaient sous un treillis de troncs et de branchages, un enchevêtrement d'arbres de toutes essences et de toutes tailles : les uns debout s'élevant jusqu'à la voûte, d'autres étendus de leur long, foudroyés par l'écrasement, et d'autres rentrés perpendiculairement en eux-mêmes sous le poids énorme qui les avait oppressés. Tout cela emmêlé, épars, dans le désordre d'une forêt atteinte de folie furieuse, qui s'est livré à elle-même un combat, tronc à tronc, corps à corps, s'escrimant de ses branches, s'aveuglant de ses ramures et tombant, sans céder la victoire, entrelacée dans ses débris : amoncellement prodigieux de matériaux en proie à la démolition, de sables et de pierres, de colossales charpentes inouvrées, pièces d'un jeu de jonchets énorme précipitées pêle-mêle, par la main d'un géant, dans cette sombre vallée.

Tel fut le tableau qui s'offrit aux regards et stupéfia les spectateurs, M. Penkenton excepté. Lui était radieux, épanoui, transfiguré ; son visage de granit s'était fait chair, ayant acquis tout à coup des muscles et des nerfs capables de tressaillir. Ce mort, en pénétrant ici, avait ressuscité ; cette momie, rendue à son siècle, avait détaché ses bandelettes, renoué le fil de sa vie ; et si quelque surprise se trahissait sur son visage, c'était celle du voyageur qui, revenant au pays après une longue absence, s'étonne que les hommes et les choses aient changé. Mais l'impression est éphémère et le voyageur fait prompte justice de ces métamorphoses ; il retrouve bien vite les visages jeunes sous les rides, la maison paternelle sous le lierre, et sous les feuilles le sentier.

Aussi le docteur avait-il pris la tête de la troupe, naturellement, comme un hôte qui fait les honneurs de sa maison et de sa forêt. Sans hésiter, il nous conduisit au pied d'un érable qui formait le centre d'un carrefour, et là, s'adossant à l'arbre, parlant bas, d'une voie émue, saccadée, brève, il dit :

« Vous, et moi plus encore, nous avons, en pénétrant dans ce lieu, rajeuni d'un grand nombre de siècles, remonté le temps jusqu'à ses sources, pénétré ses plus intimes arcanes. Cet abîme ténébreux a connu la surface aux plus vieux âges du monde ; ces arbres ont végété aux premiers soleils, et les premiers hommes se sont assis à leur ombre. Il a suivi ces sentiers, l'homme contemporain du Mastodonte, du

Mégacéros, de l'Ours *speleus* qui ont sombré, comme lui, dans les eaux du déluge ; et nous foulons la zone de ce grand ossuaire, de cette terre pliocène qui porta nos premiers pas, phase suprême de ces longues périodes de la Genèse, qui ont été pour le Créateur des jours, et pour la terre des aurores.

« C'est aux convulsions de ces premiers âges qu'est due la formation de cette caverne, semblable, en quelques points, aux grottes irlandaises de Shandon et de Cappoquin, mais qui en diffère par son origine ; qui n'est pas, comme elles, une fissure élargie par des érosions, mais une partie de terre engloutie dans l'abîme qui s'est clos sur elle : décor de théâtre disparu dans les dessous.

« Voyez ces arbres disloqués par leur chute, mais attenant encore à la motte de terre sur laquelle ils végétaient, brunis comme des lignites, mais non pas minéralisés comme la houille, ni pressés comme elle sous de lourds étages géologiques. Forêts et pays enterrés vivants, tombés en léthargie sans mourir, arbres dépouillés de leurs feuilles, desséchés de leur sève, mais portant sans faiblir le fardeau des âges ; pareils à ces vieillards dont le temps a fauché la chevelure, atrophié les chairs, ossifié les rides et qui, réduits au squelette et à l'âme, n'offrent plus de prise à la corruption ni à la mort. »

CHAPITRE VII.

PULVIS IN PULVEREM.....

Du carrefour où M. Penkenton nous avait conduits partaient plusieurs sentiers dans l'un desquels nous nous engageâmes, après que M. Archbold eut fixé en ce lieu un falot électrique devant servir de point de repère et de guide pour le retour.

On eût dit qu'une trombe ou une locomotive échappée avait troué ce chemin dans la forêt, à voir les arbres brisés, tordus, refoulés sur les bords par l'ouragan, ou revenus après lui et barrant le passage qu'il fallait s'ouvrir en écartant les branches et en louvoyant parmi les troncs. Nous nous avancions avec des précautions extrêmes, glissant dans ces ténèbres comme des ombres, retenant notre souffle capable d'ébranler ces fantômes et d'épandre ces poussières. Sous l'empire de cette mort ambiante, nous parlions bas, comme on fait près des tombes, nous arrêtant parfois et redoublant de silence pour saisir les bruits et surprendre les secrets de ce pays enchanté.

Depuis quelques instants, le docteur Penkenton, qui marchait en avant, semblait en proie à une agitation singulière. Parfois, penché vers le sol comme un chasseur qui relève une voie, il s'arrêtait, absorbé dans une contemplation incompréhensible ; puis reprenait sa course, s'arrêtait de nouveau et se mettait à genoux ou s'étendait de son long pour mieux voir. Tout à coup, se redressant de toute sa taille et se découvrant avec respect :

« L'homme !!! s'écria-t-il d'une voix stridente; voici l'homme !!!... »

Ces paroles, assurément les premières qui résonnassent ici depuis des temps voisins de la Genèse, réveillèrent en sursaut les échos de l'abîme qui redirent en mille clameurs : L'homme! l'homme!...

« Oui, — reprit le docteur, dominant ce bruit de sa voix de métal, — l'homme! l'homme antédiluvien! l'homme témoin du déluge! Ecce homo testis diluvii! Voici sa trace indéniable, l'empreinte de son pied nu, profonde, fuyante, car il fuyait, cet homme ! Il fuyait, traqué par son chasseur implacable, par la nature qui l'assaillait de toutes parts, par ces arbres qui s'écroulaient sur sa tête, par ces roches qui le poursuivaient en trébuchant, par la terre elle-même, qui s'efforçait de l'engloutir... Et ce qui achève ces horreurs, continua M. Penkenton, aussi ému et ruisselant d'autant de sueur que s'il eût été l'acteur de cette fuite, — c'est que ce malheureux n'était pas seul, c'est qu'il avait deux vies à défendre contre toutes ces morts ameutées... Voyez, près du pied large et fort de l'homme, un pied plus petit, un pied de femme. Ici, leurs empreintes se mêlent, plus loin les pas du petit pied s'effacent ; ce qui montre que cet homme, tour à tour, entraînait ou portait sa compagne. Quel horrible drame s'est joué ici ! Qui sait s'il ne dure pas toujours ?... Tout à l'heure, parmi ces bruits de l'écho, ne vous a-t-il pas semblé, comme à moi, entendre des voix humaines ? des voix qui appelaient au secours ? Ah ! s'il était temps encore ! »

Le docteur se tut pour écouter.

« Ne nous attardons pas, reprit-il presque aussitôt, suivons en hâte cette piste. Tentons de sauver ces hommes, ces ombres toujours fuyant peut-être par les sentiers de leur sépulcre, sans pouvoir ni s'échapper ni mourir ! »

Nous écoutions M. Penkenton, ébahis. Déjà si étrange, était-il devenu entièrement fou ?

Quant à lui, il était déjà loin ; il était parti sur cette trace humaine et le chasseur de chamois, le chamois lui-même n'auraient pas surpassé l'agilité surgie dans ce grand corps qui bondissait par-dessus les obstacles, se désenchevêtrant des halliers, s'insinuant par d'étroits défilés, heurtant, sans y prendre garde et sans ralentir, les arbres qui flageolaient sous le choc.

Hésitant à le suivre, dans la crainte de nous perdre ; ne voulant pas le perdre, puisqu'il savait le chemin, nous nous trouvâmes bientôt lancés ventre à terre, à sa suite, chacun dans la mesure de sa vélocité, mais tous devancés par M. Hatchitt qui n'avait pas mis plus de temps à se transformer en chien que M. Penkenton à se changer en cerf ; et qui chassait le docteur, de meute à mort, à cor et à cri, soufflant au poil de la bête, relevant ses défauts et déjouant ses ruses ; se creusant des raccourcis entre les branches et des tunnels sous les feuilles ; passant comme un sylphe entre les arbres, et, au besoin, entre l'écorce et l'arbre.

Lord Hotairwell appuyait la chasse, lancé aux grandes allures d'un cheval de pur sang ; M. Archbold, au trot relevé d'un bon double poney d'Irlande ; et moi le gérant Burton, qui suis extrêmement gros, je fermais de mon mieux la marche, déjà très-essoufflé et moins semblable à un chasseur qu'à un chanoine qui court après sa procession emportée.

Combien cela dura-t-il ? Je ne pourrais le dire. Mais ce ne fut pas la lassitude du gibier ou des veneurs qui mit un terme à cette course furieuse, ce fut le terrain qui leur manqua. Un mur de rochers leur barra la route : l'enceinte de la caverne, au pied de laquelle s'arrêtaient aussi les empreintes de pas humains. Les fugitifs avaient-ils passé avant que se fût close cette muraille ? ou gisaient-ils, prisonniers, ensevelis dans son épaisseur ? Toutes les suppositions étaient possibles autant que vaines. Ces traces étaient bien les dernières qu'eût laissées le ménage antédiluvien sur ce territoire avant de trouver, au delà, le salut ou la mort.

Le docteur l'avait compris, et dans un désespoir impossible à rendre, il adressait à ce mur implacable des objurgations et des prières. Puis son exaltation parut se calmer. Haletant, harassé de fatigue, il s'assit, défit sa chaussure et posa son pied nu sur l'empreinte du pas humain moulée profondément dans l'argile, et voyant qu'il s'y adaptait avec exactitude, son visage devint plus pâle, il chancela pris de vertige ; et comme lord Hotairwell s'approchait pour le soutenir :

« Oh ! oui, s'écria-t-il, en se laissant aller dans ses bras, — oh ! c'était bien lui !... c'était elle ! »

Et il éclata en sanglots.

Cette course inconsidérée aurait pu nous égarer sans retour, si la fortune n'avait permis que, faisant beaucoup de chemin, nous eussions franchi peu d'espace, ainsi que l'attestait le rayonnement du phare laissé au carrefour, brillant comme l'étoile polaire de ce ciel souterrain. Confiants dans cette sauvegarde, nous continuâmes notre route; mais avant d'avoir fait deux cents pas, nous fûmes arrêtés par un entassement d'arbres, hallier gigantesque, formant l'enceinte d'une sorte de cirque, les gradins d'une arène au milieu de laquelle paradait encore l'athlète vainqueur de ces débris : un mammouth, colosse de l'ancien monde, éléphant-sanglier, dont les squelettes énormes, retrouvés çà et là, furent longtemps pris pour des restes de titans ou de demidieux. Celui-ci, qui mesurait 5 mètres de hauteur, solidement arc-bouté sur ses jambes râblées et courbes, les crins hérissés, les yeux saillant de l'orbite, brandissant ses défenses en forme de trompettes, semblait sonner la charge contre cette forêt qui l'avait assailli, qu'il avait taillée en pièces, et dont les débris jonchaient le sol et l'entouraient comme un rempart.

— La conservation de cet animal n'a rien d'extraordinaire, dit lord Hotairwell, voyant mon étonnement; elle est probablement due à la qualité spéciale de l'air et du terrain de cette caverne. C'est ainsi qu'on a retrouvé des moines conservés dans les cryptes de Bonn en Allemagne.

— Oui, mais ces moines n'ont que deux cents ans, fit observer M. Hatchitt, tandis que cet animal...

— Est bien plus âgé; mais qu'est-ce que cela fait? Dans le siècle où nous sommes, des chiens n'ont-ils pas bu le sang et dévoré la chair d'animaux ayant vécu avant le déluge? Joseph de Maistre a touché les restes de mammouths morts depuis des siècles, leurs yeux encore sanglants et leurs oreilles tapissées de poils.

— Conservés dans la glace de la Néva, fit observer M. Hatchitt.

— Le froid n'est pas nécessaire, dit M. Archbold. J'ai vu au Mexique un cheval asphyxié depuis longtemps dans un gisement de borax, et resté frais sous une chaleur de 45 degrés.

— Ce mammouth, lui aussi, a dû être asphyxié, dit lord Hotairwell, et je crois comprendre l'origine de l'acide carbonique qui nous a envahis ; il est le dernier souffle de cette forêt ensevelie vivante qui, avant de mourir, a respiré dans ces ténèbres comme les plantes respirent pendant la nuit, c'est-à-dire en exhalant du carbone par tous les stomates de ses feuilles.

Ayant contourné cet obstacle, nous nous retrouvâmes dans le chemin suivi d'abord, tracé, on le voyait maintenant, par le mammouth lui-même, fuyant, lui aussi, devant le cataclysme ; avalanche poursuivie par une autre. Ce chemin eût ramené tout droit au carrefour ; aussi obliquâmes-nous à gauche, vers une clairière qui, à la lueur des falots, commençait à se découper sur l'ombre.

Dans cette direction, les parois de la caverne, se rapprochant et gagnant en hauteur, comme l'abside

d'un temple, surélevaient leur voûte, étayée çà et là
de colonnettes en roches frustes, étrésillonnée de
branchages à travers lesquels scintillaient, réveillés
par la lumière, les facettes du granit et les mica-
schistes brillants. Il se faisait un peu d'ordre dans
cette portion du chaos. Ce coin de forêt avait mieux
résisté à la catastrophe, et l'on eût dit que ses arbres, arc-boutés en coupole et tressés en palissades,
s'étaient concertés pour se défendre et pour défendre
des hôtes réfugiés à leur abri ; car, à mesure que
nous avancions vers la clairière, des reliefs étranges
surgissaient des ténèbres, couchés sur le sol, sortant
de la paroi, suspendus à la voûte : panoplies d'ossements, squelettes tout entiers ; fantômes revêtant
dans la pénombre les attitudes de la vie.

Le cataclysme qui avait englouti ce pays, avait
assemblé ces animaux fuyants et affolés, guidés
par l'instinct vers l'oasis où ils avaient sauvé,
sinon leur vie, du moins leur dépouille restée dans
la pose où la mort l'avait prise ; debout pour la plupart et le cou tendu, les jambes écartées pour étreindre le sol, comme font, dans les tremblements de
terre, les animaux contemporains.

Sur ce terrain disloqué, fracturé par sa chute dans
un abîme, il s'était ouvert des miniatures d'abîme qui
avaient englouti des proies à leur mesure. La ramure
d'un cerf d'Irlande, le Mégacéros *hibernicus*, s'élevait d'une de ces fissures, courbe et méplate comme

des branches de cactus; et plus loin s'exhumait une autre tête rameuse, sans corps, et si bien enlacée dans des lianes, qu'on distinguait à peine les bois de l'animal de ceux de la forêt. Cependant lord Hotairwell reconnut un Sivatherium, le géant des animaux tertiaires, dont on n'a retrouvé que des têtes : fatalité qui se reproduisait cette fois encore.

Un gros Batracien, parent de celui qu'Andreas Scheutzer reconnut pour un homme et Cuvier pour un lézard, sommeillait au milieu de la clairière, enveloppé dans sa cotte d'écailles, comme un chevalier dans son armure ; animal à sang froid, si peu ému par cette grande catastrophe, qu'à peine la mort lui avait ôté l'appétit. Ses lèvres lippues bavaient une proie qu'il n'avait pas eu le temps d'avaler, ou qui lui avait répugné : un oiseau, un dronte (*Walgvogel*, oiseau de dégoût), animal doué de formes cubiques, d'ailes trop courtes pour voler, de pattes trop grosses pour courir, et d'une odeur repoussante. Cette malheureuse bête accablée de tant de disgrâces, auxquelles une mort horrible avait mis le comble, portait sur son visage l'empreinte de mélancolie constatée par le naturaliste Herbert sur l'un des membres de cette famille, vivant encore au xviie siècle.

Autour d'un arbre à fruits, d'un pommier à touffe ronde, à l'écorce striée de grosses rides, un serpent s'était enroulé par le milieu du corps, sa tête furieuse tournée vers la muraille où sa queue était restée : image des temples Dracontia, fit remarquer lord Hotairwell, construits en forme de serpent attaché par le ventre, ouvrant ses extrémités comme des bras ; figurant, dans la religion celtique, le Père, le Fils et l'Éternité.

Au jour funeste qui avait vu s'assembler ces fugitifs sous le coup d'une même épouvante, les oiseaux eux-mêmes se méfiant de l'azur, avaient cherché un refuge sur les arbres dont leurs cadavres jonchaient le pied ; et un singe, qui avait choisi une semblable retraite, pendait désespérément de la voûte, pris jusqu'à la ceinture dans son épaisseur, pareil à un nageur captif dans l'onde soudainement figée.

Émus de ce merveilleux tableau, sanctuaire et trésor de toutes les paléontologies de la nature, nous le contemplions en extase, lorsqu'un cri terrible vint glacer le sang dans nos veines.

Qui avait proféré ce cri ? Quel homme pouvait ici survivre ? L'homme primitif, l'homme *speleus*, éveillé au bruit de l'envahissement de sa forêt et de sa caverne ? Et si c'était lui, de quel œil allaient se voir, se trouvant tout à coup face à face, ces représentants lointains des deux extrêmes de l'espèce humaine ? Quelle joie de faire connaissance allait éclater de part et d'autre, ou quel combat féroce pouvait s'engager entre un homme d'avant le déluge et quatre Anglais géologues, avides de s'emparer de lui et de le collectionner.

Quoi qu'il en soit, nous nous avançâmes résolument, et, après avoir contourné un bouquet d'arbres, nous trouvâmes M. le docteur Penkenton étendu la face contre terre, ne donnant plus signe de vie.

Le docteur cependant n'était qu'évanoui; et au bruit des pas et des paroles inquiètes, il revint à lui, cacha rapidement un objet dans sa poitrine, et mettant une main sur ses lèvres pour commander le silence, il nous montra de l'autre un point de la clairière encore inaperçu.

Au seuil d'une grotte dont la branche d'un hêtre soutenait, comme le voile d'un berceau, l'anfractuosité surplombante, deux corps humains étaient étendus. Je dis des corps, et non des cadavres ni des squelettes; des corps d'homme et de femme, gardés par la mort, et revêtus par elle de son étrange beauté.

Ils gisaient à l'entrée de cette grotte qui avait été leur demeure, où ils étaient revenus, lassés de fuir; où l'écroulement les avait poursuivis et aurait anéanti leurs restes, si cet arbre n'avait prêté l'arceau protecteur à l'abri duquel ces défunts des anciens âges avaient attendu en paix, la résurrection lente à venir. L'homme reposait assis, dans l'attitude habituelle aux morts de l'âge de pierre, le buste adossé à une saillie du roc, les yeux ouverts, fixant ses visiteurs inattendus; inquiet encore et en défense, prêt à ressaisir la hache échappée de ses doigts, l'arme qu'il avait brandie à la première alerte, qu'il avait délaissée en reconnaissant l'ennemi, en voyant que c'était la nature, plus féroce que l'ours, plus forte que le mammouth, qui venait d'assaillir. L'espoir avait défailli dans son cœur, la hache était tombée de sa main, et avec la résignation fatale et douce des peuples primitifs, il s'était accoudé pour l'éternel sommeil.

Immobiles et muets comme les statues funéraires qui soutiennent des torches autour d'un tombeau, nous demeurions fascinés par ce spectacle ; réalité supérieure au rêve, tableau édénique, paysage des anciens jours, pareils à ces images de la Bible qui montrent, au milieu des bosquets du paradis terrestre, Adam et Ève innocents, heureux, entourés de toute la création qui leur rend hommage, tandis que le serpent s'enroule dans les rameaux de l'arbre de science, attend son heure et surveille sa proie.

La lumière des falots électriques, pénétrant les parois de la caverne, se répercutait en mille éclats sur les prismes du quartz, brodait d'un étincelant pailletage les granits diamantés et les micas aux lamelles d'émail ; magnifique tenture mortuaire, que des stalactites descendues de la voûte et des stalagmites surgies du sol, soutenaient de leurs bras de cristal laiteux ou transparent. On eût dit que la nature, pour faire excuse à ses victimes, pour leur offrir d'expiatoires funérailles dans cette chapelle ardente, n'attendait que des témoins, qui étaient enfin venus, qui étaient là, le cœur oppressé, la poitrine haletante, abîmés dans la pensée ou dans la prière, prosternés comme des fils autour du père qui vient d'expirer.

Car nul n'eût osé dire si ces morts avaient cessé de vivre depuis une heure ou depuis des siècles : foudroyés par l'asphyxie qui suspend la vie sans en briser les rouages, qui chasse l'hôte sans détruire la demeure, ils sommeillaient dans la grâce de la jeunesse, dans la splendeur de leur beauté native, dans la majesté de l'homme issu de Dieu ; parcelles primitives du limon qu'il modela de ses mains, à son image ; argile sigillée de son empreinte ; création supérieure aux reproductions de facture humaine, autant que la statue pétrie par l'artiste l'emporte sur les surmoulages, œuvres de l'artisan.

Auprès de l'homme, à ses pieds, gisait sa compagne, respectueuse et soumise, jusque dans la mort, à l'époux, au roi de la nature, détrôné soudainement, comme tant de rois à venir, par un caprice de sa sujette. La femme ! œuvre du Créateur la plus achevée ! Elle était là, dormant, chaste et fidèle, le long sommeil de son époux ; fille ou petite-fille de la première femme, gardant le trésor intact des beautés, des vertus, dont ses descendantes se partageront l'héritage, vase encore rempli des parfums qui vont s'épandre.

Remontant par un essor facile, aux âges où naquit l'humanité; réveillant ces morts, cette faune, ce pays, il nous semblait la voir, cette jeune femme, cette jeune reine, s'avançant, au matin du septième jour, à la découverte de son empire, parée, pour royal manteau, des splendeurs sculpturales de sa pure beauté ! La terre, depuis longtemps, se préparait à l'accueillir, et s'ornait comme un temple qui attend sa déité. La nature pliocène, ivre de jeunesse et de sève, éprise de sa charmante maîtresse, prodiguait sans compter ses luxuriances pour lui plaire, pour gagner son sourire, pour la garder captive dans ses lianes en fleurs. Concertant ses harmonies et ses puissances, elle chantait à cette radieuse épouse le plus merveilleux cantique des cantiques ; elle lui disait son amour par toutes les voix éoliennes de ses brises, par tous les cris de sa faune, par toutes les grâces de sa flore, car les fleurs et les oiseaux qui venaient de naître pour elle, l'enveloppaient de leurs parfums et la célébraient dans leurs chants... Cependant que les vieux chênes, les érables, les ormes déjà séculaires, patriarches tranquilles au milieu de cette folle nature, étendaient sur la souveraine leur manteau de feuillage et la protégeaient, de leurs grandes ombres, contre les ardeurs du soleil empressé, lui aussi, de la connaître et de la servir...

A mesure qu'il s'éclairait davantage, le merveilleux tableau se vivifiait plus encore, livrant, après ses premiers plans, ses secrètes profondeurs, ses retraits les plus obscurs. Comme un soleil matinal, la lueur électrique se jouait parmi les branches, se réfractait sur les roches en éblouissantes cascades, faisant vivre et mouvoir tout un monde que les feux de cette aurore allaient sans doute éveiller....

Illusion déçue aussitôt que rêvée ! Espoir insensé de voir la vie renaître alors que la destruction définitive se mettait à l'œuvre, sous les yeux, par les mains des violateurs de ce sépulcre, par l'air atmosphérique qu'ils avaient introduit, et qui tuait ces morts et les dissolvait avec une puissance invincible.

Déjà ces végétaux et ces êtres se dépouillaient en hâte de leurs attitudes et de leurs formes, et l'Éden entrevu s'évanouissait comme ces projections spectrales qui s'effacent sans qu'on puisse marquer les étapes de leur fuite. Les lignes si pures de ces corps adamiques se perdaient dans l'affaissement de la mort ; la statue se faisait cadavre et n'avait plus, pour devenir squelette, qu'à secouer son reste de poussière charnelle.

Ainsi de la faune, ainsi du Batracien énorme qui s'écaillait en poudre et du serpent, dont le corps, libéré de la muraille par sa rupture, jonchait le sol de ses anneaux démantelés ; ainsi de la flore, et de ces puissants arbres soudainement vermoulus, faisant entendre des craquements sinistres, et prêts à se détacher de la voûte, si longtemps par eux étayée.

De tous ces corps en décomposition active, il s'échappait des nuages de poussière brune, floconneuse, linceul enveloppant ce monde qui allait de nouveau périr, inhumant sous ses propres cendres cette Pompéi déjà morte. Il fallait se retirer; l'ange de la mort, empressé à son œuvre, chassait les visiteurs du paradis terrestre. La destruction, longtemps mise en échec dans cette oasis échappée à sa loi, reprenait son empire; elle y rentrait plus terrible, se promulguant avec éclat, s'exécutant sans pitié; et à son premier signe, la poussière en révolte était retournée à la poussière : Pulvis in pulverem reversus.

CHAPITRE VIII.

UNE REVUE.

Le bruit de la découverte de cette merveilleuse caverne se répandit, avec la rapidité de la foudre, dans le monde savant, et dès le surlendemain, les premiers éclaireurs d'une armée de géologues et de paléontologues investissaient les abords du puits géothermal et lui donnaient l'assaut, mais en vain.

La place était défendue par un géologue de première force et de grande taille, embusqué derrière la margelle, armé d'un bâton et prêt à fendre les têtes qui oseraient se pencher sur le bord. Les prières, les adjurations, les invectives, la douceur, la force et la ruse demeurèrent impuissantes. Ce gardien incorruptible répondit une fois pour toutes, que, lui vivant, personne n'entrerait dans cette grotte, que pas un débris n'en serait enlevé ; et il menaça de poursuivre au criminel, pour violation de sépulture, tout envahisseur de ce cimetière fossile.

C'était une entreprise délicate de passer sur le corps d'un pareil homme. Il eût fallu, pour l'attaquer de front, de bonnes troupes et du canon, difficile d'ailleurs à braquer sur un puits ; et on ne pouvait non plus tourner M. le docteur Penkenton par ses derrières, puisqu'il n'en avait pas, ou qu'il les avait sur le feu central. L'armée des savants se replia.

Lorsqu'on l'eut laissé en paix, M. Penkenton descendit et s'enferma dans la caverne, où, pendant plusieurs jours, on entendit des sanglots et des prières, des chants religieux d'un rythme extrêmement ancien et des bruits divers de rangements et de terrassements. Le docteur procédait évidemment aux funérailles, à la sépulture de ces morts et à la mise en ordre de leur demeure. Quand il eut fini, il se fit apporter des pierres et du mortier, et maçonna lui-même l'ouverture de la grotte, sur laquelle il apposa les scellés, au moyen de sa canne dont il incrusta dans le ciment les signes אב gravés sur la pomme. Cela fait, il se retira dans Penkenton-House et prit le deuil pour trois mois ; durée du deuil d'un neveu, remarqua lord Hotairwell.

Le 22 juin suivant, dans l'après-midi, le conseil tenait séance lorsqu'ayant par hasard jeté les yeux sur le miroir tétroscopique, je poussai une exclamation qui fit accourir mes collègues.

Quelqu'un qui eût observé leurs visages, eût pris plaisir à suivre la gamme ascendante d'étonnement, de stupéfaction, d'effroi, que se mirent à exprimer leurs physionomies, au moyen de leurs muscles orbiculaires, masséters et zygomatiques, commandés par leurs nerfs faciaux et trifaciaux.

Un drame se jouait sur le miroir du tétroscope, une tragédie en miniature dont les acteurs et les décors auraient tenu dans le creux de la main, mais qui, là-bas, à plusieurs kilomètres sous terre, était représentée en grandeur naturelle et en réalité.

Au fond du puits, au milieu des travaux suspendus et des outils délaissés, on apercevait M. Hatchitt, attaché mais gesticulant néanmoins, menaçant, furieux; près de lui, un ours blanc couché, et autour d'eux, la troupe des nègres dansant une bamboula cadencée par des hurlements. Si l'on n'en eût pas cru ses yeux, il eût fallu douter aussi de ses oreilles et des téléphones qui commençaient à déverser, par leurs entonnoirs, des cris, des jurons, des rires et toutes sortes de sonorités hétérogènes et cacophoniques dont la salle était assourdie.

— Qu'est-ce que cela, grand Dieu! s'écria, d'une voix, tout le conseil : une nouvelle grève? une révolte? une fête que M. Hatchitt donne à ses nègres?

— Cela, dit M. Penkenton, après avoir regardé

attentivement, je puis vous le dire, grâce aux renseignements que j'ai recueillis, dans mes voyages, sur les habitudes des différents peuples : c'est la danse des sauvages qui vont manger un prisonnier.

— Veulent-ils donc manger M. Hatchitt ?.... Mais cet ours ?

— Je suis également en mesure de vous le dire, reprit M. Penkenton : C'est un ours.

— Je le vois bien, fit lord Hotairwell, mais comment se trouve-t-il dans le puits, cet ours ?

— Pour cela, je n'en sais rien, répondit le docteur, mais j'estime qu'il n'en est pas originaire ; il n'a pas la tournure d'un ours tertiaire, qui ne serait pas ici sur son terrain géologique. Il paraît jouir, en outre, d'un état de santé et de fraîcheur bien rares chez un fossile.

— Je vais téléphoner à M. Hatchitt, dit lord Hotairwell, sans écouter ce bavardage.

Le phonogramme envoyé resta sans réponse, et n'eut d'autre effet, visible sur le tétroscope, que d'irriter M. Hatchitt qui se prit à agiter follement ses bras et ses jambes et à pousser des cris d'épileptique.

Une seconde dépêche parut l'exaspérer plus encore. Il bondit avec l'agilité d'un pantin pendu à un fil, si longtemps et si haut, que les nègres interrompirent leur propre danse pour le regarder.

— Pensez-vous sérieusement qu'ils veulent manger William Hatchitt ? dit lord Hotairwell.

— Je n'en fais aucun doute, répondit M. Penkenton, et je pense qu'ils vont le manger tout de suite. S'ils cessent de danser, c'est pour se mettre à table.

— Mais, pourquoi M. Hatchitt danse-t-il lui-même avec cet entrain? demandai-je.

— Oui, pourquoi M. Hatchitt est-il aussi content d'être mangé? dit M. l'ingénieur Archbold.

— Le caractère de M. Hatchitt est si bizarre! Mais ne leur en laissons pas le temps, répondit le docteur, qui, armé de sa canne, dessina vers le puits ses plus grandes enjambées.

On le suivit en toute hâte.

« *All right!* » commanda M. Archbold, quand tout le monde fut assis dans les bennes.

Le train se laissa choir dans l'abîme, de toute sa vitesse.

Quand il parvint au fond, la situation était encore la même, mais touchait à son terme funeste. Cependant la victime, malgré les liens qui l'entravaient, avait engagé une lutte désespérée avec les sauvages, et brandissait dans sa main la chevelure crépue arrachée à l'un de ses ennemis.

« Bravo! monsieur Hatchitt », s'écria le docteur qui, grâce à la longueur de ses jambes, avait pris pied dix-huit secondes avant les autres. « Bravo! seul contre un demi-cent de sauvages, c'est vous qui les scalpez! Maintenant, à nous deux! »

Et M. Penkenton, s'élançant tête baissée et la canne

haute, commença un moulinet si terrible qu'on n'entendit plus que la grêle des coups tombant, sonores sur les crânes, sourds sur les épaules, secs sur les tibias; ouvrant, dans la tourbe en révolte, des trouées et des clairières, avec l'aisance d'un chien qui, du bout de sa queue, massacre un jeu de quilles. Les rebelles, décimés et pantelants, s'enfuirent vers la paroi, moins terrifiés encore par les coups que par l'aspect féroce du dompteur. Celui-ci, les jugeant suffisamment réprimés, distribua, par excès de prudence, quelques horions complémentaires; puis, avec la bonhomie des hercules modernes qui s'habillent comme tout le monde et qui ne portent plus leur massue sur l'épaule, il remit sa canne sous son bras. L'insurrection était vaincue, l'ordre régnait au fond du puits.

— Mais, que vous est-il arrivé, monsieur Hatchitt? s'écrièrent M. Archbold et lord Hotairwell, achevant de dénouer les fils électriques qui cerclaient le petit ingénieur comme une bobine Rhumkorff; et qu'est-ce enfin que tout cela?

— Cela! dit M. Hatchitt, dont la colère prenait son essor à mesure que se libéraient ses membres, c'était le prélude d'un festin où j'allais avoir la place d'honneur en qualité de principal plat.

— Vraiment! mon cher monsieur Hatchitt, fit M. Archbold presque ému.

— Cela vous étonne? poursuivit aigrement M. Hatchitt : vous qui avez engagé cette équipe de cannibales, que vous eussiez dû au moins suffisamment nourrir et ne pas laisser aux conseils de leur faim.

— Croyez-vous vraiment qu'ils voulussent vous manger? essaya de dire l'ingénieur en chef.

— Et croyez-vous que ce fût moi qui voulusse les manger? glapit furieusement son interlocuteur.

— Mais alors, pourquoi preniez-vous une part si active à leurs danses?

— Parce qu'ils m'avaient lié avec ces fils électriques, et que vos télégrammes, que je recevais dans le corps, me donnaient d'atroces secousses et me faisaient sauter malgré moi. C'est à cet ours que je dois cela; c'est lui qui a tout gâté, et je m'étonne qu'on nous envoie, du Groënland, de la glace assez malpropre pour qu'il y reste des ours; car celui-ci est venu, mélangé à la glace. Cette partie du service extérieur laisse beaucoup à désirer, conclut l'ingénieur visant M. Archbold ; j'aurais préféré un éléphant.

— Il n'y a pas d'éléphants au Groënland, repartit sèchement M. Archbold, tandis qu'il y a des ours blancs, ce qui explique qu'il s'en mêle à la glace. Depuis six ans, je reçois, chaque semaine, 3,000,000 de livres de glace, soit au total 936 millions, dans lesquelles on trouve, pour la première fois, huit ou neuf cents livres d'ours blanc, ce qui donne la proportion de $\frac{900}{936000000}$ = 96 cent-millionièmes d'ours blanc, et ce qui ne mérite pas le reproche que M. Hatchitt s'est permis d'adresser à son chef de service.

— Je maintiens que j'aurais préféré un éléphant d'Afrique. Ces sauvages l'auraient reconnu pour un des leurs et l'auraient bien accueilli, tandis qu'à la vue de cet ours, ils ont quitté le travail en poussant des cris, et m'ont garrotté, mais non pas sans que je me sois défendu, ajouta M. Hatchitt, secouant avec colère la chevelure de son ennemi..... Ah ! mon Dieu ! s'exclama-t-il, en voyant s'échapper de cette touffe, des choses inattendues : un petit peigne, un miroir à barbe, des lunettes, du cirage, des papiers, des plumes et même des timbres-poste.

— Vous avez scalpé une perruque ! dit ironiquement M. l'ingénieur Archbold.

— Ce sauvage avait dans la tête tout ce qu'il faut pour écrire ! murmura M. Hatchitt affaissé.

— Mais alors, dis-je, ces sauvages ne sont donc pas des sauvages !

— Et cet ours n'est pas un ours ! mugit M. Penkenton, qui depuis un moment étudiait l'animal à coups de canne et à coups de pied.

— Et ce puits n'est pas un puits ! s'écria lord Hotairwell d'une voix tonnante : c'est une caserne !

— Une caverne ! soufflai-je obligeamment à lord Hotairwell, croyant que sa langue avait fourché.

— Je dis une caserne, monsieur Burton, et je

sais ce que je dis, répliqua celui-ci froissant avec colère les papiers échappés de la perruque.

— Non! ce n'est pas un ours, répéta M. Penkenton, en retournant l'animal d'un dernier coup de pied ; ou c'est un ours empaillé.

— Traitez cette bête avec plus d'égards, dit lord Hotairwell : un ours, même empaillé, de pareille provenance est plus redoutable qu'un ours du Groënland.

— D'autant mieux qu'il est vivant, dit M. Archbold, qui avait à son tour examiné l'animal.

— C'est impossible, fit le docteur.

— Son cœur bat, répliqua l'ingénieur. Tenez-lui la tête pendant que je vais l'ausculter.

L'ingénieur appliqua son oreille sur la poitrine de l'ours, écouta attentivement et palpa ensuite tout le corps.

— Cet ours n'a pas de cœur! Il a une horloge! dit M. Archbold très grave, et son ventre est plein de saucissons.

— Des cadeaux de Noël que leurs femmes envoient à ces sauvages ! m'écriai-je, rassuré.

— Votre gaîté manque d'à-propos, répondit M. Archbold qui s'était mis à découdre l'ours. Cet animal est rempli de saucissons de dynamite, dont le mouvement d'horlogerie, qui tient la place du cœur, devait déterminer l'explosion. C'est miracle que M. Penkenton, en frappant cette bête à tort et à travers, ne l'ait pas fait éclater.

Docteur, ajouta-t-il, après qu'il eut retiré l'horloge du corps de l'animal, prenez cet ours dans vos bras, vous en répondrez sur votre tête, et chargez-le dans la benne en évitant de le froisser..... Messieurs, j'ai dompté l'ours : à vous le reste !

— Très bien ! dit lord Hotairwell qui se tourna aussitôt vers la troupe des nègres.

« *Achtung ! sich aufzustellen ! starr !* (Garde à vous ! à vos rangs ! fixe !) », commanda-t-il, reprenant sans effort le ton et la tenue d'officier des Horse-Guards.

Immédiatement, avec une précision et une célérité admirables, la foule en désordre se rangea sur deux lignes, faisant front au commandant, les yeux fixes, les coudes au corps, les bras tombés naturellement et les doigts cherchant leur point de repère sur la cuisse sans pantalon et sans couture. Le roi Pot'alo, placé en serre-file, vérifiait l'alignement des visages et des torses.

« Bas les perruques ! » commanda lord Hotairwell.

Quoique étrangère aux manœuvres usuelles, celle-ci fut néanmoins comprise ; et 102 bras, saisissant leurs têtes, les découronnèrent du postiche sous lequel des chevelures rousses ou blondes apparurent et se redressèrent comme des épis courbés sous l'autan.

« Portez armes ! » commanda le commandant. « Par file à gauche ! gauche ! — Pas accéléré ! En avant, marche ! »

Le corps d'armée s'ébranla et, prenant pour base

de ses opérations la muraille circulaire du puits, se mit à défiler d'un bon pas.

Lord Holairwell, tout heureux d'être rendu à la carrière des armes, avait pris position sur une éminence et, très attentif, suivait la manœuvre. M. Penkenton, formant l'état-major, se tenait à ses côtés, la canne au clair, tous deux échangeant leurs impressions sur la bonne tenue et sur l'entrain des troupes M. l'ingénieur James Archbold et moi, nous flanquions ce groupe principal, les mains derrière le dos, l'air entendu et embarrassé de bourgeois qui assistent à une revue. Le caniche Mirk, assis sur nos derrières, et portant arme avec sa patte, formait l'escorte et représentait la cavalerie; et M. William Hatchitt, incapable de tenir en place, et d'autant plus excité qu'il n'avait jamais vu de revue, se mobilisait dans tous les sens, pour en saisir tous les aspects.

Absorbé dans ce spectacle et dans ses pensées militaires, le général laissait ses troupes poursuivre, depuis longtemps déjà, leur marche, efflanquées, haletantes, mais éperonnées et tenues à l'œil par le regard terrible de M. l'aide de camp Penkenton ; lorsque tout à coup, sortant de sa rêverie :

« Pied à terre ! » commanda-t-il.

A ces mots, le roi Pot'alo parut stupéfait et tenta de traduire par gestes la difficulté, pour des fantassins, d'exécuter un pareil ordre. Mais déjà, et d'un seul coup d'œil, l'homme de guerre s'était rendu compte de la situation.

« Halte ! repos ! » commanda-t-il avec bonté.

Puis, se plaçant devant le front des troupes, et de sa voix la plus forte :

« Soldats ! je suis content de vous ! vous avez... »

Mais soudain, l'orateur se tut, son front se plissa sous l'étreinte d'une pensée pénible et, réveillé en sursaut de son rêve :

« Approchez, Monsieur », dit-il au chef des sauvages. « Qui êtes-vous ? »

Et la question restant sans réponse :

« Je vais vous le dire », reprit lord Hotairwell, qui déplia le document tombé de la perruque.

« GRAND ÉTAT-MAJOR ALLEMAND.

« Berlin, le 7 juin.

« Ordre au major Schako et aux cinquante hom-
« mes attachés à sa mission, d'enlever, pendant la
« route, les nègres achetés par la Compagnie du Feu
« central, et de s'introduire à leur place dans le puits
« d'Industria-City. » — Et cette autre pièce, un simple récépissé du chemin de fer :

« Expédié ce jour, de Berlin, à destination d'In-
« dustria-City (Irlande), un ours. »

— Vous êtes le major Schako ? interrogea lord Hotairwell.

— Oui, Mylord, répondit l'officier ; je suis le chef de la mission envoyée au fond de ce puits, et ces hommes sont mes attachés.

— Des attachés militaires, à ce que j'ai vu ?

— Ils appartiennent, comme moi, au 3ᵉ régiment du génie prussien.

— Voilà bien le génie prussien ! Cette ville n'est pas bâtie, ce puits n'est pas creusé ; et déjà la Prusse y entretient une mission !... — Quel était votre but ?

— Maintenant que j'ai échoué, je puis le dire, répondit le major : j'avais l'ordre de creuser ce puits, et ensuite de le détruire.

— Pourquoi le creuser ?

— Pour étudier le forage, sous la direction des deux plus grands ingénieurs de ce siècle.

L'officier salua profondément MM. les ingénieurs James Archbold et William Hatchitt.

— Et pourquoi le détruire ?

— Afin que la Prusse, qui creuse de son côté sans rien dire, s'empare du feu central avant vous.

— C'était le but de cet ours explosif ?

— Oui, Mylord.

— Et c'est aujourd'hui que vous deviez faire sauter le puits ?

— Oui, Mylord, à deux heures.

— J'ai arrêté le cœur de l'ours quatre minutes avant qu'il sonnât, fit remarquer M. Archbold.

— Vous deviez périr vous-même dans cette catastrophe, reprit lord Hotairwell. — Pourquoi donc vos hommes semblaient-ils si joyeux ?

— Parce que l'arrivée de l'ours était le signal de leur départ, le terme de leurs travaux. L'explosion devant être provoquée par le mouvement d'horloge, nous aurions eu le temps de fuir en ramenant avec nous M. l'ingénieur Hatchitt. Malheureusement, j'ai omis d'interrompre l'un des tétroscopes, et vous avez vu nos préparatifs.

— Une dernière question, Monsieur : comment vous, hommes du Nord, avez-vous pu résister à un travail si rude, dans une pareille chaleur ?

— Par la discipline, Mylord.

— Et vivre, nourris comme des sauvages ?

— Par l'obéissance, répondit l'officier.

— Et nos sauvages, au fait, les vrais sauvages, qu'en avez-vous fait ? interrogea M. Archbold.

— Ils sont à Berlin, Monsieur l'Ingénieur en chef, où on les garde en serre, jusqu'à ce que le puits allemand soit assez chaud pour les y introduire.

— Messieurs, dit lord Hotairwell, ces conjonctures excessivement graves exigent que le Conseil délibère d'urgence. En conséquence, je vous convoque : nous sommes réunis ; la séance est ouverte.

— Messieurs, commença M. Archbold, avec la même promptitude, ces gens-là méritent une répression exemplaire, et je verrais avec joie qu'elle leur fût appliquée. Mais ce sont des piocheurs, et ils sont acclimatés : ils sont dans le puits; qu'ils y restent, pour leur châtiment et pour notre profit !

— Non pas ! s'écria M. Hatchitt, qui avait encore sur le cœur et sur le corps les marques du traitement qu'il avait reçu; ou si vous gardez ces hommes, vous vous chargerez de les conduire.

— Laissez-moi m'expliquer, répondit l'ingénieur en chef; je propose de les garder dans des conditions toutes différentes, en les engageant à notre service non plus comme des sauvages, mais comme des Prussiens.

— Quelle différence en faites-vous ? répliqua M. Hatchitt.

— Il y a une nuance que je crois saisir, dit lord Hotairwell. M. Archbold propose d'engager ces gens comme ouvriers libres, recevant un salaire et de bons traitements qui nous les attacheraient.

— Le seul moyen de les attacher est celui qu'ils ont employé à mon égard : des fils de fer ou des cordes.

— Cela les gênerait pour travailler, objecta M. Archbold.

— Attachez-les autrement, si vous voulez, repartit M. Hatchitt; par exemple, avec des colliers de fer, au bout de fils électriques qui commanderaient leurs mouvements. Pendant que j'étais moi-même lié à peu près de la sorte et que je recevais vos téléphones qui mouvaient, malgré moi, mes membres, j'ai réfléchi aux avantages de ce système appliqué aux autres, et au parti qu'en pourrait tirer un ingénieur pour conduire ses ouvriers, ou un roi ses peuples. Mais cette idée comporte des développements philosophiques, physiologiques et électriques dans lesquels je ne sais si je dois entrer.

— Entrez! s'écria lord Hotairwell, toujours prêt à ouvrir aux idées frappant à sa porte et qui, avec sa prestesse intellectuelle, dépouillait déjà l'attitude du soldat pour prendre celle du philosophe et du physiologiste.

— Mon système serait bien simple, commença M. Hatchitt, et consisterait tout bonnement, dans le cas qui nous occupe, à relier ma pile crânienne et ma bobine cérébrale aux bobines et aux piles de mes ouvriers, par des fils conducteurs appropriés.

— Votre pile cérébrale, votre bobine crânienne! m'exclamai-je.

— Ma pile ou la vôtre, monsieur Burton, peu importe. Pourquoi cet air ébahi? Ignoriez-vous, par hasard, que votre cerveau est une pile électrique dont votre crâne est la boîte, dont vos déchets organiques sont les éléments, dont vos substances grise et blanche sont les hétérogènes nécessaires, dont votre liquide céphalo-rachidien est la liqueur d'hydratation acide; dont vos ventricules n°s 1, 2, 3 sont les réservoirs du fluide qui se déverse au milieu de votre cervelet, dans votre ventricule n° 4, pour produire vos mouvements en courant sur vos nerfs?

J'éprouvais, pendant ce discours, quelque chose comme le malaise d'une personne vivante qu'on dissèque mêlé à l'étonnement de faire de l'électricité, comme M. Jourdain de la prose, sans le savoir.

— Je m'arrête, continua M. Hatchitt, car il est vraiment oiseux de démontrer après Swedenborg, Van Helmont, Lépine, Charpignon, que le cerveau humain, celui de M. Burton excepté, est la pile électrique la plus puissante, la plus maniable, la moins dispendieuse, et à ce point sensible, qu'une légère pression sur le commutateur produit à volonté l'idiotisme ou le génie.

— Ou la folie, ajoutai-je avec à-propos, grâce à un bon mouvement de ma pile.

— Génie, folie, mon Dieu! monsieur Burton, ne chicanons pas sur les mots. Le génie et la folie, la haine, la colère, l'amour sont des manifestations de l'intelligence, différentes dans la forme mais identiques au fond; produits des mêmes vaisseaux lymphatiques; de saveurs diverses quoique venues de la même source : telles la théine et la caféine qui, chimiquement pareilles, n'ont pas le même arome. Qu'est-ce que la colère? Une inflammation éphémère et éruptive de la portion de l'encéphale située à l'angle inférieur du pariétal. Et la haine? Une induration de la colère, l'éruption rentrée et devenue humeur froide. On soigne la colère par des compresses d'eau glacée ; la haine ne se guérit qu'à la longue. Et qu'est-ce aussi que l'amour ? Un rhume de cerveau, un coryza du cervelet, auquel sont plus sujettes les personnes dont l'occiput est très évasé d'une oreille à l'autre. L'amour prend sa source dans la violence du ventricule n° 4, qui lance ses fluides dans les bobines des nerfs terminaux dont les doigts et les lèvres ont leur pulpe tapissée. Lorsque ce courant arrive à l'extrémité des lèvres, et qu'il y rencontre un affluent de nom contraire, les fluides se marient et prennent le nom de baisers.

— Ah ! c'est par trop fort ! m'écriai-je, sentant bouillir en moi tout ce que l'âme d'un négociant intègre peut contenir d'idéal ; oui, c'est trop fort !

— Qu'est-ce qui est trop fort, monsieur Burton ? Avez-vous compris que je voulusse déprécier vos baisers ? J'indique leur source, sans nier leurs charmes ni leur vigueur qui doit être énorme, à en juger par l'espace qui distance vos oreilles sur votre occiput.

— Vous matérialisez un peu trop, monsieur Hatchitt, intervint lord Hotairwell ; et l'amour platonique.....

— L'amour platonique, Mylord, est une électricité statique, une force qui n'agit pas, un fluide stagnant ou d'un courant faible, qui n'arrive ni aux doigts ni aux lèvres et qui fait retour sur lui-même, comme tout fluide lancé et non dépensé.

— C'est vous qui dites cela, monsieur Hatchitt! m'écriai-je, continuant à ne plus me contenir.

— C'est moi qui le dis, mais c'est Swedenborg qui le pense, ou à peu près; je ne fais que compléter. Swedenborg n'était pas fou, je suppose.

— Non, dit M. Penkenton, c'était un homme de génie, ce qui est chimiquement la même chose, comme vous l'avez démontré.

— Oui, reprit M. Hatchitt, c'était un homme d'un immense génie, mais que je dépasserai, car le cerveau de Swedenborg n'a travaillé qu'au niveau du sol, sous la pression atmosphérique vulgaire. Il n'a pas connu la surchauffe des profondeurs, et il est resté nuageux, mystique, théoricien audacieux mais indécis. Moi, je concréterai ses abstractions, je ferai l'épure de ses rêves et la synthèse de ses atomes; je dresserai les plans (coupe et élévation) de sa Jérusalem céleste, car, plus je descends dans le sous-sol, plus je sens ma puissance cérébrale croître et s'épanouir en merveilleuses conceptions.

— Ne serait-ce pas plutôt la chaleur qui lui monterait à la tête? demandai-je à mon voisin.

— Je vais vous en donner un exemple à votre portée, poursuivit M. Hatchitt, en se campant dans la pose d'un escamoteur. Je prends un employé du télégraphe, le premier venu, qui n'est pas préparé. Par un moyen très simple, par la parole, je fais entrer en lui le télégramme que je désire expédier.

Il reçoit mes idées dans sa pile crânienne, les transmet, par son céphalo-rachidien, aux bobines de ses doigts reliées à une bobine Rhumkorff, dans laquelle son fluide animal s'écoule, se renforce et prend son élan. L'employé de la station destinataire tient à la main le fil conducteur, reçoit de même mon message sur les doigts, et le résorbe, par sa moelle épinière, dans son cervelet qui s'en décharge sur mon correspondant. Économie d'appareils, suppression des récepteurs Morse, des claviers Hugues, des enregistreurs autographiques, pantélégraphiques, pantographiques! Trajet direct de la pensée, sans ambages et sans bagages! Tête-à-tête à toute distance! Progrès incommensurable! et qui n'est pas plus difficile que cela, conclut M. Hatchitt, en faisant claquer ses doigts comme un jongleur, quand le tour est fini et la muscade disparue.

— Votre projet, monsieur Hatchitt, dit lord Hotairwell, consisterait, si j'y comprends quelque chose, à marier le fluide électrique et le fluide animal, à les prolonger l'un dans l'autre et à les faire chevaucher sur le même fil.

— Parfaitement, Mylord.

— Mais la jonction, la suture de ces deux fluides, comment la faites-vous? Comment nouez-vous ensemble vos fils de fer et vos fils nerveux? Ce me semble un travail délicat de souder, entre elles, ces matérialités dissemblables.

— Ce n'est rien du tout, répondit M. Hatchitt : pour faire une soudure ordinaire, je m'adresse à un zingueur ou à un plombier ; pour cette soudure spéciale, j'envoie chercher un physiologiste et un électricien. Injecter verbalement une idée dans un crâne, l'en retirer mécaniquement, la précipiter chimiquement dans un autre ! jeu d'enfant et de physicien ! Camionnage d'idées ! Transport du cerveau sur un fil, aussi bête que le roulage du wagon sur un rail. Je me propose de faire mieux, et d'infuser non seulement des idées, mais du génie, dans les têtes les plus obtuses ; de donner à un chien l'intelligence d'un homme, à un homme celle d'un dieu.

Je prends un crétin (et M. Hatchitt reprit sa pose de charlatan), un crétin accompli, et, par la tension électro-animale que j'excite dans son appareil, j'en fais un homme de génie ; d'un génie tellement sublime que les hommes non électrisés comme lui ne pourront pas le comprendre, et que lui-même ne pourra s'expliquer, parce que sa pensée sera trop grande pour tenir dans sa parole, et sa parole dans sa bouche : Tel un fleuve, mis en bouteille, coule avec peine par le goulot..... C'est pour cela que les plus grands hommes sont ceux qui n'ont ni parlé ni agi, les expressions manquant à leur génie ; et que les chefs-d'œuvre exécutés par Michel-Ange ne sont que les ébauches de ceux qu'il a rêvés ! Est-ce à dire que tous ceux qui ne disent ou qui ne font rien, que les paralytiques, les sourds-muets et les aveugles soient nécessairement le dernier mot du génie ? Je ne peux pas l'affirmer, mais il y a des motifs de le croire.

— Ils ne sont, à mon avis, que l'avant-dernier mot, interrompit M. Penkenton ; car les sourds, les muets ou les aveugles ne diffèrent des autres hommes que parce qu'ils ont leurs sens tournés à l'envers : les aveugles regardent en dedans, les sourds s'entendent et les muets se comprennent ; ce qui est la marque d'un faible esprit. Je placerais avant eux ceux qui, ne pouvant s'exprimer, ne parviennent pas non plus à se comprendre ; qui ne peuvent pas même concevoir leurs idées, tant elles sont ardues, atteindre à leurs pensées, tant elles sont hautes. Je crois que ces hommes-là sont le dernier mot du génie tel que je le conçois sans le comprendre et sans pouvoir l'expliquer.

— Je reviens à l'objet immédiat de cette discussion, dit M. Hatchitt, en se voyant dépassé, et je propose d'appliquer à la direction de nos ouvriers ma méthode électro-cérébrale consistant, comme je l'ai indiqué, à établir un courant d'idées entre mon cerveau et celui de ces hommes, au moyen de leurs bobines d'induction animale communiquant avec les miennes et me permettant d'influencer leurs actes dans la source, c'est-à-dire dans le cervelet.

— Croyez-vous ce moyen plus sûr ? demanda le

président du conseil. J'appréhende des inconvénients : un dérangement dans l'appareil, une interversion du courant, les crânes récepteurs de vos ouvriers profitant du désordre et s'enhardissant jusqu'à vous imposer leurs idées ; ces idées faisant irruption dans votre crâne, jetant le trouble dans les vôtres, les chassant et prenant leur place ; ces nègres, par exemple, s'ils étaient des nègres, substituant leurs conceptions aux vôtres, leur stupidité à votre intelligence, leur anthropophagie à votre frugalité, leurs souvenirs, leurs amours, leurs visions du pays, leur personne enfin et leur entité aux vôtres.

— C'est impossible ! s'écrièrent à la fois MM. les ingénieurs Archbold et Hatchitt qui, miraculeusement, se trouvèrent d'accord. La bobine cérébrale d'un ingénieur sera toujours plus forte que les bobines des autres hommes.

— Il y a d'ailleurs, reprit M. Hatchitt, un moyen encore meilleur de diriger ces Allemands.

— Lequel, monsieur Hatchitt ?

— C'est de leur retirer la cervelle, opération que M. Flourens a faite cent fois sur des poules, et qui a toujours réussi. Elle consiste à enlever les lobes et le cervelet, du crâne de la personne admise à cette belle expérience. Cette personne perd de suite ses facultés intellectuelles ; elle cesse de percevoir, de vouloir, de sentir ; mais sa santé reste bonne, elle engraisse même et conserve toutes ses aptitudes physiques, à la condition qu'on les mette en marche. Elle va où on la pousse, fait ce qu'on veut, répète ce qu'on dit, mange sans préférence du pain ou des pierres, et ne distingue plus la chaleur du froid. Il lui reste des bras et des jambes; des organes, mais plus de perceptions. Organisme fait machine ! Machine devenue corps ! Corps purgé de son âme ! Ouvrier merveilleux, puisatier excellent, électeur incomparable !......

— Pas de politique ! interrompit sévèrement le président du conseil.

— Sans être physiologiste, dit alors M. le docteur Penkenton, j'ai ouï dire, en effet, que les facultés intellectuelles et perceptives résident dans le cerveau, mais que la direction générale des mouvements se centralise et se coordonne dans le cervelet; et j'ai lieu de craindre, monsieur Hatchitt, que, si vous supprimez l'un et l'autre, vos hommes ne puissent coordonner leurs gestes, et que leurs quatre membres s'en aillent par quatre chemins.

— N'avez-vous pas compris, riposta M. Hatchitt, que c'est moi qui me charge de combiner leurs mouvements, au moyen de la correspondance établie entre mon cervelet et les leurs ?

— Mais puisqu'ils n'auront plus de cervelet ! répliqua M. Penkenton.

— Ils n'auront plus de cervelet, c'est juste, et je n'y songeais pas, mais j'en suis bien aise, mon impulsion sera plus efficace. J'agirai directement sur leur moelle épinière, j'animerai de mon fluide leurs nerfs quadrijumeaux, et, comme des machines mortes qu'éveillent en sursaut leurs poulies de commande, ces faux cadavres se mettront en marche, ces pantins se mouvront, suspendus à mon crâne par leurs fils nerveux; je serai la tête de leurs corps et la cervelle de leurs têtes; je penserai pour eux, ils agiront pour moi, souffriront quand je me ferai mal, et se tordront de rire quand je serai gai.

— Ingénieur à mille pattes et céphalopode! ricana M. le docteur Penkenton. Mais pardon! monsieur Hatchitt, je crois que vous faites une erreur: c'est vous qui souffrirez quand vos pantins se feront mal, qui serez ivre quand ils boiront, puisque c'est vous qui serez le cerveau, siège des perceptions et des sensations.

— C'est possible, dit M. Hatchitt, vexé et n'ayant rien à répondre; mais c'est mon affaire, et j'insiste pour que mon projet soit mis en expérience.

Il se fit un silence, dont chacun profita pour se retirer en lui-même et y délibérer.

Simple négociant, entré à la Compagnie du Feu central pour m'occuper spécialement de la partie financière et commerciale, j'étais fort ennuyé d'avoir à émettre mon avis sur une question étrangère à ma partie; et très perplexe, je soupesais du regard mes boules de vote et ces têtes d'Allemands groupées anxieuses autour du conseil.

— Je n'avais jamais vu M. Hatchitt aussi excité, dis-je à mon voisin, pour me distraire, en attendant qu'il me vînt une opinion.

— La cause en est simple, répondit M. Archbold. C'est le premier conseil que nous tenons sous terre, à une profondeur et sous une pression atmosphérique qui, suivant les explications de M. Hatchitt lui-même, développent et dynamisent son cerveau.

— Qu'arrivera-t-il de sa tête, quand nous descendrons plus encore ? demandai-je.

— De même qu'une chaudière à vapeur, le crâne de M. Hatchitt peut être timbré à un certain nombre d'atmosphères et en supporter la pression, me répondit M. l'ingénieur Archbold ; mais si M. Hatchitt descend trop bas et dépasse sa mesure, il éclatera certainement.

Lord Hotairwell, pendant ce temps, son vaste front emboîté dans sa paume, semblait profondément réfléchir. Lui, si accessible à toutes les idées de progrès, il se sentait séduit par celle de M. Hatchitt et enclin à en faire l'essai. Il eut cependant une objection.

— Ne vous ferez-vous pas, dit-il, quelque scrupule d'ôter la cervelle à ces Allemands?

— Pourquoi ? dit l'ingénieur.

— Si nous essayions d'abord autre chose, insista-t-il, cherchant de l'œil la troupe des sauvages qui, sur un ordre donné par M. Penkenton, avaient repris leur course circulaire et la poursuivaient, râlants, la langue pendante, les flancs affolés, épuisés de fatigue, mais excités par le docteur, pareil à un écuyer de cirque, faisant claquer sa langue et son fouet.

— Halte ! commanda lord Hotairwell, mécontent d'une manœuvre qu'il n'avait pas prescrite.

— Voilà, monsieur Hatchitt, dit le docteur s'arrêtant très essoufflé, comment on conduit une équipe d'ouvriers.

— Soldats ! dit lord Hotairwell à ces hommes, vous êtes libres !

— *Dank! gut!* (merci! très bien!)

— Libres sur parole, ici.

— *Ei! Ei! au weh! Tausend Teufel!* (Aie! Aie! mille diables!)

— Désirez-vous donc retourner dans votre pays ?

— Non, firent les cinquante voix, comme une seule.

— Préférez-vous ce puits au ciel de l'Allemagne ?

— Oui, certes ! répondit le même unisson.

— Voulez-vous y travailler librement ? A quelles conditions ?

— Bien payés ! bien nourris !

— Vous le serez.

— De la bière et de la choucroute ?

— Oui.

— Des œufs durs, du lard et de la charcuterie ?

— Vous en aurez.

— Si vous les attachez avec des saucisses ! fit M. Hatchitt, haussant les épaules.

Le marché fut conclu d'enthousiasme et les ouvriers, acclamant lord Hotairwell, l'auraient porté en triomphe, si M. Penkenton, d'un geste énergique, n'avait fait rentrer l'enthousiasme dans le respect.

Lord Hotairwell était enchanté ; M. Hatchitt restait froid.

— Voyez, dit-il, ils semblent déjà regretter leur marché.

En effet, ces hommes livrés tout à l'heure à une expansive allégresse, et maintenant groupés en conciliabule, délibéraient avec des airs de conspirateurs.

Après un moment, l'un d'eux s'avança très embarrassé, tordant entre ses doigts sa perruque-casquette.

— Mylord, dit ce grand enfant blond, en crachant avec force, à la manière des paysans, pour assurer sa contenance, si nous nous engageons à finir l'ouvrage, nous sommes ici pour longtemps ; c'est une manière de colonie que nous allons fonder sous l'Irlande, et, ajouta-t-il, en rougissant sous son reste de nègre, nous voudrions faire venir nos femmes, afin de coloniser.

— Il n'est pas d'usage de coloniser au fond d'un puits, répondit avec bonté lord Hotairwell, mais je vous autorise à faire venir vos femmes pour coloniser à la surface. Quant à vous, Monsieur, dit-il au major

Schako, vous êtes libre, vous pouvez partir. Il appartiendra au gouvernement de la Reine d'obtenir les réparations qui nous sont dues.»

Les engagements pris dans cette journée décisive furent scrupuleusement remplis de part et d'autre, et M. l'ingénieur William Hatchitt n'eut désormais qu'à se louer du travail et de la conduite de ses nègres blancs Prussiens.

CHAPITRE IX.

OU LE PROJET DE DÉTRUIRE LA TERRE, PRÉSENTÉ PAR M. LE DOCTEUR PENKENTON, EST REPOUSSÉ A LA MAJORITÉ D'UNE VOIX.

Ce jour-là, lord Hotairwell entra dans la salle du conseil, le front soucieux, portant sous le bras une enveloppe de message officiel, grande comme un portefeuille de ministre, close par un sceau en cire rouge, de la largeur d'une assiette.

— Messieurs, dit-il, aussitôt que la séance fut ouverte, S. Exc. le comte Greenwich, secrétaire d'État pour le département des affaires étrangères, m'a adressé, en communication, une dépêche du cabinet de Berlin que je dois vous faire connaître.

« *A Son Excellence le comte Greenwich, secrétaire*
« *d'État pour le département des affaires étrangères.*

« Monsieur le Comte,

« L'attention du gouvernement de Sa Majesté Im-
« périale a été appelée, dans ces derniers temps, sur
« les agissements d'une société industrielle extrê-
« mement importante par le chiffre de son capital,
« par le talent des hommes qui la dirigent, et par le
« but qu'elle poursuit. La Compagnie générale
« d'éclairage et de chauffage par le feu central
« terrestre se propose en effet, comme son nom
« l'indique, d'utiliser le feu central de la terre, au
« moyen d'un puits creusé actuellement en Irlande;
« en même temps que, par des brevets pris dans
« toutes les autres contrées du globe, elle semble
« vouloir s'attribuer le monopole de cette exploi-
« tation.

« Sans préjuger les chances d'une telle entreprise,
« les conseillers de Sa Majesté l'Empereur ne peu-
« vent voir sans regrets la tendance à capter, au
« profit d'un seul, une propriété aussi considérable
« que le sous-sol terrestre. Ils estiment, par son ordre,
« que les rapports cordiaux des deux pays pourraient,
« de ce chef, se trouver altérés, et ils recommandent
« à la haute attention de Votre Excellence les obser-
« vations qui vont suivre.

« Le feu central, Monsieur le Comte, est, par na-
« ture et par destination, un patrimoine indivis entre
« l'humanité, un feu d'intérêt commun, qui ne peut
« être la proie du premier occupant, parce qu'il est
« déjà occupé. Il est de droit, en effet, en l'absence
« de clauses contraires, que la propriété du dessus
« entraîne la propriété du dessous, de même que la
« possession du côté-face d'une médaille implique
« le plus souvent la possession du côté-pile; que
« le propriétaire de la superficie est également pro-
« priétaire du fond, et peut, à ce titre, en user et
« abuser (*uti et abuti*). Mais ce droit a pour limite
« le droit pareil du voisin, et n'implique pas la fa-
« culté de descendre chez soi, perpendiculairement
« jusqu'à l'antipode, ni latéralement dans le sous-
« sol des autres, pour en aspirer le suc, ou pour res-
« sortir sur un autre héritage, au moyen d'un trou
« creusé de bas en haut.

« Ces principes cadastraux sont d'ordre primordial :
« s'ils étaient contestés, le séjour de la terre n'aurait
« plus de garanties ; la propriété foncière et l'agricul-
« ture seraient sapées dans leur base, le jour où leurs
« exploitants, déjà si éprouvés à la surface, risque-
« raient d'être envahis par le fond, et de se voir
couper le sol avec l'herbe sous le pied.

« La nature elle-même semble avoir pris soin de
« formuler le droit de chacun au sous-sol et au feu
« allumé dans ce sous-sol, en plaçant le feu central

« au centre, à égale portée de tous les habitants de
« la terre, situés au bout du même rayon : preuve
« géométrique indiscutable, n'offrant d'exception
« qu'aux pôles, plus rapprochés du centre par leur
« aplatissement, et à l'équateur qui s'en éloigne par
« son renflement ; — exceptions confirmant la règle,
« soins maternels de la nature qui a mis près du
« feu, les pôles où il fait froid, et en a écarté l'équa-
« teur déjà trop chaud.

« Ces prémisses établies, il en découle la consé-
« quence que l'exploitation du feu terrestre ne saurait
« être le monopole d'une compagnie, d'un royaume,
« d'un continent ; qu'elle ne peut être légitimement
« entreprise que d'un commun accord entre les ayants
« droit, après une enquête *de commodo et incom-*
« *modo*, à la suite d'une conférence internationale
« d'hommes spéciaux qui, pour s'éclairer des lu-
« mières acquises par les travaux déjà faits, se réu-
« niront en Irlande, et siégeront soit à l'orifice, soit
« au fond du puits commencé. Ces mandataires de
« tous les pays feront à chacun la part du feu, dé-
« termineront le mode de sa jouissance, fixeront sa
« quotité disponible suivant l'étendue des territoires,
« et partageront également le dessous des mers, au
« prorata des continents.

« Questions singulièrement graves et délicates,
« mais qui s'effacent devant une autre question plus
« délicate et plus grave encore.

« Il est de notoriété scientifique, et vous n'ignorez
« pas, Monsieur le Comte, que ce globe terrestre,
« habité avec tant de distinction par Votre Excellence,
« a été soleil avant d'être planète, gazeux avant
« d'être solide, et qu'étant, à cette époque, quatorze
« cent mille fois plus gros qu'il n'est aujourd'hui,
« il s'étendait jusqu'à la lune. Vous savez également
« que, si plus tard il s'est réduit, contracté et re-
« croquevillé, au point que la terre de nos jours n'oc-
« cuperait pas beaucoup plus de place sur la terre
« d'alors, que Votre Excellence n'en occupe sur la
« terre actuelle, ce résultat est dû au refroidissement
« dans l'espace, sans que l'homme y ait coopéré.

« Ce refroidissement, mesuré avec exactitude par
« Fourier et Saussure, n'est pas moindre de 1 degré
« par 57,000 siècles, correspondant à une contraction,
« par an, d'un centième de millimètre du diamètre
« de la terre, à une réduction en volume de cinq
« kilomètres cubes, et à une diminution de la durée
« du jour de $\frac{1}{300}$ de seconde, par deux mille ans.

« Quelle progression prendraient ces chiffres
« déjà considérables, le jour où, sortant de sa passi-
« vité et ouvrant les écluses du feu central, l'homme
« livrerait ce reste de la flamme originelle à tous les
« usages et à tous les abus! Ce jour-là, Monsieur le
« Comte, ce n'est plus par 57,000 siècles que s'éva-
« luerait le dépérissement du globe; c'est par siècle,
« par année, par semaine bientôt, que sa chaleur

« diminuerait d'un degré, son diamètre d'un dix-
« millième. C'est par myriamètres cubes que se ré-
« duirait son tonnage ; et des calculs précis pour-
« raient marquer le jour où, la terre étant réduite à la
« grosseur du dôme de Saint-Paul, les hectares étant
« devenus des milliares, les fleuves des filets d'eau
« et les mers des flaques ; les hommes serrés coude
« à coude, se monteraient sur les épaules ou se dé-
« voreraient pour se faire place : passagers ébahis
« de voir leur navire se rapetisser en route aux
« dimensions d'un canot.

« L'importance de ces considérations ne saurait
« échapper à Votre Excellence. Les habitants de
« cette terre ont intérêt à ne pas l'amoindrir. Les
« 1,455,923,500 hommes épars sur les 130 millions
« de kilomètres carrés de surface (océans déduits),
« soit 8 hectares 92 ares 90 centiares par tête, ne
« peuvent vouloir diminuer cette étendue à peine
« suffisante à leur entretien. Ils ont le droit et le
« devoir de s'opposer, dans la mesure de leurs for-
« ces, à la décadence de leur planète ; de maintenir
« en état habitable cet ancien soleil trop disposé à
« devenir lune, de ne pas la gaspiller, d'en jouir
« en bons pères de famille, et de transmettre intact
« aux genres humains qui sont à naître l'héritage
« que notre espèce et celle de Votre Excellence ont
« recueilli de leurs aïeux.

« En résumé, Mylord, si le feu central existe... »

— Il existe, interrompit M. le docteur Penkenton ; je l'ai dit.

— Et quand il n'existerait pas, ajouta M. Hatchitt avec colère, qui oserait nous empêcher de l'exploiter ?

— Ce serait bien regrettable qu'il n'existât pas, murmurai-je.

— Pourquoi cela, monsieur Burton ?

— Parce que nous exploiterions une chose qui n'existerait pas.

— Qu'est-ce que cela ferait ? répliqua M. l'ingénieur Hatchitt. S'il n'y avait pas de feu central, il y aurait quelque chose à sa place, que nous exploiterions.

— S'il n'y avait rien à la place du feu central ? objectai-je.

— Si la terre n'avait pas de centre !

— Elle n'aurait pas non plus de circonférence, opina M. James Archbold.

— Et alors qu'est-ce qu'elle aurait ? demanda M. Hatchitt.

— Je veux dire : si le centre de la terre était vide, si la terre était une boule creuse comme une noix sèche, et qu'il arrivât qu'ayant percé la coque, nous tombassions dans le vide, au lieu de tomber dans le feu.

— Oh ! dans ce cas, que notre affaire serait belle ! s'écria M. William Hatchitt : quelle fortune ! si le centre de la terre était creux et que nous nous emparassions de ce vide ! Quelle extension de territoire pour l'Angleterre ! Quels docks pour son commerce situés exactement au centre des affaires, avec portes de sortie sur les deux hémisphères, pour peu que nous creusassions jusqu'à l'autre antipode ! Route vers l'Australie, droite comme un fil à plomb ! route de l'Inde, moins chère que le canal de Suez qui ne vaudrait plus rien, et qu'on pourrait revendre à ses fondateurs.

— Pourrait-on, par cette voie, amener en Angleterre les houilles d'Australie ? demandai-je avec intérêt, émerveillé de l'hypothèse que j'avais émise.

— Parfaitement, répondit l'ingénieur.

— Le transport serait encore bien coûteux ?

— Il ne coûterait rien...

— Cependant, pour faire monter ces houilles d'Australie en Angleterre ?

— Des seaux ou des paniers allant et venant, comme dans un puits.

— Mais la force motrice pour hisser ces paniers ?

— Pas de force motrice, monsieur Burton : ni électricité, ni vapeur, ni efforts quelconques d'animaux ou d'hommes ; pas de moteur, mais le mouvement en personne, le mouvement idéal, le mouvement perpétuel !

— Je croyais, dis-je, que le mouvement perpétuel n'existait que dans la tête de quelques horlogers.

— C'est une erreur, il existe réellement. Demandez plutôt à M. Archbold.

— Il existe, en effet, dans le cas qui vous occupe, répondit M. James Archbold.

— C'est évident, et je vous le prouve en quatre mots. Supposons, monsieur Burton, que la terre ayant été percée d'un antipode à l'autre, par le puits que nous construisons, je vous jette dans ce puits : qu'y ferez-vous ?

— Je ne sais trop, en vérité, répondis-je, n'ayant encore eu le temps de faire aucun projet.

— Vous ne me comprenez pas, monsieur Burton ; je veux dire : comment vous comporterez-vous, dans la situation que je vous crée ? suivant les lois de la bienséance, sans doute, mais plus encore suivant les lois de la pesanteur ; car, aussitôt projeté, vous vous mettrez à descendre, en accélérant toujours votre course jusqu'au centre de la terre, où vous arriverez promptement et à une vitesse qu'il est facile d'évaluer.

— Très facile, dit M. l'ingénieur Archbold qui, pour un calcul aussi simple, ne prit pas même son crayon. Le rayon de la terre étant de 6,366,000 mètres, on aura :

$$\text{Vitesse Burton } V_B = \sqrt{2g \times 6,366,000} = \sqrt{19,618 \times 6,366,000} = \sqrt{124,888,188} = 11,430$$

mètres par seconde, soit 41,148 kilomètres à l'heure,

ou 686 fois la vitesse d'un train express. Le trajet n'aura duré, d'ailleurs, que $t = \sqrt{\dfrac{2 \times 6,366,000}{9}} =$ = 1,139 secondes, soit 19 minutes moins une seconde.

— Parfaitement, reprit M. Hatchitt. M. Burton sera animé, en arrivant au centre de la terre, d'une vitesse égale à 309 fois celle d'une personne qui tombe des tours de Notre-Dame, dont l'impulsion l'aidera à continuer sa route, mais cette fois, en se ralentissant en vertu de la pesanteur, comme une balle de fusil lancée de bas en haut. Cette seconde partie de sa course étant égale à la première, M. Burton atteindra l'antipode nadir avec la vitesse nulle qui a présidé à son départ de l'antipode zénith; et dès lors, rien ne s'opposera à la continuité de ses allées et venues. La pesanteur ramènera M. Burton en grande vitesse, jusqu'au centre, du centre au sommet en vitesse ralentie; indéfiniment, sans dépense, sans perte de temps ni fatigue, et sans que rien l'empêche de se charger, tour à tour, des commissions de l'Australie pour l'Angleterre et de l'Angleterre pour l'Australie.

— A condition, fit observer M. l'ingénieur Archbold, que la terre soit immobile, et abstraction faite des résistances de l'air. M. Burton devra se mouvoir dans le vide.

— Parfaitement, dit M. Hatchitt.

— Puisque vous êtes d'accord, je clos l'incident, intervint le président du conseil qui jugea de son devoir de ramener la discussion à son ordre du jour ; et je reprends la lecture de la dépêche ministérielle.

..... « Ainsi donc, Mylord, le gouvernement de
« Sa Majesté Impériale, sans se hasarder à résoudre
« par voie diplomatique la question de savoir si
« le feu central existe ou n'existe pas, estime que
« son exploitation ne peut être entreprise que d'un
« consentement unanime, et après une enquête qui
« aura démontré que la salubrité, la solidité, l'exis-
« tence même de ce globe terrestre ne seraient, par
« le fait de cette exploitation, ni compromises ni
« détruites. »

— Détruire la terre ! s'écria M. le docteur Penkenton, dont les yeux flambèrent d'une lueur féroce, serait-ce possible ?

— Tout est possible à la science, dit M. l'ingénieur Archbold, avec autorité.

— Et même facile, approuva M. Hatchitt. Le monde doit finir par la science, comme a péri l'humanité édénique. Toutes les religions l'ont prédit.

— La science doit avoir des limites ? objectai-je en vue de me rassurer.

— La science n'a pas de limites, répondit M. l'ingénieur Archbold. La science est le progrès (*progressus*), la marche en avant, sans halte, sans terme.

Sa loi, loi des esprits, est de s'élever plus vite et toujours, comme la loi des corps est de tomber en se hâtant, en multipliant leur vitesse par le carré de la distance. Il n'y a pas deux cents ans que l'homme a conquis la science; il en bégaye encore les éléments, il y essaye ses premiers pas. Mais il prendra sa course, et sa vitesse à venir ira se multipliant par le carré des siècles. Nous deviendrions fous s'il nous était donné de voir où sera venu, dans mille ans, l'homme marchant d'un pareil train; et cependant c'est nous-mêmes qui aurons fait ce chemin. Car l'humanité, dit Pascal, n'est qu'un homme « qui survit toujours et qui apprend sans cesse »; qui connaîtra, un jour, les ultièmes confins des choses; pour qui sa terre n'aura plus d'arcanes, et qui, dédaignant même le puéril travail de la détruire, la repoussera du pied, comme un cadavre usé par le scalpel, et s'en ira poursuivre ses études dans une planète meilleure, dans Vulcain tout en or, ou mieux dans un soleil.

— Tout cela est bien loin, dit M. Penkenton, profitant pour parler, de l'essoufflement de M. Archbold à la fin de cette phrase un peu longue; et mon ambition d'homme élémentaire se satisferait de détruire tout bonnement ma planète. Je crois, comme M. Hatchitt, que cela serait facile : la terre est en mauvais état, les déluges, les éruptions l'ont tour à tour détrempée et desséchée, mise en feu et en boue.

Le dernier tremblement de Lisbonne l'a disloquée sur un douzième de sa surface continentale ; avec douze tremblements pareils, on en verrait la fin.

Et M. le docteur Penkenton frappa le sol de sa canne, comme pour pulvériser cette motte de terre.

— C'est une terre cuite, dit à son tour M. Hatchitt, une terre finie, qui s'effrite, se craquelle, manque de corps et tombe en miettes, une taupinière qu'on éparpillerait dans l'espace, avec un coup de pied de vigueur appropriée ; une terre malade, malpropre et malsaine, qui deviendra moins habitable à mesure que les chemins de fer, les bateaux à vapeur, les puits de feu et les usines, s'étant multipliés, se joindront plus activement aux volcans et aux poitrines humaines, pour exhaler l'oxyde de carbone et l'acide carbonique, que n'absorberont plus les forêts défrichées. L'atmosphère terrestre deviendra aussi obscure qu'un brouillard de Londres, et le genre humain, à tâtons, périra asphyxié dans cette fumée ; ou pis encore, il ne périra pas ; il s'étiolera dans l'étisie, la cachexie et la fièvre. L'esprit suivra le corps dans cette décadence, et l'homme entrera dans la phase du transformisme en arrière, du retour au singe, et du singe aux animaux inférieurs, sans qu'on puisse prévoir le terme de cette marche à reculons (*regressus*) ; car l'humanité, comme l'ont dit MM. Pascal et Archbold, n'est qu'un homme qui, « survivant toujours et désapprenant sans cesse », arrivera à une imbécilité dont notre sottise actuelle ne nous donne pas l'idée.

— S'il devait en être ainsi, dit M. James Archbold, vexé de voir sa phrase retournée comme une peau, il vaudrait mieux en finir tout de suite, en détruisant la terre.

— C'est ce que je ne cesse de dire! s'écria M. le docteur Penkenton.

— A moins cependant qu'on ne puisse la réparer, reprit M. Archbold. La première chose à faire serait de la remettre droite sur son axe, afin d'égaliser les saisons. Fourier en avait eu le projet, mais il a négligé d'en indiquer le moyen.

— Milton assure qu'après la faute d'Adam, un ange est allé s'asseoir sur le pôle nord, afin de le faire pencher et de troubler les climats, dit lord Hotairwell. Le pli est donc pris depuis longtemps, et ce qu'on peut souhaiter de mieux, c'est que la situation se maintienne et que la terre n'en vienne pas à rouler sur ses pôles.

— Il ne s'agit pas, interrompit M. Penkenton, de la réparer, mais de la détruire, s'il y a moyen.

— Il y a mille moyens, dit M. Hatchitt; et je déclare que, sous la réserve du prix à débattre, d'après les plans et devis à faire, je ne craindrais pas de m'en charger à forfait, en m'adjoignant M. de Lesseps, qui a l'habitude des travaux de ce genre et qui, en coupant les isthmes pour faire perdre aux continents l'équilibre, a singulièrement facilité notre tâche et certainement visé notre but.

— Faisons donc le devis, dit M. Penkenton, prenant un crayon et du papier qu'il passa à l'ingénieur ; car, pour lui, avec sa grande écriture ancienne, il n'aurait pu établir des plans et devis si importants, que sur un arpent de papier, et à une échelle de grandeur nature.

— Le choix du moyen devrait peut-être précéder l'établissement du devis, fit observer M. Archbold avec sa grande compétence.

— Cela est parfaitement vrai, dit M. Hatchitt, interrompant les chiffres commencés. Choisissons donc le moyen ; il n'en manque pas. Quelques trous de mine de dimensions convenables, remplis de quelques millions de tonnes de dynamite, cela vous irait-il ? demanda l'ingénieur.

— Il serait à craindre que cela ne suffît pas, dit M. Archbold. Les morceaux de terre, un moment disjoints par l'explosion, se rejoindraient par l'attraction. Le résultat serait incomplet. Ce moyen se présente d'ailleurs sous plusieurs aspects.

— Sous quatre aspects, dit M. Hatchitt.

— Je n'en vois que trois, fit sèchement l'ingénieur en chef, vexé d'être en déficit d'un aspect.

— Le moyen que je propose, reprit M. Hatchitt, a pour lui la sanction de l'expérience ; il a déjà réussi.

— Il a réussi? fis-je assez inquiet.

— Oui, car tous ces débris d'astres que vous trouvez sur votre chemin, quand vous allez de Mars à Jupiter, l'anneau brisé des astéroïdes, en plus de cent morceaux, qu'est-ce donc? sinon les restes d'une terre que ses hommes ont fait sauter, et dont les éclats se sont écartés en dépit de la gravitation, et de manière à rendre la destruction complète.

— Incomplète! interrompit M. Archbold, puisque chaque morceau est resté une petite terre qui tourne autour du soleil, comme autrefois la planète mère, et qui probablement est habitée.

— Des planètes pour une personne seule ou pour une famille! ricana M. Hatchitt, grandes comme Hyde-Park; que leurs habitants pourraient achever, s'ils le voulaient. Peut-être s'en occupent-ils? Cela les regarde. Occupons-nous de nous détruire. S'il vous répugne de faire sauter ce globe, vous conviendrait-il d'y mettre le feu? On pourrait, en allumant le reste des forêts, de la houille et du pétrole; en lançant sur les mers des brûlots de potassium; en décomposant les mers elles-mêmes en leurs gaz élémentaires, et en déchaînant le feu central; on pourrait, dis-je, obtenir un magnifique incendie, à la suite duquel il ne resterait qu'un tas de cendres facile à disperser.

— On pourrait peut-être, dit M. Archbold, faire éclater le globe, à meilleur marché, en fermant la bouche des volcans. Le kilomètre cube de scories qu'ils vomissent chaque année, et les gaz qui bouillonnent à la surface, n'ayant plus d'issues, feraient sauter le couvercle.

— Serait-ce moins coûteux de fermer les volcans ? réfléchit M. Hatchitt. Il y en a trois cents.

— Cela n'en finirait pas de fermer trois cents volcans ! s'écria avec humeur M. Penkenton.

— Voulez-vous aller plus vite ? demanda M. Hatchitt. C'est bien facile ; arrêtez la rotation de la terre : son mouvement se convertira en chaleur suffisant à l'incendier.

— Cela m'irait, dit M. Penkenton ; mais comment vous y prendrez-vous, monsieur Hatchitt, pour arrêter la rotation de la terre ?

— Comme je ferais pour arrêter une voiture : en mettant une pierre devant la roue. La terre heurtant l'obstacle avec la puissance d'impulsion qui l'anime...

— 109,800 kilomètres à l'heure, précisa M. James Archbold.

— 109,800 kilomètres à l'heure, répétai-je, afin de me rendre mieux compte.

1,373 fois plus vite que le train de Londres à Douvres, dit M. Archbold pour m'aider.

— De ce train-là, demandai-je, combien la terre mettrait-elle de temps pour aller de Londres à Douvres ?

— 3'47", calcula de suite M. Archbold.

— Elle serait arrivée presque aussitôt que partie, remarquai-je avec sagacité.

— A peu de chose près, monsieur Burton ; et pour peu qu'elle allât plus vite, elle ne serait même ni arrivée ni partie; elle ne remuerait plus. Arriver sans cesse et partir toujours ; se trouver partout et nulle part, équivaut à rester chez soi ; la vitesse infinie est égale à l'immobilité.

— Nous perdons notre temps, interrompit M. Penkenton... Quel obstacle, monsieur Hatchitt, placeriez-vous devant la terre pour l'arrêter?

— La première chose venue ; la lune si vous voulez.

— La lune ! s'écria le docteur en colère, croyant qu'on se moquait de lui. Avec quoi la prendrez-vous, la lune? et comment la placerez-vous devant votre roue?

— Je ne la placerai pas devant ma roue ; mais je dirigerai ma voiture sur la lune, et du choc de ces deux corps, de leur mouvement converti en chaleur, je ferai naître assez de flammes pour les incendier, pour refaire des soleils avec ces vieilles terres, pour les ramener à l'âge et à l'état de leur création.

— A la condition, dit M. Archbold, que la terre et la lune se choquent en se rencontrant.

— Elles se choqueront, répliqua M. Hatchitt, avec une violence dont leur vitesse de translation m'est garant.

— Cela n'est pas certain, insista l'ingénieur en

chef. La lune, qui n'a pas d'atmosphère, est un corps dur, apte à recevoir et à donner un bon coup ; mais la terre, enveloppée d'air, est une balle élastique. Cette enveloppe pourrait faire matelas, amortir le choc et faire manquer le coup.

— En tout cas, répondit M. Hatchitt, ce matelas, aplati sous leur poids, s'échaufferait assez pour les incendier ; ce serait toujours cela.

— J'incline à penser, intervint lord Hotairwell, que M. Hatchitt est dans la bonne voie, en voulant détruire par l'incendie. Ses vues sont conformes à celles de saint Pierre qui a prédit que les éléments seraient dissous par le feu, à la croyance des Égyptiens qui attendent un déluge de flammes durant lequel la terre s'en ira en fumée, et aux livres des Védas qui montrent Wichnou armé d'un glaive brillant comme une comète, suivi de Calvi à l'haleine torride et du serpent Secha qui vomit des mondes, sur lesquels Siva, portant en sautoir les têtes de Brahma flamboyantes, danse une suprême bamboula.

— Le mouvement de la terre, dit M. Hatchitt, comporte tout ce qu'il faut pour l'accomplissement de ces prophéties.

— Si on peut l'arrêter, ajouta M. Penkenton ; tout est là.

— Je l'arrêterai en lançant, comme je l'ai dit, la terre sur la lune.

— Mais, comment la lancer? tout est encore là.

— C'est bien simple. Je prends mes mesures, et je fais dévier le globe de son écliptique. Rien de plus facile, puisqu'il dévie déjà, qu'il dévie chaque jour, depuis que les hommes ont détruit son équilibre. Connaissez-vous un navire dont la stabilité résiste au déplacement de son lest? La terre est ce navire qu'on déleste avec rage, en retirant, chaque année, de sa cale, un milliard de quintaux de houille, sans souci de les remplacer par autre chose, sans songer qu'on déplace son centre de gravité, qu'on fausse son axe d'évolution. Oui, à l'heure qu'il est, la terre fait fausse route ; elle court à sa perte.

— Cela ne peut pas s'appeler courir, dit M. Penkenton.

— On pourrait la laisser faire, reprit M. Hatchitt, mais on peut aussi l'aider.

— A la bonne heure! s'écria le docteur, et tout mon concours lui est acquis; comment puis-je l'aider?

— En faisant bon feu, en brûlant beaucoup de houille, répondit M. William Hatchitt.

M. Penkenton haussa les épaules.

— Mais si vous tenez à en finir tout de suite, fit M. Hatchitt, il y a un moyen meilleur, c'est de continuer le puits jusqu'au noyau central, et de lâcher, à pleine volée, ses flammes et ses vapeurs, dont la poussée nous lancera dans l'espace, comme une toupie folle, bousculant et terrifiant les mondes. Nous aurons créé un éolipyle de première taille, dont se réjouiront les mânes de l'ingénieur grec Héron d'Alexandrie.

— Tout cela demande réflexion, opina M. James Archbold ; et, sans méconnaître la valeur des moyens proposés par M. Hatchitt, je crois qu'il ne serait pas superflu de les combiner tous ensemble. Peut-être même, dans une question de cette importance, qui intéresse tout notre système solaire, y aurait-il lieu de réclamer le concours des autres planètes, tout au moins de celles qui, par leur âge, leur taille, leur constitution et leur position dans le monde, nous ressemblent davantage et pourraient partager nos vues : Vénus, par exemple, qui n'est qu'à 27,000,000 de lieues, ou Mars, sosie de la terre, au point que, transportés sur son globe, nous nous croirions encore ici.

— J'aimerais mieux demander l'aide de Jupiter, dit M. Hatchitt. C'est la plus grosse planète, et les hommes qui l'habitent sont très forts, puisqu'ils ont quinze pieds de haut.

— Quinze pieds ! admirai-je, moi qui n'en avais que cinq.

— C'est M. Christian Wolf qui les a mesurés. Cette taille, d'ailleurs, n'a rien d'étonnant ; elle résulte du mauvais éclairage de la planète. La lumière du soleil est faible sur Jupiter, et une lumière faible dilate la pupille de l'œil. La grandeur de l'œil implique la grandeur du corps et les habitants de Jupiter ont de grands corps parce qu'ils ont de grands yeux.

— Cependant, fis-je observer, les éléphants et les baleines ont de petits yeux et de grands corps.

— C'est une exception qui confirme probablement la règle, répondit M. Hatchitt, surpris par l'objection.

— Alors, demandai-je, est-ce que, en me tenant à l'ombre ou dans un demi-jour, je pourrais grandir de quelques pieds ?

— Je n'en sais rien, fit M. Hatchitt, ennuyé. Adressez-vous à M. Christian Wolf.

— Les habitants de Jupiter, dit M. Archbold, ne nous seraient pas plus utiles parce qu'ils ont quinze pieds de haut... La destruction de la terre est une question de science plus que de muscles ; et Huygens assure que, de tous les hommes planétaires, les habitants de Mercure sont les plus savants, surtout en astronomie, à cause de leur voisinage du soleil, qui leur permet de mieux suivre la circulation des planètes. Huygens a presque entrevu leurs instruments d'observation, et presque conjecturé qu'ils étaient en bois et en zinc. Les hommes de Mercure seraient d'utiles alliés.

— Je le pense aussi, dit le docteur, et j'estime, comme M. Archbold, que pour cette grosse affaire il faut des associés.

— C'est un peu humiliant, objecta M. Hatchitt, d'avouer notre impuissance aux ingénieurs des autres planètes.

— Cette considération est tout à fait secondaire, riposta M. Penkenton.

— Chacun a son amour-propre, dit l'ingénieur.

— Pas de sot amour-propre ! L'important est de réussir. Oui ! concertons-nous avec les autres astres ; créons une compagnie internationale et intercosmique pour détruire... détruire ! répéta M. Penkenton, mâchant ce mot, comme une proie, entre ses dents de tigre ; tout détruire : les terres, les soleils, l'espace lui-même et le temps ! mettre rien partout, engendrer le néant ! Quelle œuvre plus grande que de créer l'être ; et quel dieu sera l'homme qui aura fait cette création ! Mais ce n'est ni un homme, ni une compagnie, ni une terre à elle seule qui peuvent suffire à cette tâche : il nous faut pour associés les 115 planètes qui nous entourent et les 38 millions de soleils qui flambent au bout de nos télescopes. Allons donc de ce pas, et sans perdre un moment, nous entendre avec nos alliés.

Et M. Penkenton se leva pour partir, mais demeura incertain sur le chemin qu'il allait prendre.

Lord Hotairwell comprit son embarras, et avec sa bienveillance habituelle :

— Peut-être me serait-il possible de faciliter votre entrée en relations avec les autres mondes. Un livre, dont je corrige les dernières épreuves, vous fournirait, dans ce but, des renseignements utiles [1]. J'y démontre les tentatives faites journellement par le soleil et par les planètes du voisinage, pour correspondre avec nous; jusqu'ici infructueuses, en raison de l'insouciance des habitants de la terre. Mais moi, j'ai remarqué, j'ai compris leurs signes, et je suis en mesure de dire : que les prétendues taches solaires, noires et changeantes, sont des phares à feux tournants; que les comètes sont des fusées, des ballons de gaz sans enveloppe, lancés par le soleil, pour attirer notre attention; que les aérolithes sont des pierres que Vénus nous jette aisément, du haut de ses montagnes quatre fois plus élevées que les nôtres. Mars nous adresse aussi des échantillons de sa nature et du caractère de ses habitants. Ils sont animaux comme nous, et ils ont des plantes, puisqu'ils exhalent du carbone ; ils se chauffent, car ils ont de la tourbe ; ils sont métallurgistes, puisqu'ils lancent des métaux ; et ils ont des crayons, puisqu'ils nous jettent du graphite.

J'en sais plus encore, ajouta lord Hotairwell, en baissant la voix : j'ai découvert que ces matières diverses ne sont pas lancées au hasard, et que chacune d'elles représente la lettre d'un alphabet que je déchiffre, dont il ne me reste que quelques lettres à

---

1. *Traité de Télégraphie intercosmique*, lord Hotairwell; deux beaux volumes. Chez Watbled, Londres.

apprendre, formées par des métaux inconnus ici-bas. Mais, ce dont je suis déjà sûr, ajouta-t-il avec fierté, c'est que l'anglais est la langue du ciel.

Lord Hotairwell se tut, quoique visiblement il en sût plus encore.

— Je lirai avec grand intérêt votre ouvrage, dit M. le docteur Penkenton ; et mes collègues comme moi, nous vous remercions, Mylord, de nous prêter, aujourd'hui comme toujours, l'appui de vos connaissances et de vos relations si étendues. J'insisterai néanmoins pour qu'on procède, sans attendre, aux études préparatoires de la destruction projetée.

— Mais enfin, dans quel but cette destruction ? demanda le président du conseil.

— Dans le but de détruire. Cela suffit, je pense, répondit M. Penkenton.

— Cela ne suffit pas, si cela ne sert à rien, répliqua lord Hotairwell ; et à quoi cela servirait-il ?

— A mourir, ou du moins à sortir de ce monde.

— Pour aller où ?

— Peu importe ! La base d'un voyage, c'est de partir. Cette condition remplie, on arrive toujours.

— Pour moi, dit lord Hotairwell, si intéressants ou même si profitables que dussent être les résultats de l'entreprise que vous proposez, je craindrais de m'exposer à des reproches en détournant, sans autorisation, vers ce but, l'emploi de nos capitaux et les efforts de nos ingénieurs.

— Aux reproches de qui, une fois la chose faite? demanda M. Penkenton.

— Et moi, dis-je, puisant mon éloquence dans ma probité et dans l'effroi que me causait ce projet; comme gérant de la Compagnie, je m'oppose à cet abus de ses fonds; tout au moins avant qu'on ait consulté les actionnaires, ajoutai-je, pour être moins cassant.

— Avant qu'on ait consulté tous les habitants de la terre, approuva lord Hotairwell.

— Et qu'ils aient supputé les bénéfices et les risques, appuyai-je.

— Quels seraient-ils, en effet, les bénéfices? demanda le président.

— Oui, quels seraient les bénéfices? Et, s'il y en avait, qui est-ce qui les toucherait? Je demande la question préalable.

— Et moi, je m'y oppose, s'écria violemment M. Penkenton. On a discuté, on doit voter, je l'exige en vertu des statuts.

— Je serai, en effet, contraint de faire voter, si on le demande, dit avec impartialité le président.

— Je demande la parole sur la position de la question, intervint M. l'ingénieur Archbold.

— La question est toute posée, répliqua le docteur. Veut-on, ou ne veut-on pas détruire la terre?

— Ne pourrait-on remettre à demain? dit M. Archbold, qui avait des scrupules : il est extrêmement tard.

— J'exigerai une séance de nuit, s'il le faut, dit implacablement le docteur ; et je siégerai en permanence.

— On va donc voter, dit lord Hotairwell, se soumettant au règlement.

L'huissier passa l'urne, et un frisson passa dans les membres du conseil, même les plus résolus. Jamais, en effet, question aussi grave, plus grave que tous les destins des empires, n'avait été soumise aux délibérations d'un conseil et aux hasards d'un scrutin.

M. le docteur Samuel Penkenton, anxieux, fébrile, nerveux comme le bourreau qui va saisir sa victime, vota le premier, ostensiblement, dans le but d'influencer ses collègues. Et moi qui, dans quarante ans de commerce, n'avais jamais eu à traiter pareille affaire, écrasé sous le poids de la responsabilité que j'allais prendre, mais résolu à faire mon devoir, j'avais le sang à la tête, et je me congestionnais davantage à mesure que l'urne approchait. MM. les ingénieurs James Archbold et William Hatchitt ne laissaient pas transpirer leurs résolutions sur leur visage.

Après quelques minutes, lord Hotairwell dépouilla les votés.

>Nombre des votants. 4
>Pour la destruction de la terre. 2
>Contre la destruction 2

Il y avait ballottage : M. Archbold s'était abstenu ; et sans la voix prépondérante du président, il eût fallu recommencer le vote.

— Nous n'avons encore rien fait aujourd'hui, dit lord Hotairwell, quand l'émotion fut calmée; nous n'avons pas même discuté la réponse au cabinet de Berlin.

— Je répondrais ceci, dit M. Hatchitt, en dessinant avec ses dix doigts allongés sur son nez, un geste très connu.

— Il me paraît difficile d'insérer ce geste dans une lettre, objecta le président du conseil.

— Ne pourrait-on le traduire? Il me semble qu'il y a, dans la langue française, un mot qui l'exprime, dit M. Hatchitt, cherchant dans sa mémoire.

— Il y a le mot *zut!* fit lord Hotairwell, qui savait à fond cette langue; mais ce mot sera-t-il compris par le cabinet de Berlin?

— Puisque ce mot est français, et que le français est la langue diplomatique, il sera certainement compris, observa justement M. James Archbold.

— Je rédigerai cette réponse conformément à vos indications, dit lord Hotairwell; et maintenant, je propose de passer sans plus de retard à notre ordre du jour et aux affaires de la Compagnie.

— Il est sept heures, dit M. Hatchitt, qui dînait ce jour-là chez M. Penkenton; je propose de remettre à demain.

— A demain, les affaires de la Compagnie! s'écria le conseil d'administration, aussitôt que l'huissier eut distribué les jetons de présence.

CHAPITRE X.

LE PUITS TOMBE DANS L'EAU.

A la fin de l'année 1869, le forage était descendu à 9,190 mètres, et le thermomètre monté à 276°, dépassant de 200 degrés les étés les plus chauds de l'Afrique ou de l'Australie ; et les moyens suprêmes étaient mis en œuvre pour soutenir la vie des hommes dans un climat mortel pour des salamandres. Les arrivages de la glace du Groënland avaient triplé de fréquence, et les appareils Pictet fabriquaient sans relâche de véritables glaciers d'oxygène solide. Blocs de glace et blocs d'air étaient projetés pêle-mêle dans le puits : spectacle effrayant pour les ouvriers qui travaillaient au fond, mais sans aucun danger, car ces moellons d'air ou d'eau étaient dissous, durant leur trajet dans cette atmosphère brûlante ; la glace arrivait fondue et l'oxygène gazeux.

Se surchauffant lui-même, dans cette lutte corps à corps avec le thermomètre, l'ingénieur en chef s'efforçait de varier et d'accroître les sources de rafraîchissement, de soutenir le courage des ouvriers et de tromper leur ennui autant que leur lassitude par tous les moyens ; notamment en créant, de toutes pièces dans l'intérieur du puits, des perturbations atmosphériques parfaitement imitées : tempêtes, trombes, avalanches de neige, pluies, grésil et grêles. Ces dernières jetaient un véritable froid, mais elles étaient coûteuses. Un grêlon, d'après le devis de l'éminent ingénieur, revenait à un sou, et une grêle complète à douze mille francs.

La détente de l'air comprimé procurait également aux ouvriers, et à un prix moindre, de violents refroidissements. Soixante robinets, disposés comme les jets d'une baignoire hydrothérapique, soufflaient sur ces hommes nus des courants d'air capables de donner des maladies ; inconvénient sans importance pour ces gens dont la Compagnie avait fait son sacrifice. Le gin, l'eau-de-vie additionnés de nitroglycérine étaient les seuls aliments que parvinssent encore à digérer des estomacs digérés eux-mêmes et cuits par cette atmosphère bouillante. Ces boissons chaudes les maintenaient en équilibre avec la chaleur ambiante.

La journée de travail était de vingt minutes, après lesquelles l'ouvrier était porté à l'ambulance établie sur le palier n° 2, dans une température de 75° centigrades, relativement fraîche : en le remontant plus haut, ou en le laissant sortir, on l'eût exposé à la tentation de ne plus rentrer, et au changement malsain qu'éprouverait un voyageur transporté soudainement de l'équateur au pôle.

En dépit de ces bons soins, et quoique personne n'osât en convenir, il devenait douteux qu'on pût franchir les 500 derniers mètres par la voie suivie jusqu'à ce jour, ni par d'autres. Les moyens de forage à distance, les outils à longue portée, les dragues et les perforateurs, qu'on aurait pu établir sur quelqu'un des paliers supérieurs, auraient rencontré, dans la nature du terrain, des obstacles insurmontables.

Néanmoins M. Hatchitt tenait bon, et n'avait fait encore d'autre concession à la chaleur que de se mettre en bras de chemise et de se coiffer, suivant le temps que lui faisait M. Archbold, d'une casquette-éponge ou d'un moule à glace. Mais l'inquiétude couvait dans les esprits, et un incident grave, qui survint dans ce même temps, vint encore l'aviver.

On se souvient des explications données sur le mode d'exécution de la fouille et de la pose du cuvelage d'acier. A l'orifice, une grue qui surplombe le puits et lui fournit, à mesure qu'il les absorbe, des tronçons de tube aussitôt boulonnés à la section sous-jacente ; au fond, les ouvriers qui creusent en spirales, du centre à la circonférence ; de sorte que les derniers coups de pic donnés sous le cuvelage déterminent sa descente jusqu'au niveau du plan déblayé. Le lourd cylindre, déjà impulsé par sa masse, est donc appelé en outre par le vide pratiqué sous sa base ; et la descente du cuvelage donne la mesure exacte des progrès de la fouille, qui avance en moyenne de 4 mètres par 24 heures.

Mais, le 16 janvier avant midi, en sept heures de travail, elle avait déjà progressé de 5 mètres.

— Avec quelle ardeur M. Hatchitt travaille ce matin ! fit M. Archbold étonné. Déjà cinq sections de tube ajoutées aujourd'hui !

— Ce tube enfonce comme un couteau lourd dans du beurre ! dit lord Hotairwell. L'intérieur de la terre serait-il mou à cette profondeur, et le feu central plus près qu'on ne pense ?

A ce moment, une violente secousse partie de la base se répercuta jusqu'au sommet du cuvelage qui ondula comme une lame, assoupli par sa longueur, et s'enfonça d'un bond de près de 1 mètre.

Quel accident terrible venait de se produire ?

Lord Hotairwell s'était précipité vers le tétroscope, mais l'appareil brisé ne reflétait plus rien et le téléphone restait muet et sourd. Fiévreusement, M. l'ingénieur Archbold commandait la manœuvre pour ajuster de nouveaux tronçons au tube, et M. Penkenton en étreignait le sommet dans ses bras, comme on prend par la tête un noyé, pour le soutenir.

La situation était critique à l'extrême, car si ce tube venait à s'enfouir si vite qu'on ne suffît plus à lui fournir des rallonges, le cuvelage et son puits, échappant à leurs constructeurs, allaient s'écrouler dans un même éboulement.

— Il descend toujours ! dit M. Archbold, très pâle.

— Mirk ! appela lord Hotairwell, qui remit au chien un message écrit à la hâte, et lui montra le puits.

L'animal flaira la margelle et, par un geste de patte, exprima sa répugnance ; mais, son maître insistant, le caniche lui jeta un long regard, remua tristement la queue et s'élança dans le gouffre comme dans le suicide.

Le cylindre remis de sa secousse, ayant repris la perpendiculaire, continuait à descendre en poussant des beuglements énormes causés par les frottements de sa périphérie.

— Tout cela est inexplicable ! s'exclama M. l'ingénieur Archbold ; il n'y a pas de terrassier sous terre, fût-ce M. Hatchitt, capable de faire autant d'ouvrage. Cinq cents hommes travaillant de ce train-là, pendant huit jours, piocheraient le mont Blanc et le ratisseraient sur la Savoie..... Et puis, qu'est-ce que M. Hatchitt peut faire de ses déblais, puisqu'il n'arrive plus de bennes ? On ne creuse un trou qu'en faisant un vide; lui, creuse avec rage et ne rejette rien !

Pendant ce temps, il commençait à s'exhaler du gouffre des vapeurs, des fumées chaudes et humides, émanations mixtes de cheminée qui fume et de marais qui suinte; nuages paludéens striés de feux follets et d'éclairs, stagnants et lourds, tourbillonnants et légers, jouant les phénomènes atmosphériques, s'élevant en cumulus, en volcans aériens, en Sinaïs tonitruants.

Du milieu de l'un de ces nuages émergea tout à coup M. Hatchitt; non pas celui que le lecteur a connu, jeune et alerte, s'élançant de son tube comme de sa trappe un dieu d'apothéose; mais un Hatchitt vieux, éteint, ahuri, plus pâle qu'un pierrot de pantomime, plus sale qu'un égoutier, le dos chargé de colis comme un colporteur; ayant remonté le puits par le lacet des échelles, et tellement à bout de forces en arrivant au bord que, si M. Penkenton ne l'eût adroitement saisi par ses bagages, il fût retombé dans le gouffre.

— Dans quel état vous voici, mon cher M. Hatchitt! s'écria lord Hotairwell ému, et pourquoi prendre ce chemin pour monter du fond du puits?

— Le puits n'a plus de fond..... le fond n'a plus de puits.... râla M. Hatchitt; le puits est tombé dans l'eau.... l'eau a pris feu....

— Il a le délire, fit M. le docteur Penkenton.

— Je n'ai pas le délire ! répliqua violemment M. Hatchitt, que la colère rappela à la vie. Je vous dis que tout est perdu !

— Pourquoi, dit lord Hotairwell, remarquant la charge de bagages sous laquelle pliait le voyageur, pourquoi vous êtes-vous encombré de tout cela ?

— Parce que tout est fini et que je déménage.

— Il déménage, c'est évident, insista M. Penkenton.

— Et vos ouvriers ?

— Tombés dans le feu, ou dans l'eau centrale ? je n'en sais rien.

— Et Mirk, que je vous ai envoyé en commission ?

— Nous nous sommes rencontrés, mais il ne m'a pas vu ; il courait à toutes pattes, j'ai pensé qu'il me cherchait et, le voyant si pressé, je n'ai pas voulu le retenir.

— Tout cela ne dit pas ce qui vous arrive, interrompit M. James Archbold.

— Il arrive, Monsieur l'Ingénieur en chef, que depuis ce matin, je creuse un puits dans de l'eau sale et chaude, de la boue qui bout, dans un volcan malpropre, ou dans le feu central, si ce feu est de l'eau. Les ouvriers n'étaient pas contents et se seraient mis en grève s'ils avaient pu sortir de l'ouvrage. Le cuvelage, dans ce marais, descendait tout seul. Tout à coup il a fait une chute avec un bruit tel, que j'ai cru que la terre me tombait sur la tête...

C'était sous mes pieds qu'elle croulait. Le fond du puits enfonçait à vue d'œil, le cuvelage aussi ; les ouvriers avaient disparu sous la vase ; les télégraphes étaient brisés, les tubes de service noyés ; mon bureau restait suspendu à un fil.... J'ai grimpé par ce fil, et me voici.

— Les malheureux ! gémis-je, en songeant à la fin tragique des ouvriers.

— Ce n'étaient que des hommes, monsieur Burton, dit amèrement lord Hotairwell ; Mirk était un chien !

— Et ces hommes, ajouta M. Hatchitt, n'étaient plus bons à rien ; ils avaient fourni leur maximum de rendement.

— En tout cas, conclut M. Archbold, ils seraient mal venus à se plaindre ; toute la perte est pour nous qui les avions achetés. Ils ne se possédaient plus, et en se perdant, ils n'ont rien perdu.

— Peut-être même ont-ils gagné, opina M. Penkenton ; peut-être ces simples Allemands et ce caniche quaternaires seront-ils, un jour, de curieux fossiles que des géologues plus avancés que nous sous l'écorce terrestre, déterreront ; dont ils restitueront les squelettes et qu'ils reconnaîtront, avec certitude, Mirk pour un petit homme et ces Prussiens pour de grands crocodiles.... A moins que d'autres géologues, des Hotairwells à venir, se fondant sur le voisinage du feu central, ne diagnostiquent ces ossements pour ceux de l'homme solaire et gazeux, imprudemment sorti de son feu et accidentellement solidifié...; à moins encore que ce ne soient des géologues anté-préhistoriques, aborigènes du feu central, qui, dans une excursion tentée vers la surface, ne découvrent ces concitoyens solaires condensés.......; à moins enfin....

Mais M. Penkenton, remarquant qu'il n'avait pas d'auditeurs, se tut.

Le docteur, qui avait toujours peine à se faire écouter, n'était pas même, cette fois, parvenu à se faire entendre, au milieu de préoccupations si vives et à chaque instant aggravées par de nouveaux symptômes : les fumées et les vapeurs jaillissant plus intenses, accompagnées de détonations terribles et de mitraille de déblais en éruption ; pêle-mêle des fléaux du ciel et de l'abîme ; averses de feu et grêle de pierres pleuvant de bas en haut.

L'idée de la rencontre d'un filon volcanique était celle qui se dégageait de tous ces indices comme la plus vraisemblable.

— Échouer sur un volcan ! murmurait, désespéré, lord Hotairwell ; employer tant d'efforts à déboucher un cratère ! Quelle excuse donner aux actionnaires, au public, d'une pareille maladresse? Je sais bien qu'il ne serait pas malaisé de faire prendre, à des actionnaires, un volcan pour un puits ; mais comment faire d'un pareil puits la source d'une civilisation et le centre d'une ville ? Naples elle-même, si fière de son Vésuve, le tient à distance et ne le voudrait pas dans ses rues.

Quoi qu'il en fût, dans un volcan, dans un lac, dans l'eau ou dans le feu, dans la boue ou dans la lave, le cuvelage s'enfonçait avec une vitesse régulière. Tous les ateliers combinés en un seul unissaient leurs efforts dans ce même but : allonger le tube d'une quantité égale à celle qui s'inhumait, fournir de nouveaux tronçons de corps au monstre qui se dévorait.

On s'était maintenu, jusqu'à cette heure, au niveau des exigences ; mais la plus grande partie des sections de cylindre en magasin avait été employée. La commande faite, de toute urgence, aux fonderies de Killybegs serait-elle livrée à temps ? Il y fallait peu compter.

— Si la descente du tube continue du même train, calcula M. Archbold, demain soir, les rallonges seront épuisées, et le puits se perdra dans l'abîme.

— Je l'y suivrai, dit lord Hotairwell.

— Jusqu'où ? demanda l'ingénieur.

— Jusqu'à ce qu'il s'arrête.

— Il n'y a pas de raison pour qu'il s'arrête.

— Il peut aller jusqu'au noyau central, appuya M. Penkenton.

— Le franchir ! opina M. Hatchitt.

— Franchir l'autre hémisphère !

— Sortir par l'antipode !

— Continuer dans l'atmosphère antipodique !

— Se prolonger dans l'espace !

— Pénétrer dans d'autres planètes !

— Mettre un bâton dans les roues cosmiques !

— Un bâton de x pieds ? essaya de calculer M. James Archbold.

— Mieux qu'un bâton ! dit M. Hatchitt, un arbre de couche enté dans un soleil, avec poulies de commande sur ses satellites ! Location et vente de rotation et de force motrice aux vieilles lunes et aux planètes !

— La fonderie de Killybegs serait-elle de force à construire cet arbre de couche ? demanda M. Penkenton.

— Toutes les fonderies de la terre n'y suffiraient pas, employât-on tous ses métaux, ce qui réduirait le globe à une petite boule.

— A une petite boule qui, au bout de ce long tube, aurait l'air, dit M. Hatchitt, d'un bilboquet avalé par son manche, d'un animal n'ayant pour corps qu'une queue, d'une queue de lion aux reins d'une puce.

Ce flux de paroles incohérentes témoignait d'un effarement général dont j'étais, moi Burton, d'autant plus frappé que je me sentais en pleine possession de ma lucidité, et même mieux en selle que de coutume sur ma raison. Aussi jugeai-je qu'il était de mon devoir d'intervenir, en m'y prenant d'ailleurs avec la déférence et dans la posture commandées à tout homme qui n'est pas ingénieur.

— Il me semble, dis-je, qu'il y a un moyen bien simple de parer à la catastrophe qui menace, ou tout au moins de gagner du temps et du tube.

A cette ouverture, les physionomies de mes auditeurs devinrent tellement admiratives que j'eus le sentiment d'avoir dit une sottise, mais, surmontant cette impression passagère, je poursuivis :

— Ce moyen consiste tout bonnement à attacher le cuvelage à la grue qui le tiendra suspendu pendant le temps nécessaire pour.....

Mais je dus arrêter mes développements devant les rires très mal étouffés de mes collègues et surtout de M. Penkenton, dont l'éducation première laissait, comme on sait, tant à désirer !

— J'attends l'objection, me contentai-je d'ajouter froidement.

— La voici, répondit aussitôt M. l'ingénieur Archbold : la grue est tarée pour 20,000 kilogrammes. Le cuvelage pèse 1,200,000 tonnes ; votre idée, monsieur Burton, est en déficit de 1,199,980 tonnes.

— Si, dans le principe, on avait adopté mon plan, dit alors M. Hatchitt ; si, au lieu de faire un cuvelage unicorps, unibase et embouté par superstruction, on avait fractionné la longueur, multiplié les appuis et substrué les tronçons, ce cuvelage n'aurait pas risqué de s'engloutir d'une pièce, et nous serions moins embarrassés.

— Nous le serions beaucoup plus, riposta l'ingénieur en chef, car, grâce au système que j'ai fait prévaloir, nous pouvons encore, en allongeant le tube, le retenir par la tête. J'aimerais à vous voir, dans l'état des choses, construisant en sous-œuvre et boulonnant des tronçons au fond de ce volcan !

Les heures s'écoulaient, et le cylindre continuait à descendre ; tronc d'arbre gigantesque, poussant à l'envers.

Une journée passa encore ; les deux dernières sections du tube, amenées à pied d'œuvre, allaient être placées, bientôt englouties, et vainement ces hommes aux volontés indomptables tenteraient de prolonger la lutte ; vainement leurs mains puissantes étreindraient ce cuvelage que le puits, en s'effondrant, allait ensevelir sous la pelletée de terre qui recouvre ici-bas tout ce qui a vécu.

Durant ces longues heures, lord Hotairwell, Napoléon de la science, debout sur sa colonne pour s'inhumer avec elle, ou penché sur le bord, les mains tendues, et suppliant l'abîme, fixait sans se lasser sa perspective profonde, recueillait ses bruits, ses lueurs, ses senteurs ignorées ; guettait d'un regard avide le mystérieux confin, la porte entrebâillée qui pouvait s'ouvrir, et livrer passage aux vérités génésiaques, aux secrets préhistoriques, à l'homme central lui-même, à l'ancêtre solaire, fossile idéal dont la main d'un géologue allait peut-être presser la main.

Astronome à l'envers, braquant son télescope aux profondeurs terrestres, sur la vieille nébuleuse devenue le feu central; quelles découvertes magnifiques, quelle récompense ou quel châtiment attendaient l'investigateur audacieux?

Lorsqu'on ouvre le carneau d'un four, les flammes voisines du seuil débordent en gerbes brillantes, et les autres flammes continuent, dans la profondeur, à ceindre la voussure de leurs arceaux mouvants; lorsqu'on brise la valve du haut-fourneau où le minerai bouillonne, il s'élance des torrents d'incandescences liquides et de métal embrasé : de ce puits, de ce carneau ouvert sur le feu central, de cette fournaise enclose sous sa voûte d'argile, quelles flammes? quels torrents? quel spectacle étincelant allaient jaillir?... Flots de lumière virginale et pure, comme du soleil puisé à la source! Flammes liquéfiées sous la pression de leur enveloppe! Soleil atrophié à l'ombre, ou rayonnant comme au premier jour! Nuage d'or toujours radieux et jeune! Goutte de lumière féconde, peuplée, comme la goutte d'eau, de ses infusoires, de ses habitants!.....

— Le cuvelage s'arrête! s'écria en ce moment M. William Hatchitt, la voix tremblante d'émotion.

— Ah! fit douloureusement lord Hotairwell, réveillé en sursaut par cette parole, comme par un choc.

— Il était temps! m'écriai-je joyeux.

— Non, il n'était pas temps absolument parlant, m'objecta M. Archbold; le tube pouvait encore descendre de 3 mètres, puisqu'il nous restait un tronçon de cette longueur, qui va se trouver perdu.

Dix minutes, une demi-heure, une demi-journée se passèrent; le cuvelage, n'oscillant plus, semblait fixé sur un terrain solide. Les éruptions de scories et de vapeurs allaient s'apaisant; l'évaporation du lac souterrain s'achevait, et le puits s'asseyait au fond, ayant parfait lui-même son forage et donné, *proprio motu*, à ses actionnaires, un boni considérable en profondeur et en calories.

M. le docteur Penkenton, avec sa suffisance d'hercule, avait pris au collet ce cylindre de 3 lieues et demie de longueur et tentait de le secouer, comme on fait d'un pieu, pour éprouver sa résistance; et lord Hotairwell, aussi enfant, le grondait d'y toucher, comme si ce pauvre nain de colosse avait eu la force d'ébranler ce vrai géant.

Le forage du puits géothermal avait duré 12 ans et 10 jours. M. James Archbold, épuisé d'un si long effort s'affaissa, plutôt qu'il ne s'assit, sur la margelle; M. William Hatchitt boutonna sa fourrure, pour ne pas se refroidir, et les deux ingénieurs s'essuyèrent le front, pour la première fois depuis 10 jours et 12 ans.

CHAPITRE XI.

UN GRAND DÎNER.

Industria-City, le 6 juillet 1872.
Lord G. Hotairwell et la Compagnie du Feu central prient M... de leur faire l'honneur de dîner chez eux, le 12 août prochain, à 2 heures.

Lord Hotairwell ayant jugé utile aux intérêts de la Compagnie de couronner son œuvre par une solennité qui en fît connaître l'achèvement et la réussite, 2,000 invitations, semblables à celle qu'on vient de lire, furent adressées aux notabilités politiques, économiques, scientifiques, littéraires, industrielles de tous les pays civilisés; et furent acceptées avec tant d'empressement que, au jour dit, par les trains spéciaux organisés aux ports de Cork, Belfast, Bantry et réunis en un seul train, sur Great Central

Irish Railway, 3,500 invités, ou croyant l'être, se présentèrent aux portes d'Industria-City.

Le président de la Compagnie, entouré de M. le gérant Burton, les attendait sur le seuil et les accueillit avec son affabilité habituelle ; puis, après un échange de paroles cordiales, le dîner n'étant pas encore prêt, les invités se répandirent dans le puits.

MM. les ingénieurs James Archbold et William Hatchitt avaient, avec un soin minutieux, préparé leur œuvre à l'examen qu'elle allait subir.

Le puits géothermal, éclairé à giorno sur ses 3 lieues de profondeur, envahi par cette foule cosmopolite, polyglotte, bruyante, avide de toucher et de voir, débordant des norias, pendue en grappes aux échelles, accumulée dans les tuyaux, s'échappant des conduits, groupée sur les paliers, discutante et tumultueuse comme une émeute dans un carrefour ; ce puits, dis-je, ressemblait moins à un puits qu'à l'avenue de l'Opéra étincelante, ou au passage des Panoramas, vers le soir, avec ses passants affairés, avec son atmosphère d'effluves humains et d'odeurs de cuisine qui montent des soupiraux et qui, de même, se faisaient sentir ici. Car les fourneaux de Hotairwell-House étant insuffisants pour un dîner de cette importance, on s'était vu contraint d'installer la cuisine sur le neuvième palier du puits, où les plats cuisaient sans fourneaux, dans la température ambiante.

M. William Hatchitt, avec son entrain ordinaire, s'était chargé, suivant sa propre expression, de mettre, ce jour-là, le pot-au-feu central, et de diriger le service facilité d'ailleurs par un monte-plats circulant de la cuisine à la salle à manger située à 15,000 mètres au-dessus.

A 1 heure trois quarts, les odeurs de cuisine devinrent tellement intenses qu'on ne put douter que M. Hatchitt serait exact à servir, et que tout le monde sortit du gouffre dans le hall qui offrait à cette heure un coup d'œil merveilleux.

Les murs circulaires de l'immense salle, décorés avec un goût excellent, présentaient, appendus à leurs parois, brillants comme des joyaux, tous les engins du forage exécuté : les outils grossiers et les instruments les plus délicats, ceux que manient les bras robustes et ceux qu'anime la pensée ; hommage au cerveau et aux muscles, panoplies du travail et trophées de la science ; devant lesquels se rangeaient, en bel ordre, les machines de grande taille, les puissants moteurs, les souffleurs aux cylindres énormes, les perforateurs au dard menaçant ; meubles de l'industrie appropriés au style de cette salle à manger ; dressoirs à la mesure de ces pièces d'orfèvrerie.

Venait ensuite la série concentrique des tables circulaires, dont le diamètre allait diminuant jusqu'au centre, jusqu'au puits enveloppé de ces cercles, comme un arbre-moteur de ses poulies. Sur l'orifice, un plancher rapidement établi après la sortie des visiteurs, portait une table à laquelle allaient prendre place 80 invités de choix, fiers de cet honneur, mais très inquiets de s'asseoir au-dessus d'un pareil gouffre.

Cette table d'honneur était ronde, comme les autres, mais plus étroite et bordée de couverts seulement à l'intérieur de sa circonférence; de manière que les convives fissent face au public qui, dans les fêtes comme dans les foires, aime à bien voir les phénomènes. Ceux-ci méritaient d'être vus; car, en soupesant la valeur intellectuelle de ces 80 personnes triées dans une foule tout entière éminente, on se disait que la quintessence du génie humain s'était, pour un moment, condensée en ce lieu; que des êtres d'une espèce supérieure, de l'espèce des dieux, étaient venus s'asseoir à ce banquet des hommes. Mais, d'autre part, en considérant l'extraordinaire laideur de ces savants, on pouvait se croire assis à un banquet de singes et se dire que si ce plancher, en s'effondrant, les précipitait dans l'abîme, le puits géothermal deviendrait à la fois un puits de science et un musée de figures dépassant en horreur les premiers sujets du musée Tusseau.

La laideur des savants est-elle une loi de nature? Leur génie ne pousse-t-il qu'au détriment de leur corps, comme la tulipe aux dépens de l'oignon? Ou est-ce par faute de culture que leur être physique se déforme et dépérit? Le corps d'un savant vit pauvre, triste, abandonné, mal nourri, mal vêtu, sans plaisirs et sans parfums, célibataire ou mal marié, mal vu par son âme qui le méprise et se considère en lui comme un trésor dans un vieux bas. Mais peut-être faut-il qu'il en soit ainsi : des âmes si belles, dans des corps d'Apollon, auraient eu de l'orgueil ; tandis que, étant laids, les corps savants sont modestes.

En ce moment, la musique des Horse-Guards, gracieusement prêtée par Sa Majesté, prenait place dans la salle ; et M. Hatchitt, achevant de mettre son couvert, en couronnait l'édifice par trois plats montés, œuvres composites de chef de cuisine et d'ingénieur en chef.

L'un était un volcan, le Cotopaxi, sommet des Cordillières, particulièrement propre à contrefaire un plat sucré, en raison de sa forme de pain de sucre. Ce volcan, en pleine activité, mesurait 80 centimètres de la base au cratère dont les lèvres convulsées, ardentes, vomissaient, avec une furie parfaitement agencée, des torrents de lave comestible et de vapeurs sulfureuses, en crème verte, projetant jusqu'aux cieux leurs panaches striés d'éclairs.

L'autre était une houillère, également en activité et en sucre, mue par un mécanisme ingénieux mais inconstant qui tantôt laissait retomber avec fracas la houille et les paniers, tantôt projetait en l'air ses ouvriers et ses produits. M. le docteur Penkenton, situé dans le voisinage de cette mine éruptive, reçut de la sorte, dans son assiette, plusieurs blocs de houille en réglisse et un mineur en carton, dont il ne s'expliqua pas la provenance, et qu'il eut infiniment de peine à déglutir.

Enfin, le plat de dessert principal, que M. William Hatchitt posa lui-même devant le président, était un globe terrestre de circonférence réduite au 40,000,000°, entr'ouvert d'un pôle à l'autre, comme un melon privé d'une tranche. On voyait par cette fente, stratifiés dans leur ordre génésiaque, tous les étages géologiques : le diluvium à la surface, avec sa flore et sa faune, puis le crag, les faluns, le gypse, où s'était arrêté le forage, mais au sein duquel le confiseur poursuivait sa route ; franchissant les terrains secondaire, de transition, primitif ; pénétrant au noyau liquide figuré par un sirop central qui bouillonnait sous la croûte et suintait, par des failles, en filons éruptifs. M. Samuel Penkenton, qui avait fourni les plans de ce gâteau géologique, se servit, quand on le passa, une forte tranche de terrain crétacé mêlé d'argile plastique, qu'il sembla trouver excellente.

Comme on s'était mis à table à deux heures, il advint que, vers six heures, les convives se trouvèrent dans un état de pléthore où la faim et la soif risqueraient de défaillir, si l'estomac n'était relayé par quelques exercices de l'esprit. Déjà, depuis longtemps circulait le *loving-cup*, la coupe d'amour, pleine de vin épicé, que chacun se passe, tenant le couvercle pendant que son voisin boit. L'heure des toasts était venue ; le président de la Compagnie du Fou central se leva :

« Mylords et Messieurs, dit-il, j'estime que j'obtiendrai tout d'abord vos suffrages, en proposant ce premier toast à l'une des plus grandes bienfaitrices de l'humanité moderne ; qui, à cette heure où elle va périr, mérite de recevoir le témoignage de notre respectueuse gratitude et de nos sympathiques condoléances.

« Mylords et Messieurs, je vous propose de boire à la houille ! (Oui ! oui ! bravo ! *Hurrah for coal !!*) A la houille, le pain de l'industrie ! la pierre philosophale qui se transmute en or ! le diamant noir aux rugueuses facettes, d'où jaillissent, sous le pic de nos mineurs, la lumière, la chaleur et la force ! La force qui, sur mer, se joue des tempêtes ; qui, sur terre, a succédé aux Titans ! (Très bien ! très bien ! bravo !) Pour moi, je tiens ce diamant noir en plus haute estime que tous les joyaux de Visapour et de Golconde ; carbone incombustible dont je fais moins de cas que d'une livre de bonne houille. (Mouvements divers ; dénégations sur quelques points.) Oui, j'estime davantage une seule livre de houille, reprit avec fermeté lord Hotairwell ; mais si cette opinion semble exagérée à quelques personnes, je consens à interrompre mon discours. (Non! non! parlez!) Oui, j'interromprai à l'instant même ce discours, et je prierai mon savant ami, M. l'ingénieur Archbold, de vouloir bien dire, avec la grande précision de sa parole, quelle est la valeur d'une livre de bonne houille. »

M. l'ingénieur Archbold, ainsi interpellé, ne fit pas mine d'avoir entendu ; mais il abaissa fortement ses paupières, pour concentrer sa lumière intérieure dans ses magasins cérébraux ; et y ayant trouvé, après une courte recherche, les documents nécessaires, il rouvrit ses volets, se leva et dit :

« Une livre de bonne houille de Newcastle vaut $1/5$ de penny ; une livre de diamants vaut 55,150,000 pence ; mais il n'existe que quelques livres de diamants, tandis que le monde entier possède, en exploitation ou dans ses magasins sous-terrestres, 69,000,000,000,000 de livres de houille : ces 69,000 milliards de livres de houille représentent la force de 6,250 millions de chevaux-vapeur, ou 19,750 millions de chevaux-nature, ou 131 milliards et demi d'hommes ; et la population du globe étant de 1 milliard et demi, chaque habitant de cette planète dispose, pour se faire servir, de 4 $1/6$ chevaux-vapeur, ou 12 $1/2$ chevaux-nature, ou 87 hommes dynamiques : ces 6,250 millions de chevaux-vapeur, supposés de même taille qu'un cheval-nature et attelés ensemble, formeraient un convoi de 1,800,000 kilomètres de longueur, soit quarante-cinq fois le tour du globe, qu'ils pourraient traîner sur son écliptique à la vitesse de $\frac{1}{103000}$ par seconde ; et ces 131 milliards d'hommes dynamiques, s'ils joignaient leurs corps en un seul corps et leurs bras en un seul bras, formeraient un géant de première force et de taille assez grande pour que ce colosse, en se haussant sur ses pointes, pût prendre la lune avec les dents et l'avaler comme une pilule, car telles sont la valeur et la puissance de la houille en tant que force ; mais si je l'examine en tant que lumière, je remarque qu'une livre de houille donne 3 ²/₃ pieds cubes de gaz, que les 69,000 milliards de livres de houille existantes fourniraient 253,230 milliards de pieds cubes de gaz capables d'alimenter 50,650 milliards de becs pendant une heure, ou un seul bec pendant 56 millions de siècles ; et je remarque enfin que si ces 253,230 milliards de pieds cubes de gaz venaient simultanément à fuir, ils envelopperaient la terre d'une atmosphère d'un demi-pouce d'épaisseur, irrespirable, empestée et si inflammable qu'elle prendrait feu à la première imprudence, et que le globe, ainsi allumé, brûlerait pendant une heure, avec une chaleur égale à celle de 110,600 kilomètres carrés de soleil et avec l'éclat de 5,140 milliards de lampes-modérateurs ou Carcel... : »

Ayant ainsi parlé, M. James Archbold cala son dernier mot par deux points et tint conseil avec lui-même pour savoir s'il en dirait davantage ; puis il s'assit, jugeant ces données suffisantes, et satisfait d'avoir amené à bon terme, sans essoufflement ni défaillance, une phrase qui ne mesure pas moins de 9 mètres 36 centimètres de longueur, ainsi qu'on peut s'en assurer.

« Je crois, reprit lord Hotairwell, qu'après de telles explications, on s'associera davantage à mon estime pour la houille (Oui ! oui ! *Hurrah for coal!*) et aussi pour le gaz hydrogène, dont mon savant ami a si exactement parlé (Oui ! oui ! *Hurrah for hydrogen gas !*); pour le gaz qui nous donne sa brillante lumière et qui, remplaçant l'air chaud dans les aérostats et gonflant la voile de ces légers navires, permet aux Christophes Colombs de l'atmosphère de gouverner au large sur l'océan fluide, d'aborder aux nuages, continents aériens ; de mettre le cap sur les étoiles, et d'élever, non seulement la science, mais les savants eux-mêmes et leurs laboratoires à des hauteurs qui, jusque-là, n'étaient permises qu'aux ailes du poète et de l'oiseau. (Bravo ! *hip ! hip ! Hurrah for balloons !*)

« Sont-ce là tous les bienfaits de la houille et du gaz ? Non, car la houille engendre le coke qui nous chauffe, les sels ammoniacaux qui fertilisent, le goudron d'où naît l'aniline plus riche en couleurs que le spectre solaire ; la quinoléine qui guérit la fièvre ; l'acide picrique qui panse les blessures ; l'acide phénique qui guérit tous les maux ; la naphtaline aux lamelles de nacre, d'où découle la benzine ; la benzine qui, mariée à l'acide nitrique, s'anoblit, prend le nom parfumé d'Essence de Mirbane et, se transformant encore, devient comestible : ne mange-t-on pas, comme compotes de poires, l'acétate d'oxyde d'amyle ; comme compotes de pommes, le valériate d'oxyde d'amyle, et l'éther butyrique en sorbets d'ananas ?

« En vérité, Mylords et Messieurs, si je parviens à nommer quelques-unes des vertus de la houille, c'est en vain que je cherche les expressions dignes d'en faire l'éloge ; et il est nécessaire que mon illustre ami, M. le professeur Samuel Penkenton, me permette de cueillir, dans les champs de son domaine, l'une de ces allégories merveilleuses dont les anciens aimaient à vêtir la vérité : de comparer la houille à cette première femme de la genèse grecque, à Pandore, modelée par Vulcain, animée du souffle de Minerve et dotée d'un présent par chacun des dieux. (*Bravo! bravo! Hip! hip! Hurrah for Pandora and for Hotairwell!*) Et cependant, malgré ses vertus et avant d'avoir épuisé ses richesses, la houille va rentrer dans ses retraites profondes ; et le mineur, remettant son pic sur l'épaule, la repoussera du pied dans le gouffre, parce que sa chaleur et sa lumière sembleront tièdes et pâles devant celles du feu central, dont nous avons rallumé la flamme et déblayé les rayons !...... Mylords et Messieurs, je bois à la houille ! »

Quand les applaudissements qui suivirent ce discours eurent fait silence, on vit debout M. le docteur Penkenton, dont la grande taille avait surgi du tumulte comme une île éruptive qui, pendant une tempête, apparaît tout à coup aux marins étonnés. Le docteur, en signe qu'il voulait parler, étendit sur l'assemblée houleuse sa main plus longue et maigre que le trident de Neptune; et les flots s'étant apaisés, ses mâchoires s'ouvrirent, rectangulaires et larges comme les deux moitiés d'un volume in-folio :

« Vous l'avez dit, Mylord, la houille est le pain de l'industrie, pain noir, trempé du sang et des larmes d'un million d'ouvriers anglais qui en vivent, et qui en meurent étouffés par l'acide carbonique, les poussières inflammables et le grisou, autres produits de la houille que vous n'avez pas nommés. De même, avez-vous omis la fuchsine qui falsifie le vin, le picrate de potasse qui tue mieux que la poudre, et le pétrole, cette houille liquide qui, elle aussi, se change en or; qui, plus subtile, pénètre des sphères plus hautes et devient même une divinité... (Mouvements divers et murmures.) Ignorez-vous donc, continua M. Penkenton, parfaitement insensible à l'improbation de ses auditeurs, qu'à l'époque de leurs fêtes religieuses, les habitants du pays de Ba-Kou allument la mer Caspienne et se prosternent sur ses rives? J'ai vu ces incendies, qui sont fort beaux.

« Je tenais à compléter les éloges que mon savant ami a donnés à la houille ; mais je ne saurais partager l'opinion, qu'il a laissé entendre, que ce charbon serait un bienfait moderne. Je suis assuré que, sur ce point, le noble lord fait erreur, attendu que moi-même, il y a deux mille ans, voyageant en Grèce avec un de mes amis, Théophraste, j'ai visité, sur la route d'Olympie, un gisement de houille, dont les forgerons de ce temps faisaient usage. Vulcain, le plus connu d'entre eux, qui brûlait du bois dans ses succursales de Lipara et de Lemnos, employait la houille lignite dans ses ateliers de l'Etna... »

Ces énonciations exorbitantes, dont le docteur était coutumier, fêlures de savant qui n'étonnaient plus ses amis, avaient le don d'agacer M. William Hatchitt, qui ne put se retenir d'interrompre.

« Vous avez connu Vulcain, Monsieur le Docteur? » dit-il de sa voix la plus aigre.

M. Penkenton regarda l'interrupteur comme ferait un obélisque interpellé par un insecte.

« Oui, Monsieur, je l'ai connu », répondit-il sèchement ; et comme il crut voir un reste de doute sur la physionomie de l'ingénieur, il ajouta :

« Oui, monsieur Hatchitt, je l'ai connu, et j'ai eu même plusieurs fois l'honneur.... »

Mais M. Penkenton s'arrêta net, et se mordit les lèvres pour barrer le passage au mot qui allait suivre, et qui devait être de grande importance ; car le docteur devint pâle, comme un homme qui échappe de peu à un grand péril.

« Qu'il me suffise d'affirmer que je l'ai connu, ajouta-t-il d'un ton qui ne permettait pas de réplique.

« Non, continua-t-il, les hommes de ce temps n'on pas inventé la houille, pas plus que les hommes d'aucun temps. L'inventeur de la houille, c'est le feu central, lorsque, brûlant encore au voisinage de la surface, il en fécondait le premier humus, faisait éclore et nourrissait de carbone les plantes qui sont devenues la houille ; c'est lui qui, lorsque vos mineurs exhument cette houille, lorsque vos chimistes la dépouillent de sa gangue, c'est lui, c'est le soleil sous-terrestre qui réapparaît ; c'est le spectre solaire qui sort de sa tombe, rallume ses rayons et reprend ses couleurs appelées fuchsine, azaléine, rosolane, parce qu'elles sont les sœurs du fuchsia, de l'azalée, de la rose, que colore pareillement le soleil de nos jours.

« Mylords et Messieurs, je vous propose de boire au Feu central, inventeur de la houille, et à Vulcain, le grand métallurgiste, qui, le premier, l'a utilisée ! (Rires et murmures.) Et enfin, continua l'orateur, puisque mon noble ami a cru devoir compter la navigation aérienne parmi les inventions issues de la houille, je saisirai cette occasion agréable de boire aux hommes qui ont inauguré cette navigation : à l'aéronaute Dédale et à son fils Icare, ingénieur éminent, qui avait compris la nécessité d'être plus lourd que l'air pour le maîtriser, et qui, par une chute mémorable, s'est démontré à lui-même, bien avant Newton et Kepler, la loi de sa gravitation et l'efficacité de sa pesanteur. (Nouveaux rires.)

« Ces rires inconvenants, reprit sévèrement M. Penkenton, n'atteignent pas à la hauteur de ces aéronautes qui ont eu, sur leurs collègues actuels, l'avantage de voler de leurs propres ailes, de ne pas devoir leur élan au gaz hydrogène ; de n'être pas des colis liés à une outre, dans un panier, et inférieurs à des jouets d'enfants, à des éléphants en baudruche ; incapables d'être gonflés et de s'élever comme eux par leur légèreté spécifique... »

L'assemblée, comme on l'a vu, éprouvait peu de sympathie pour cet orateur qui semblait prendre à tâche d'offusquer le bon sens, de déprécier son siècle et de complimenter, sans profit, des gens morts depuis longtemps. M. William Hatchitt entre tous, devenant épileptique à entendre de pareilles choses, et perdant la réserve que commande à un nain le voisinage d'un géant irascible, éclata en rires et en exclamations ironiques, traitant Dédale, Vulcain, Icare de fossiles fabuleux et ridicules, noyés dans la nuit des temps.

Le docteur, d'abord demeuré sourd aux déportements de son collègue, ne put se contenir à ces mots; et, jugeant que ce pygmée dépassait sa mesure, il posa sa lourde main sur la tête de l'ingénieur, qui, ainsi refoulé, s'aplatit sur sa chaise, dans l'impuissance rageuse d'un insecte semi-écrasé. Puis, comme complément de cette répression nécessaire, M. Penkenton laissa tomber, sur son adversaire, ces trois axiomes :

« Il n'y a point, monsieur Hatchitt, de personnages fabuleux; la nuit des temps n'est pas la nuit, et le temps n'existe pas.

« L'existence de ces hommes, que vous dites fabuleuse, est au contraire plus certaine que la vôtre; car si vos travaux ont une grande renommée, ceux de Vulcain et d'Hercule en ont une plus grande, et ils ont vécu plus notoirement et avec plus d'intensité que vous. Se trouvera-t-il, dans cinquante siècles, autant de personnes qui se souviendront de votre passage sur ce globe, qu'il en reste aujourd'hui parlant encore d'Hercule? Serez-vous, comme lui, promu demi-dieu? Je ne sais; mais, jusqu'à ce jour, votre existence ne me présente pas ces mêmes éléments de certitude.

« Je sais que vous objecterez, en votre faveur, le

témoignage de vos contemporains, des témoignages oculaires, qui m'affirmeront que vous êtes assis à ce banquet, et que moi-même je vous parle et je vous vois... »

Et le docteur voulut en effet, mais en vain, contempler son contradicteur qui, submergé par ce flot de paroles, avait pris la fuite dans le puits, comme une souris dans une fente. Mais M. Penkenton, n'ayant besoin, pour parler, ni d'interlocuteur, ni même d'auditeurs, continua sans se troubler :

« Ces témoignages, Monsieur, je ne les discute pas, je les récuse ; m'étant convaincu, durant ma longue carrière, que les témoins oculaires sont des termites de la vérité, qui la rongent, la mutilent, la défigurent à l'image de leurs préjugés et de leurs enthousiasmes, et n'en rapportent que des lambeaux devenus des mensonges. Oui, toute chose attestée par des gens qui l'ont vue doit, à mon sens, être mise en doute ; et quand je vois des hommes croire à l'existence de Napoléon 1er, parce qu'il survit quelques personnes qui l'auraient connu, je taxe de légèreté ces personnes, et je les avertis que, pour décider la question de savoir si cet empereur a vécu ou s'il n'est qu'une synthèse poétique, comme on l'a dit d'Homère, il faut laisser mourir le restant de ces témoins.

« Hercule, Vulcain, Icare ont échappé à ces incertitudes, et ils apparaissent, non pas dans la nuit, mais dans la consécration du temps. Car le temps n'est ni une nuit, ni un lointain, ni une ombre; le temps ne coule pas comme un fleuve; il est stagnant comme un lac, ou mieux il n'est qu'un mot : l'idée pure repousse ce fractionnement de l'espace chronologique, et ne voit sous un même ciel que des horizons à égale distance, mais diversement éclairés. Le présent, le passé, l'avenir sont des fictions à l'usage de l'homme, qui est petit et myope, qui rétrécit les choses à sa mesure, qui morcelle la distance en lieues, l'horizon en plans, la durée en jours, lorsqu'il n'existe qu'un espace, qu'un jour, qu'un soleil qui jamais ne se lève et jamais ne se couche.

« Mais, pour voir ces choses, il faut être de grande taille et de longue vie, comme nous sommes, Dieu et moi, murmura Samuel Penkenton, se parlant à lui-même. Et après tout, pauvres gens, ces mirages vous sont utiles ; ce brouillard, qui joue la distance, tamise à vos yeux la lumière ; et derrière son rideau, la vérité se dénude sans vous éblouir.

« Mylords et Messieurs, je bois à Vulcain, à Icare et à M. William Hatchitt, dont je me plais, sinon à reconnaître, du moins à souhaiter sincèrement l'existence... »

Le docteur, devenu tout à fait aimable, souligna du bâillement d'hippopotame qui lui servait de sourire, cette parole gracieuse. Puis il reprit :

« Mylords et Messieurs, avant de terminer, il me sera agréable de boire, comme mon savant ami, à quelqu'une de ces grandes découvertes, bienfaitrices de l'humanité, et avant toutes, à la plus parfaite (mouvement d'attention); à une invention si complète, que toute votre science moderne n'a pu la perfectionner; à un inventeur si ancien que moi-même qui l'ai beaucoup connu, j'ai oublié son nom : à l'inventeur de la roue !

— De la roue ! s'exclama M. Hatchitt, qui sortait de terre, revenant de la cuisine.

— Oui, Monsieur, de la roue ! De la circonférence, du cercle, du disque, de tout ce qui s'arrondit autour d'un centre, de tout ce qui se meut à même distance d'un axe ! A l'inventeur de la roue ! à cet homme de génie qui, regardant les mondes rouler sur leur essieu dans les chemins de l'éther, arrondit un disque sur ce modèle sublime et posa sur l'axe le traîneau pesant de nos premiers aïeux !

« Les siècles ont passé sans que nulle autre conception géométrique ait osé se substituer à cette circonférence.

« Doit-on la roue et le char à Érichthonius d'Athènes, qui en eut besoin, étant d'une mauvaise santé et boiteux ? A Triptolème, qui les aurait construits pour ses tournées agricoles avec Cérès ? A Pallas ou à Neptune ? La reconnaissance des peuples s'est partagée entre ces noms; mais la Grèce ingénieuse a placé sa déesse Fortune sur cette roue, qui porte en effet la fortune du monde; sur qui repose toute puissance dynamique, toute locomotion, sur terre et sur les eaux!... »

A ce moment, un tumulte considérable obligea M. Penkenton à s'interrompre. Une lutte, vivement menée entre deux convives, captivait l'attention d'une partie de la salle et provoquait des paris. C'est au sein de la coupe d'amour qu'était née la discorde entre deux voisins dont l'un, plongé jusqu'aux épaules dans l'urne, semblait résolu à en épuiser la lie, tandis que l'autre paraissait décidé à l'en faire sortir. Deux stewarts d'inégale vigueur, ayant renforcé les combattants, les séparèrent, et l'auditoire revint à l'orateur, mais ne le trouva plus. M. Penkenton avait profité, pour s'asseoir, d'un tapage lui tenant lieu des applaudissements qu'il n'eût pas obtenus.

Lord Hotairwell se leva de nouveau :

« Mylords et Messieurs, dit-il, mon savant ami, M. le docteur Penkenton, ayant bu, en termes si éloquents, au feu central inventeur de la houille, le devoir me reste de proposer un toast à un inventeur plus fécond, plus ancien encore, à l'inventeur du feu central: Au Soleil! au Soleil, père de notre planète, de la nébuleuse enfuie de son sein tout en flammes, éteinte et refroidie dans les frimas de l'éther, et sur laquelle l'homme, survenant un jour, nu et pauvre, sans vêtements, sans asile, frissonna, saisi d'un grand froid. L'homme alluma des arbres, et à leur flamme il se réconforta ; il déterra la houille qui le réchauffa davantage ; et le pétrole, qu'il découvrit ensuite, lui parut meilleur encore. Aujourd'hui, c'est le feu central, la flamme solaire, la nébuleuse survivant aux entrailles du globe qu'il est parvenu à rallumer.

« Oui, pendant que les autres peuples, misérables, courbés sur le sol, s'attardaient à y glaner la houille, à mendier ce bois mort ; pendant que l'Amérique s'hébétait dans l'ivresse lourde du pétrole, la vieille Angleterre est descendue aux limbes géologiques, a levé la pierre tombale sous laquelle reposait l'âme terrestre endormie, et en est revenue, portant dans sa main le soleil pour flambeau...! (*Bravo! bravo! Hurrah for old England!*)

« Conquérante plus audacieuse que César et qu'Alexandre, qu'effrayèrent le Rubicon ou l'Indus, l'Angleterre a franchi le Styx, l'Achéron enflammé et le Phlégéton, son affluent ; guidée par ses ingénieurs plus sûrement qu'Énée ou Dante par Virgile, elle est entrée vivante aux séjours infernaux, aux pays mystérieux du Tartare et de l'Érèbe, où la science des anciens avait pressenti le royaume du feu.

« Mylords et Messieurs, la Compagnie du Feu central, qui a été l'instrument de cette merveilleuse entreprise, qui a parfait ce grand œuvre en dépit des résistances de la nature et des hommes ; en dépit des complots de certain peuple (Bravo ! bravo !), la Compagnie du Feu central, au nom de l'Angleterre, prend aujourd'hui possession de ces empires et couronne, du triple diadème de la déesse Hécate, le front de notre gracieuse souveraine, la Reine de la Grande-Bretagne, Impératrice des Indes, que nous saluons Reine des enfers ! Mylords et Messieurs, je bois à la Reine ! »

Et quand tout le monde se fut levé pour ce toast :

« Mylords et Messieurs, reprit l'orateur d'une voix vibrante ! *God save the Queen, Empress of India, Sovereing of the infernal regions!* »

A ces mots, l'enthousiasme ne connut plus de bornes, ou les dépassa toutes.. Les convives, dont la soif semblait le mieux étanchée, dont une goutte eût dû faire déborder le vase, reprirent courage pour ce glorieux toast. Les plus exaltés ou les plus constants dans leur équilibre, debout sur leurs sièges, hurlaient des hourras et redisaient en chœur les paroles nouvelles de l'hymne national : « *God save the Sovereing of the infernal regions!* » Car cette addition était définitive, et la nouvelle qui en fut apportée au Stock-Exchange, par des reporters agiles, avait fait une hausse de trois pence sur les actions de la Compagnie.

Mais ce tumulte s'apaisa soudain et tout entier, comme se tait un coassement de grenouilles ; un bruit plus fort que tous ces bruits leur imposa silence, une voix de basse profonde s'élevant du puits, énorme et stridente comme les éclats du tonnerre : la voix de l'abîme, la voix des enfers saluant eux-mêmes leur souveraine.

La salle vibrait à s'écrouler ; le sol tremblait sous la poussée de cette trombe souterraine ; l'auditoire écoutait, bouche béante ; et l'artiste de ce concert savourait son triomphe, à cheval sur le cylindre d'une machine soufflante, comme un cornac sur le dos de son éléphant. C'était M. l'ingénieur Hatchitt qui, au moyen d'intelligents raccords, dans le système des tuyaux du puits, l'avait agencé en grandes orgues alimentées de souffle et de son par tous les ventilateurs réunis.

L'intelligence des foules est vive, surtout celle des foules d'élite ; bientôt on eut compris, et alors l'admiration fut telle, les applaudissements éclatèrent si sonores que lord Hotairwell donna l'ordre d'ouvrir les fenêtres pour faire sortir le bruit, et que M. Hatchitt, saisi par mille mains, eût été mis en pièces pour être porté en triomphe, s'il n'eût grimpé en toute hâte au sommet de sa machine.

Revenus de leur surprise, les convives reprirent leurs libations et leurs toasts, pendant que les musiciens des Horse Guards, puisant de l'ardeur, à pleins trombones, dans le tonneau de gin qui leur servait de coupe d'amour, redisaient le chant patriotique.

Les saxhorns et les bugles lançaient des torrents d'arpèges, de leur panse gonflée d'aquilons ; les ophicléides rugissaient comme des fauves ; comme ces trombes du Mexique qui simulent la voix du lion au point que le voyageur effrayé s'arrête, le fusil à l'épaule, le doigt sur la détente, et ne voit venir à lui qu'un tourbillon de vent. Les petites flûtes et les fifres se tordaient sous l'aiguillon de leur chef, et sifflaient, plus furieux que la chevelure des Euménides, lorsqu'elles tressent, pour se faire belles, leur diadème de serpents. Les cymbales, tout à fait ivres, oubliant le rythme et perdant toute mesure, applaudissaient à se rompre, en choquant, comme des mains, leurs disques assourdissants ; et la grosse caisse frappait à coups de pied ses parois sonores, secondée par le chapeau chinois qui la fustigeait de ses grelots.

Tout lasse cependant, surtout l'enthousiasme ; et il vint un moment où les musiciens s'arrêtèrent sans souffle, les convives sans soif, où il ne resta plus, à l'horizon désert du hall, que la grande silhouette du docteur Samuel Penkenton, plus haute à mesure que la foule, en s'écoulant, l'isolait ; tel un rocher grandit sur la grève de toute la hauteur du flot retiré.

Dans cet homme rendu à lui-même, soustrait aux regards des autres hommes, une métamorphose venait de s'accomplir. Le mouvement, le sentiment, tous les symptômes de la pensée et de la vie s'étaient effacés sur son visage comme un fard, étaient tombés comme un masque. Cet homme de cinquante ans était un vieillard, un vieillard chargé de siècles, un cadavre en rupture de tombe ; et jamais M. le géologue Samuel Penkenton n'avait recueilli, dans ses fouilles, un plus fossile débris.

Sous quel fardeau de temps avait pu, à ce point, s'effondrer ce corps ? Quels remords avaient creusé de telles rides ? Vers quels souvenirs cette âme s'était-elle absentée si loin de sa demeure ? Samuel Penkenton demeurait là, immobile, atone, immense, appuyé sur son bâton énorme, comme une ruine s'étaye à un arbre ; pareil à ces pyramides de Memphis qui, du haut de leurs quarante siècles, regardent, sans le voir, notre âge éphémère qui s'agite à leur base et ne les distrait pas de leurs grands souvenirs.

DEUXIÈME PARTIE

CHAPITRE I.

UNE NOUVELLE ESPÈCE HUMAINE.

« La vie n'est qu'une des formes de l'activité de
« la matière parvenue au dernier terme de ses évolu-
« tions. C'est la matière qui, en évoluant, a donné
« la vie au singe Catharinien, et qui a greffé, sur
« cette branche aînée des singes de l'ancien monde,
« le rameau qui s'appelle l'Homme.

« Ces créations successives de l'activité de la
« matière sont attestées par les savants et par les
« singes, dont l'évolution se continue sous nos yeux.
« Car, si les singes cathariniens, plus agiles, sont
« arrivés les premiers, les orangs, les chimpanzés et
« autres les suivent, en instance vers le même but;

« et il faudrait être aveugle pour ne pas voir avec
« quelle activité, travaillant leur matière, ils la font
« progresser vers la forme humaine.

« Les yeux fixés sur l'homme, ils étudient ses
« mœurs, essaient ses gestes, imitent sa physionomie
« et prennent sa figure. Ils s'épilent pour cesser
« d'être velus, se rasent ou portent seulement des
« favoris. Ils aplatissent les poils de leur tête, les
« lissent ou les dressent en perruques et en toupets,
« et pétrissent leur crâne pour en redresser l'angle
« facial; sachant que la tête et la queue sont leurs
« points faibles et pourraient les faire refuser à l'exa-
« men. Nombre d'entre eux ont atteint notre taille
« et pris notre tournure. Leur torse a le même nombre
« de nœuds ; chez quelques-uns, la queue a disparu,
« ou s'il en reste, ils ennoblissent ce tronçon en en
« faisant une cinquième main.

« Études ardentes et patientes que l'homme, qu'ils
« font poser comme modèle, appelle naïvement gri-
« maces de singe !

« Qu'ils continuent ainsi, et le temps couronnera
« leurs efforts ; plus ou moins vite, suivant leurs apti-
« tudes. Quelques-uns, tels que les Cynocéphales
« d'Afrique, qui sont des nègres, et les Ouistitis,
« qui sont des nains, ne seront peut-être jamais
« des hommes distingués; mais en revanche, les
« Chimpanzés, les Orangs, les Gorilles touchent au
« but. Dans quatre ou cinq cents siècles, ces sur-

« numéraires de l'humanité recevront l'investiture ;
« ils seront des hommes détachés de la branche
« des Orangs ou des Mandrills qui, au XIXe siècle,
« étaient encore quadrumanes; et comme, en évoluant
« sans cesse, la matière progresse toujours, ils seront
« des hommes plus accomplis que nous. Ce n'est
« donc pas sans motifs que les professeurs de l'Uni-
« versité hindoue de Bénarès ont placé au premier
« rang de leurs espérances, celle de s'élever un jour
« jusqu'au singe.

« La matière, par son activité potentielle, a créé
« le singe; cette substance mise en route a créé
« l'homme; l'homme est pour le moment le terme
« supérieur de ces évolutions. Nos savants l'ont com-
« pris, et, saisissant d'une main ferme la direction
« générale de la nature, ils se sont mis à la faire
« évoluer, et à jongler avec ses molécules aussi
« prestement que nos astronomes avec les étoiles.

« Le chimiste qui, par le mélange du carbonate
« de potasse et de l'acide sulfurique, tue ces deux
« êtres et en crée deux autres, saura créer tout aussi
« bien du sang, des muscles, de l'acide cérébrique
« et de la cérébrine, c'est-à-dire de l'âme, de l'in-
« telligence, de la matière humaine. Oui, la chimie
« un jour combinera de toutes pièces des hommes
« semblables et supérieurs à nous ; l'espèce humaine
« obtenue dans ses laboratoires avec la science et la
« méthode que ne pouvait y mettre la nature, sera

« chimiquement plus pure, physiquement plus belle,
« mieux épurée du sang catharinien qui affecte en-
« core visiblement l'humanité actuelle.

« Ce ne seront là, pour la science, que des premiers
« pas ; la chimie s'élèvera plus haut.

« Écartant les éléments médiats qui obstruent ses
« alambics, elle puisera sa matière à la source pure ;
« elle captera l'atome ultimate dont les vibrations
« engendrent la forme des corps, l'atome irréductible
« entrevu par Épicure et contemplé par M. Graham, la
« fraction insécable au delà de laquelle le néant com-
« mence. Elle fera vibrer cet atome, anatomisera cette
« larve cosmique, passera au crible cette poussière
« puerpérale ; et le principe des choses, l'embryon
« des genèses, les fœtus d'étoiles et les planètes en
« herbe, mis à la question, avoueront leurs secrets !

« Magnifiques sommets ! cimes Sinaïques empour-
« prées d'éclairs, du haut desquels la science don-
« nera des lois à la nature !

« Et cependant la chimie s'élèvera plus haut encore.

« Dans un élan suprême, elle sautera l'ultimate
« et tombera dans le néant. Elle pénétrera le vide,
« saisira l'impalpable, disséquera l'insécable et se
« prendra corps à corps avec l'intangible. Elle dres-
« sera ses cornues et plantera sa bannière sur la
« terre mystérieuse qu'aucune création n'a maculée,
« où la matière incréée inexiste, sans nom, sans poids,
« sans volume ; où le présent, sans passé, est encore

« à venir : sur la terre vierge, mais entre toutes
« féconde, où les fleuves naissent sans source, les
« enfants sans pères, les générations sans aïeux ; où
« les effets n'ont point de cause, les conséquences
« point de prémisses ; où la quadrature du cercle se
« résout d'elle-même, par l'identité de l'angle et de
« la circonférence ; où le mouvement perpétuel s'épa-
« nouit dans son libre essor, sans force motrice, sans
« rouages, sans aucun de ces organes qui produisent
« le frottement et l'usure.

« Peut-être la chimie s'élèvera-t-elle plus encore.
« Mais je conseille aux chimistes de gravir lentement
« ces pentes, afin d'éviter l'essoufflement et le vertige
« et d'habituer leurs cerveaux à la surchauffe de leur
« génie. Qui pourrait mesurer les conséquences de
« la folie survenant dans des têtes d'une pareille
« puissance ! Je leur conseille de s'essayer à des
« créations plus médiates et plus modestes, mais
« utiles et facilement réalisables, aussitôt que le feu
« central aura été conquis.

« L'homme s'étant rendu maître de cette force
« motrice immense, devra construire des machines
« à sa mesure, des corps assez grands pour cette
« âme ; il devra créer une race d'animaux méca-
« niques assez forts pour nous servir, assez bêtes
« pour nous aimer ; une sorte d'humanité d'auto-
« mates doués d'une initiative sévèrement circons-
« crite, mus par des rouages cérébraux analogues à

« ceux des nègres Papous. Tout serviteur qui fran-
« chit cette limite a l'ambition de passer maître.

« Les autres organes de ces êtres recevront tous
« les perfectionnements que comporte l'état de la
« science. Je les entrevois, à peu près semblables à
« des plongeurs revêtus du scaphandre : leurs
« grosses têtes, aux circonvolutions de platine que
« l'électricité parcourt, ont la forme de casques et
« projettent, par leurs orbites de cuivre, des traits de
« lumière qui leur tracent le chemin ; leurs muscles
« sont d'acier, leur cœur d'airain ; leur ventre énorme
« est ballonné par les gaz qui s'amoncellent à haute
« pression dans leurs entrailles.

« Esclaves merveilleux, infatigables, fidèles, ser-
« viteurs dévoués, concitoyens modestes, Anglais de
« l'avenir ! Je vous salue et je vous baptise : ENGI-
« NEMEN, HOMMES-MACHINES[1] !

« Ce premier effort accompli, l'homme se reposera,
« déchargé du travail sur ses créatures, le proléta-
« riat étant supprimé, les problèmes sociaux étant

---

1. « Le nom de *Enginemen* paraît d'autant mieux convenir à la nouvelle race d'hommes qu'engendrera l'Angleterre, que *English-men* et *Enginemen* sont deux mots linguistiquement identiques. Le premier philologue venu le démontrerait. *Eng-land* signifiant Angleterre, *Eng-men* signifie Anglais, primitivement Hommes-forts. Mais les deux syllabes (*Eng-men*) étant sèches, on a lubrifié l'articulation par une syllabe euphonique, qui a produit *Eng (lish) men*. D'ailleurs, si la vigueur physique fut la qualité primordiale de la race, son aptitude aux arts mécaniques est devenue le caractère distinctif de la nation britannique. Substituer *Enginemen* à *English-*

« résolus par le bonheur et la richesse universels
« établis sur une échelle si large, que tout le monde
« tiendra sur le premier échelon ; richesse et bon-
« heur inépuisables comme leur source, le feu cen-
« tral, force soumise, servante très humble, esclave
« de nos caprices, Hébé de nos ivresses..... En-
« chanteresse de la vie ! sauvegarde contre la mort ;
« car la mort sera modifiée ou ajournée par le bien-
« être absolu, par l'hygiène idéale, par la suppression
« du travail et de la peine, de la sueur et des larmes ;
« par le bon entretien des routes de la vie, sans cahots
« qui brisent les ressorts, sans frottements qui usent
« les forces et qui, en biologie comme en méca-
« nique, sont les seuls obstacles à la perpétuité.

« Oui, un jour, dans cette civilisation merveilleuse
« que mon esprit contemple, mais dont mes yeux
« ne peuvent soutenir l'éclat, chaque pays, chaque
« peuple, ayant foré leur puits et fait alliance avec
« le feu central, recevront de lui leur richesse, leur
« bonheur et leur gouvernement. Aux rois et aux

men n'est donc point une déviation de langage ; c'est un épanouis-
sement de l'idiome, parallèle au progrès de la vocation originelle
des Anglais, qui sont d'excellents mécaniciens. Non seulement leur
génie se révèle, à ce point de vue, dans leurs œuvres ; mais encore, je le dis avec orgueil, dans leur tournure physique et intellectuelle, dans leurs attitudes, dans leur démarche chronométrique
comme un pendule, et jusque dans leurs gestes, qui ont la vigueur
et la raideur d'une bielle emmanchée à un piston. »

(Lord Hotairwell, *Traité de la génération des mots*. 10 vol. in-4°.
Librairie Watblod and sons, Londres.)

« sceptres, aux parlements et aux constitutions suc-
« céderont un robinet de vapeur et un manomètre.
« Ces simples appareils suffiront à l'humanité à venir,
« lui distribuant la force, la chaleur et la lumière,
« entretenant la vie de ses esclaves-machines, réglant
« ses saisons et ses climats; car la terre affranchie
« de sa servitude, s'éclairant et se chauffant elle-
« même, marchera devant la face du soleil, à la
« lueur de ses propres rayons.... »

Ces pages si admirables et si prophétiques, si brûlantes de chauvinisme terrestre et de patriotisme planétaire, ne pouvaient être écrites que par l'inventeur même du feu central, par Son Honneur lord Hotairwell. Elles sont extraites de son beau livre : *L'Homme avant la terre* (t. X, p. 307 et suiv.), dont on a déjà parlé[1].

A l'époque où nous sommes arrivés, les fondateurs de la Compagnie du Feu central avaient parfait leur œuvre; et depuis plusieurs années, la ville dont ils avaient posé la première pierre en même temps qu'ils donnaient le premier coup de pic au forage; la ville, qui était venue de confiance s'asseoir sur la margelle du puits géothermal, Industria, s'épanouissait dans une prospérité supérieure à toutes les espérances.

Non seulement le Feu central avait tenu parole

---

1. *L'Homme avant la Terre et la Terre avant la Genèse.* 40 beaux volumes in-4°, avec planches. Chez Watbled and sons, libraires, Londres.

et livré à ses actionnaires leur million quotidien de chevaux-vapeur, mais encore cette force et cette chaleur s'étaient inopinément accrues ; circonstance amenée sans doute par quelque lésion interne ouvrant au calorique un accès plus direct, augmentant la surface de chauffe, et qui au premier abord avait inquiété les ingénieurs, mais sans que rien vînt justifier leurs craintes. Le fonctionnement du puits, devenu plus intense, demeura régulier et ne donna qu'un surcroît de richesse qui permit de répartir, entre les actionnaires, un plus gros dividende de bien-être.

Pour le voyageur arrivant de l'est à travers les plaines froides et les végétations désolées de cette partie de l'Ulster, c'était un merveilleux spectacle lorsque le panorama d'Industria-City se déroulait à ses regards.

Une plaine immense parée de toutes les flores, limitée à l'entour par des collines plantées de bois et de vignobles qui enveloppent ce territoire d'un manteau de feuillages verts et de pampres. Au centre, une ville d'Orient débarquée en Irlande avec son ciel, son climat, ses palais en dentelles de pierre ; une ville de villas éparses, blanches, ombreuses, enchâssées comme des pâquerettes dans l'herbe ; ouverte à toutes les brises du ciel, à tous les parfums des champs. Au bout de la plaine, au delà de la ville, l'enceinte des collines s'ouvre pour donner accès à la mer où se reflète, grande comme nature, l'image de cette prospérité; à la mer aux flots bleus et doux, qui viennent, en secouant leurs crinières d'écume, présenter leur miroir à la Vénus de la rive.

Les approches du port d'Industria sont défendues par des poissons électriques, torpilles vivantes, immobiles, cachées dans le sable; que trahissent deux lueurs, deux yeux à demi éteints comme des lanternes sourdes; gardiens enchaînés au rivage par des fils qui transmettent leurs signaux. La puissance de ces poissons déjà si grande, capable de tuer des chevaux, comme l'a vu Humboldt, a été développée encore au moyen des bobines Rhumkorff qui les enveloppent. Ils ne pourraient faire sombrer un vaisseau, mais leur décharge sur les carènes en fer atteint l'équipage, le paralyse ou le tue.

Des navires fourmillent dans la rade; bateaux-voitures, chars d'Amphitrite perfectionnés, qui roulent à fleur d'eau sur leurs disques, et, comme les alcyons, ne trempent que le bout de leurs ailes dans les flots; qui traversent l'Atlantique en quatre-vingts minutes, sans plus se soucier des tempêtes qu'un char ne s'inquiète des cahots. Car, à proprement parler, il n'y a plus de navires et ce qu'on nommait navigation ne diffère plus d'un voyage sur terre.

De l'Irlande à l'Inde, d'un antipode à l'autre, les trajets se font sans changer de voiture, sans que le voyageur distingue s'il roule sur terre ou sur eau. Par un plan incliné, les wagons descendent à la rive, leurs roues s'emboîtent dans des tambours qui flottent comme des barques et tournent comme des roues ; une locomotive, portée sur ses aubes, se détache du bord et s'attelle au train qui prend le large et s'éloigne en sifflant. Si le temps est beau, les voyageurs montent sur l'impériale et savourent du regard un merveilleux skating ; s'il fait mauvais, on ferme les glaces, et le train express, déblayant les petites vagues, creusant des tunnels sous les grosses, poursuit sa course plus rapide que le vent, plus furieuse que la tempête[1].

Pour le transport des marchandises, à petite vitesse, on a conservé quelques errements des anciens systèmes ; toutefois, les bateaux ne vont plus sur l'eau, mais dessous, à 15 ou 20 mètres dans la zone tranquille qui commence sous la pellicule des vagues.

On se fera l'idée du type de ces navires en ima-

---

[1]. Quelques renseignements pratiques seront utiles aux lecteurs qui peuvent être appelés à prendre l'un de ces trains express. Sur les chemins de fer terrestres, les plus longs parcours s'étendent à quelques centaines de lieues ; les arrêts sont fréquents, les courbes multipliées, les rampes considérables. Cet ensemble de causes restreint la vitesse aux proportions puériles de 80 ou 100 kilomètres à l'heure.

C'est sur mer seulement que peuvent s'obtenir les vitesses sérieuses. La ligne droite y est presque infinie : pas de courbes, pas de pentes, la sphéricité du globe est partout de niveau ; pas d'arrêts nécessaires d'un continent à l'autre. Du port d'Industria à New-York, 4,000 kilomètres de ligne droite, de route plane. Quel magnifique champ de courses ! Quel rêve pour des locomotives ! Quelle proie pour nos affamées d'espace !

Or, il est de notoriété scientifique que la vitesse supprime la

ginant de gros cygnes à deux cous, ne laissant émerger que leurs encolures qui, comme les culées d'un pont, soutiennent au-dessus des flots la passerelle où se tiennent les passagers. Passeurs-géants ces Steamboats ! Saints-Christophes énormes marchant au fond de l'eau, en portant leurs voyageurs à bras tendus ! Monstres marins grands comme des îles, effrayants à voir émerger en vue du port. Lorsqu'ils plongent pour partir, on dirait un morceau de la côte qui s'effondre.

On le voit, la grande source de feu et de force, dans ses manifestations protéiques, s'épand au loin et au delà des mers aussi aisément que dans la plaine d'Industria-City, où l'air chaud et la vapeur, canalisés comme dans un drainage, chauffent le sol, excitent la sève, activent les décompositions organiques, imprègnent l'atmosphère d'une buée fécondante. Véritable serre chaude que cette campagne

pesanteur ; que la roue, le disque aussi bien que la planète, animés d'une vitesse de translation rapide, s'affranchissent de la gravitation jusqu'à perdre une grande partie, sinon la totalité de leur poids. C'est ainsi qu'une locomotive en marche pèse moins sur le rail qu'une locomotive au repos ; que, marchant plus vite, elle pèse moins encore, et qu'à l'extrême limite de la vitesse elle ne pèserait plus du tout.

La vitesse croissant, le poids diminue ; le poids diminuant, la vitesse croît, sans qu'on puisse lui assigner d'autre borne que l'insuffisance de l'espace. Les grandes distances sont indispensables et les 4,000 kilomètres qui séparent l'Irlande de l'Amérique sont à peine suffisants pour que les trains maritimes puissent se lancer à fond et s'arrêter à temps. Ils arriveraient plus vite s'ils allaient plus loin.

ainsi organisée ! Serre en plein air, sans autre abri que l'enceinte des collines, pourvue de thermosyphons assez puissants pour vaincre le ciel de l'Irlande et pour créer le climat des tropiques.

Après l'admiration causée par l'aspect du paysage et de sa flore, un étonnement nouveau s'empare du visiteur, à la vue des êtres qui cultivent ces champs, de ces ruraux d'espèce inconnue, triples métis d'hommes, d'animaux et de machines ; faune inclassée et inclassable, aussi étrange que les animaux les plus fantasques de la nature prédiluvienne.

Voici, dans un champ que l'on prépare pour la semaille, un bipède dont la poitrine énorme bruit et trépide comme une chaudière en pression. Pareillement à l'ange de l'Apocalypse, les jambes portant le buste sont deux colonnes qui marchent, ankylosées, pesantes, traînant attaché à leurs reins un soc de charrue si lourd, que tout le corps de cette bête transsude une buée huileuse et rance. Aucun être humain ne guide ce laboureur qui, de temps à autre, se dételle, s'approche d'une fontaine et y boit à longs traits. Ainsi réconforté, il reprend son travail.

Un autre ouvrier suit, dans le même sillon : long et plat, il ressemble à un crocodile qui, de sa mâchoire, se serait fait un râteau ; ses dents ratissent et hersent le sol, complètent l'œuvre de la charrue ; et quand il a passé, la terre est prête pour l'ensemencement.

Aussi la semeuse s'avance, lançant à pleine bouche, comme la nymphe d'une fontaine, des cascades de graines qui s'épanouissent à l'entour : Cérès, maigre et brune, fille de ferme plutôt que femme; Cérès en fer, forgée par Vulcain. Un second crocodile emboîte les pas de la semeuse et enfouit les graines avec son râteau.

Dans des champs voisins, où l'on procède à la récolte, l'activité n'est pas moindre. Des couleuvres, aux dents d'acier, ondulent, en sifflant, à travers les guérets et mordent au pied les épis qui se penchent et tombent dans les liens que leur tendent d'autres préposés à la moisson. Des faucheuses rasent une prairie, et voici des faneuses qu'on prendrait pour des folles, tant elles agitent leurs longs bras maigres, et lancent à de ridicules hauteurs le foin qui retombe et s'ébouriffe sur elles.

Ces bêtes ou ces gens emplissent la campagne de leurs activités aussi diverses que leurs formes, enveloppés comme des fantômes dans les nuages de vapeur qu'ils exsudent. On croirait voir un fourmillement d'insectes, de scarabées aux élytres de bronze, aux corselets luisants comme des cuirasses; mais d'insectes promus à la taille de pachydermes.

On a déjà reconnu la race pseudo-humaine conçue par lord Hotairwell et mise au monde par ses habiles ingénieurs : les *Enginemen*, ou plutôt les *Atmophytes*, car cette dernière appellation avait prévalu; les Atmophytes ruraux, grossiers paysans, aussi inférieurs à leurs collègues de la ville que le valet de ferme qui panse le cheval est inférieur au valet de chambre qui panse l'homme. Ces derniers seulement méritent le nom d'Atmophytes (hommes-vapeur), car on ne saurait appeler animaux ou machines des fac-simile d'hommes aussi ressemblants à leurs créateurs, doués d'une sorte d'âme et de rouages supérieurs à des membres ; hommes de fer et de cuivre, semblables à des scaphandres ou à des chevaliers dans leur armure ; corps en qui la vapeur s'est substituée au sang, dont l'électricité anime le mécanisme si affiné, si subtil, si imprégné de génie humain, qu'il s'immatérialise par la virtuosité de sa matière, et que ses gestes ressemblent moins à des produits de la force qu'à des manifestations de la vie.

Créatures assez parfaites pour inquiéter leurs créateurs, si quelque jour ces êtres étranges dépassant, par leur vitesse acquise, l'étroite frontière où l'intelligence confine à l'instinct, essayaient à leur tour d'escalader le ciel, d'étouffer sur leurs poitrines de bronze leurs maîtres éperdus, et de rendre à leur poussière natale, les idoles d'argile humaine qu'ils avaient prises pour des dieux !

CHAPITRE II

CONFORTABLE CITY.

C'est aux abords de la ville, au sein de l'active fourmilière des faubourgs, qu'il faut voir cette population d'automates, empressée aux travaux qui lui sont confiés : les facteurs express et les commissionnaires à vapeur ; les forts de la halle, à air comprimé, hercules en fer, à la marche pesante, portant sur leurs épaules des montagnes de fardeaux ; les fiacres à grande vitesse, retenus avec peine par leurs cochers mécaniques qui, pour se faire place, cinglent, à grands coups de fouets électriques, cette plèbe de métal, qui reçoit la décharge et s'écarte en hurlant ; les phonographes qui transmettent des ordres ou des nouvelles, qui lisent à haute voix les journaux dont leur panse est remplie ; les microphones à l'oreille fine, gavroches indiscrets et gouailleurs, qui redisent tout ce qu'ils entendent, crient les confidences qu'ils ont surprises, mugissent comme des taureaux à l'oreille des sourds, et ajoutent, au tumulte affairé de la rue populeuse, la surenchère de leurs ébats joyeux.

Ces innombrables serviteurs sont animés, pour leurs maîtres, d'un amour inconnu aux anciens domestiques, et se tueraient à leur service si la mort pouvait atteindre des corps aussi solides; ils vont, viennent, se croisent à toute vitesse, en tous sens, évitant, avec beaucoup d'adresse, les rencontres qui seraient terribles entre passants d'une telle vigueur; ils se préviennent et conversent entre eux par un coassement guttural dont la machine parlante, exposée à Paris, peut donner quelque idée. Ces ardents travailleurs ne s'arrêtent que sur l'ordre de leurs manomètres, pour aller boire aux fontaines publiques qui leur versent l'air comprimé, l'électricité ou la vapeur, c'est-à-dire la force et la vie !

Lorsqu'on a franchi les boulevards extérieurs, ce tumulte prolétaire fait tout à coup silence, cette population s'engloutit dans les rues souterraines qui lui sont destinées. Car la ville est bâtie, tout entière, sur cave; elle recouvre une crypte aussi vaste qu'elle-même, affectée au séjour et aux travaux des Atmophytes. C'est là que se trouvent les ateliers, les magasins, les laboratoires et les chantiers d'où sortent tout armés les navires et toutes bâties les maisons.

Sous cette voûte se croisent et s'enchevêtrent les réseaux des égouts et des canaux, les fils télégraphiques et téléphoniques. Là roulent, avec un bruit d'ouragan, les tramways suspendus à la voûte ; là se déroulent les tubes atmosphériques, serpents énormes qui avalent et vomissent sans relâche, longues couleuvrines qui se chargent, par la culasse, de voyageurs qu'elles lancent au but.

Rails, tubes, fils, engins sans nombre, auxquels est appendue cette civilisation, enroulés aux pieds de leur ville comme les racines qui élaborent, au pied de l'arbre, les fleurs épanouies à la cime ; ville aménagée comme ces demeures modernes bien comprises qui cachent dans le sol la cuisine, l'office, les servitudes, les serviteurs, et ne laissent voir que la face glorieuse du maître et la façade du château ; séjour du bonheur, du bonheur parfait sans déficit et sans pléthore, sans la satiété d'un ciel trop bleu, non plus que sans le regret du brouillard et de la pluie, puisque ses ingénieurs lui créeraient au besoin sa pluie et son brouillard.

Les maisons d'Industria, sans autres clôtures que leurs stores de plantes grimpantes, sans autre défense que la probité des maîtres (celle des Atmophytes étant hors de cause), sont assez distantes pour laisser entre elles une frontière de feuillage et assez voisines pour défier la solitude ; vie de famille et vie publique à la fois, vie salubre sous ce climat maintenu à 15° centigrades : température tiède de orangers et du mariage, propice à l'éclosion des sentiments durables qui s'évaporent, comme les liquides, lorsqu'on les porte à l'ébullition.

Le plus grand nombre des habitations est en moellons de verre translucide, rendus incassables par le procédé la Bastie et fournis à bas prix par les verreries d'Industria, où le sable de mer, le feu central et la main-d'œuvre des Atmophytes ne coûtent rien.

L'un des plus curieux spécimens de cette architecture est un édifice en cristal dépoli, terne et floconneux comme de la neige gelée, dont le premier étage repose sur un amoncellement de petits icebergs, et est coiffé, pour toiture, d'une calotte de glace surmontée d'un ours blanc.

Cette construction, qui exhale les brumes et les frimas du pôle, est le siège social de la Compagnie générale de la Débâcle universelle (Perpetual Crack General Company), dont les bureaux vont être transférés au pôle nord pour cause d'agrandissement.

L'importance de cette entreprise mérite sa présentation au lecteur.

Frappés des inconvénients de la diversité des saisons, qui asservit l'homme aux éléments et le fait évoluer comme une feuille dans une trombe, sans égards et sans transitions prophylactiques, les ingénieurs d'Industria, inspirés par lord Hotairwell, avaient entrepris d'y obvier[1]. On sait que, sur une partie du continent européen, les variations atmosphériques dépendent de la débâcles de banquises qui se détachent, de temps à autre, de la ceinture des glaces circompolaires. Lorsque l'hiver est rude au pôle, la glace plus épaisse se disloque moins aisément; la débâcle est plus lente, et, les pluies restant cristallisées dans leurs sources, le printemps est froid, l'été pluvieux.

La Compagnie générale de la Débâcle universelle s'était proposé, comme son nom l'indique, de produire elle-même des débâcles au pôle et ailleurs, de casser la glace partout où besoin serait, et d'en aménager la fonte et le cours au mieux de l'intérêt des contrées dont elle avait entrepris le climat. Son moyen d'action consistait à briser les glaces du pôle, à l'aide de torpilles énormes, immergées dans l'eau sous-jacente par des puits creusés dans ces glaces; la tempête interne résultant de l'explosion, les désagrégeait en blocs flottants qu'un courant marin amenait à Terre-Neuve, où leur fusion déterminait les effets météorologiques désirés.

---

1. *La Domestication des climats*, par lord Hotairwell. 10 volumes. Chez Watbled and sons, libraires à Londres.

Les bénéfices de l'entreprise consistaient :

1° Dans la redevance payée par les pays abonnés à la débâcle ;

2° Dans la vente de la glace, expédiée en vrac, par icebergs complets ;

3° Dans le droit de péage sur le passage du pôle, aussitôt que la Compagnie aura fini de casser la glace et rendu libre ce passage ;

4° (Pour mémoire.) Dans les ours blancs surpris par l'explosion des banquises, dérivés avec elles en Europe, et vendus pour l'acclimatation ou pour la fourrure.

Comme toutes les choses de ce monde, la *Universal and Perpetual Crack Company* avait eu à subir quelques déboires. Son dernier exercice s'était trouvé défavorable. Les administrateurs ayant par trop poussé à la débâcle et donné une fausse direction aux banquises, une avalanche d'icebergs avait croulé sur l'Angleterre. Le Groënland avait bloqué la Grande-Bretagne. Cette année-là, la mer du pôle fut libre, mais la Manche fut prise ; des populations périrent de saisissement et de froid. Seuls, les habitants d'Industria, blottis au coin de leur feu central, n'observèrent ni abaissement du thermomètre, ni variation dans l'état du ciel.

La Compagnie eut à payer des indemnités considérables. Mais ces accidents ne sont que des holocaustes nécessaires pour conjurer les caprices de la fortune ; et d'ailleurs, si important que soit cet élément principal de sa richesse, la Compagnie a d'autres sources de prospérité ; elle a en portefeuille beaucoup d'autres valeurs de même nature, et d'autres projets de même valeur : ce qui lui met de l'avenir sur la planche, et ce qui montre que l'architecture de l'hôtel de la *Universal and Perpetual Crack Company* est parfaitement appropriée aux entreprises qui s'y perpètrent ; que ce chaos surmonté d'un ours est bien son emblème et son enseigne si parlants, que les passants et surtout les actionnaires ne peuvent regarder ce siège social ni s'y asseoir, sans éprouver un frisson.

Il est d'ailleurs impossible de faire une description complète des merveilleuses entreprises nées autour du puits géothermal ; on entasserait des volumes à faire la nomenclature de ces exploits de l'industrie et de la science qui, au regard de l'étranger, semblent des prodiges, et qui, pour l'habitant d'Industria, ne sont que les manifestations vulgaires de son pouvoir sur tous les règnes de la nature : sur la flore redessinée, recoloriée, refaite par d'incomparables chimistes ; sur la faune remaniée par des croisements si hardis, par des greffes si étranges, que certaines de ces bêtes ne ressemblent plus aux animaux de la création. Adam ne les reconnaîtrait pas, et Noé les chasserait de l'arche.

Créations paradoxales d'animaux travestis dans le

but manifeste d'humilier et de contredire la nature : oiseaux à poils et serpents à plumes ; merles blancs rendus jaunes par une infusion de bile ; serins voués au bleu par une nourriture à base de poivre ; l'homme même, ou tout au moins la femme, prenant part à ces mascarades, se greffant sur la tête des coiffures de colibris vivants, autour du cou des anémones de mer ou des colliers Cléopâtre, en aspics ; ou encore, à l'imitation de la pieuvre, qui doit à son sang bleu sa blancheur, se bleuissant le sang pour se blanchir la peau, et risquant sa vie en substituant, au fer Bravais dialysé qui est la base du bon sang, le cuivre Pravais dialysé, dangereuse contrefaçon.

Hâtons-nous d'ajouter que ces excès sont l'exception, et que la science des éleveurs-chimistes s'applique d'ordinaire à des problèmes plus élevés : témoin la création magistrale de cette belle race des Horse-Dogs, chevaux-chiens, chiens de selle et chevaux d'arrêt, incomparables pour la promenade et pour la chasse.

Les habitations d'Industria, presque toutes en verre, sont généralement de formes et de couleurs plus avenantes que celle de l'*Universal Crack Company*. Le verre violet, reconnu comme extrêmement tonique, et aussi favorable à la végétation humaine qu'à celle des plantes, est employé pour les hôpitaux, qui sont d'ailleurs en petit nombre dans cette ville où la santé publique est excellente.

Les maisons de fous, beaucoup plus nombreuses, sont construites sur le modèle de celle du célèbre médecin qui traite l'aliénation mentale par l'homéopathie des couleurs, *l'homœochromopathie.*

Ces maisons sont en verres de teintes différentes, suivant les folies. Les fous furieux se trouvent généralement bien d'un séjour dans des vitrines en verre double, strictement incassable, d'un rouge éclatant. Les hypocondriaques retrouvent la gaîté dans des cabanons en verre noir dépoli. Les poètes exaltés se calment, enfermés dans des vitrines en verre bleu d'azur. Les intelligences tardives ou anémiques, les gâteux et les idiots se développent à miracle, placés au soleil, les yeux grand ouverts, sous des cloches à melon : méthode imitée de la nature, qui a fait l'œil en forme de globe ou de lentille afin que les rayons solaires s'y concentrent et activent la maturation du cerveau.

Peu de malades résistent à ces traitements ; quelques-uns cependant, quoique parfaitement guéris, quittent l'établissement, atteints de daltonisme, ayant perdu la notion des couleurs et même celle des idées.

Les habitations particulières les plus élégantes sont de style oriental, en verre-mousseline transparent ou opaque, suivant l'humeur de l'habitant. Lorsque le soleil imprègne de son spectre ces murailles translucides, irisées comme des bulles de savon, on les dirait faites de morceaux d'arc-en-ciel. C'est charmant le jour, mais les nuits sont féeriques dans cette ville illuminée par toutes ses maisons qui s'allument comme des lampes sous leur globe.

On dispose, pour l'éclairage, en outre des appareils électriques, d'un système supérieur à l'électricité, qui consiste à emmagasiner le soleil au moyen d'une substance nommée *Héliovore*. Tout rayon de soleil, qui se pose sur une surface enduite de glu héliovorace, se trouve pris comme un oiseau au piège ; et la ville entière, ses habitants, leurs vêtements de nuit et d'hiver sont de la sorte enduits de soleil et rendus éclatants et chauds. Lumière qui suppléerait toute autre s'il ne fallait compter avec les temps couverts en vue desquels les anciens appareils Gramme, les vieilles lampes-modérateur Jablokoff sont à tout hasard conservés.

L'éclairage de la campagne est obtenu, sans dépense, avec le concours des vers luisants du pays, dont une bonne sélection et des croisements habiles ont accru la taille, développé l'aptitude photogénique, et auxquels on a adjoint d'autres insectes lumineux importés des climats tropicaux. Des Élaters de l'Amérique du Sud, dont l'éclat si vif permet aux voyageurs de lire à leur lumière, jalonnent le soir les routes, cantonniers flamboyants allumés sur les berges ; et çà et là par millions, dans les champs, des Lampyres d'Italie, phares minuscules, émettent à intervalles rythmiques leurs feux intermittents;

des Pyrophores sécrètent leurs gouttelettes de graisse qui s'oxydent et étincellent ; des Lucioles, hissées comme des lampes au sommet des brins d'herbe, l'abdomen tendu et arrondi en globe d'opale, consellent la verdure et illuminent la feuillée.

On conçoit quels éléments de succès décisif trouvent des fêtes de nuit dans un tel approvisionnement de lumières de toutes les couleurs du prisme, et d'autres récemment inventées. Quel décor que ces champs inondés de feux, cette ville suant le soleil, ces rues parquetées de rayons, peuplées d'une foule étincelante, aux habits resplendissants ; où chaque passant est une lueur, un éclat, un scintillement, une flamme du feu de joie, un animalcule de la phosphorescence !

Aussi ces belles soirées se prolongent jusqu'au jour, jusqu'à l'épuisement des forces, jusqu'à ce que l'ophtalmie s'empare des yeux surmenés par tant d'éclat. Alors, saturé de plaisir et fuyant la chaleur, on rentre chez soi et on ouvre, au sommet de la toiture, des fontaines qui ensevelissent les maisons sous leurs cascades. Veut-on du sommeil et du silence ? Des stores, comme de grandes ailes, se déploient sur les demeures ; les maisons, tout à l'heure brillantes comme des phares, s'éteignent dans la pénombre ; et un spectateur, placé dans le ciel, prendrait ces lueurs sourdes tapies sous le feuillage pour une peuplade de vers luisants endormis.

Est-on triste? a-t-on besoin de bruit et de jour? On dissipe, aussi aisément qu'on l'avait faite, la nuit qui enfante les songes : on relève les stores; on ouvre sa fenêtre, et d'une maison à l'autre on se regarde vivre ; on se réconforte avec du bonheur emprunté aux voisins ; on vit ensemble en restant chez soi, séparés et réunis dans les cases à claire-voie de la même volière, prenant part, dans la mesure de son humeur, au même concert de ramages et de couleurs, de plumages et de chants.

CHAPITRE III.

PLUS DE BONHEUR ENCORE.

Les habitants d'Industria se trouvent si bien chez eux qu'ils n'en sortent guère, quoiqu'ils puissent y rester tout en en sortant. L'absence, ce mal des âmes tendres, a été supprimée. On est ubiquiste, en même temps chez soi et ailleurs : résultat obtenu en perfectionnant un moyen proposé jadis pour transmettre les télégrammes sans fil, sans autre conducteur que le milieu ambiant ; moyen abandonné, parce que les premiers télégrammes livrés à leur instinct s'égaraient, que l'électricité volage acceptait trop de conducteurs et se livrait à tous les électrodes; puis réétudié et amené à bien par les ingénieurs d'Industria qui sont parvenus à domestiquer le fluide, à lui créer des affinités, pour ne pas dire des affections, qui le rendent fidèle à un conducteur, à un pôle. Électricité animalisée et apprivoisée qu'il suffit de mettre une fois en contact avec son maître, de le lui faire sentir et toucher, pour que ce véritable chien courant magnétique s'attache à ses pas ou retrouve sa piste.

Le téléchromophotophonotétroscope, inventé dans le même temps, par les mêmes physiciens, supprimait l'absence d'une manière plus radicale encore. La téléchromophotophonotétroscopie est, comme on le sait, une succession presque synoptique d'épreuves photographiques instantanées, qui reproduisent électriquement la figure, la parole, le geste d'une personne absente avec une vérité qui équivaut à la présence, et qui constitue moins une image qu'une apparition, un dédoublement de la personne de l'absent.

Cet appareil, très simple, se compose d'un chromophotographe qui donne l'épreuve en couleur, d'un mégagraphe qui l'agrandit, d'un sténophonographe qui recueille et inscrit les paroles du sujet, aidé par un microphone qui les amplifie, et emmanché dans un téléphone qui se concerte avec un tétroscope pour propager l'image et le son. Les différentes portions de l'instrument totalisent leurs efforts et en versent le produit dans un récipient commun appelé Phénakistiscope, lorgnette acoustique au moyen de laquelle on voit et on entend. Il va de soi qu'en modifiant convenablement la marche du système, on peut à volonté faire comparaître l'absent ou lui apparaître soi-même.

La création des diverses parties de cet appareil remonte à plusieurs années, mais l'honneur revient aux savants d'Industria d'en avoir fait la synthèse et la soudure. On comprend tous les bienfaits d'un pareil instrument et toute l'activité qu'il imprimait aux relations. Plus d'isolement ni de solitude : de gré ou de force, on recevait à toute heure la visite spectrale d'un ami absent, de parents de province ou de voisins oisifs, venant familièrement passer une heure ou quelques jours chez vous. Aussi, quelle union de tous les habitants de ce pays, liés en une seule famille par des fils si serrés qu'on n'en pourrait couper un membre sans faire crier tout le corps, ni tirer un cheveu sans arracher la touffe !

L'invention qu'on vient de décrire s'appliquait aussi aux spectacles, où l'on n'allait pas, puisqu'on pouvait s'en procurer les charmes chez soi. Aussi les théâtres n'étaient-ils, en dépit de leur magnificence, que des boîtes à musique, des fabriques de drames dont la téléchromophotophonotétroscopie portait les produits à domicile; et dont le trop-plein, s'échappant par la coupole diaphonique, dont chaque salle est pourvue, s'épandait dans l'atmosphère et l'imprégnait d'harmonie.

La musique était encore mise à la portée de tous par un procédé qui n'est pas sans analogie avec celui de MM. Cailletet et Pictet, pour la solidification des gaz, et qui consiste à comprimer les vibrations sonores sans les éteindre, comme on presse un ressort sans le briser; et à les concentrer à ce point qu'une opérette peut tenir dans un litre, et une chanson à boire, dans un verre.

L'un des meilleurs plaisirs de la table était de déboucher à dessert, un brindisi, une polka, une valse, dont les notes, pétillantes comme du vin de Champagne, détonnaient à plein goulot. Quelquefois, de jeunes Atmophytes s'amusaient à faire boire les restes mêlés de ces bouteilles harmoniques à des phonographes et à des microphones qui s'en allaient, en état d'ivresse, baver par les rues ce concert discordant.

Si l'absence, comme on l'a vu, avait été conjurée, la distance matérielle n'avait pas été moins heureusement vaincue par les moyens de transport les plus perfectionnés. En outre des tramways et des tubes express, il convient de signaler les aéroscaphes, les barques aériennes qui attendent amarrées aux fenêtres, pareilles à des oiseaux attachés par le bec; construites en aluminium, ce métal sans poids, et mues par l'air comprimé dont 15 livres réduites au volume de 100 litres, par une pression de 200 atmosphères, suffisent à alimenter une course de six heures : navigation délicieuse quand, vers le soir, ouvrant sa fenêtre et sautant dans sa barque, on pousse au large dans l'azur, quand la brise asservie porte la nacelle et gonfle la voile d'effluves parfumés ! L'homme devient sylphe et vogue dans le rêve, atterrit sur un nuage, ou rase le sol terrestre à l'abri des ornières et des cahots.

Mais les routes de ce pays n'ont ni cahots ni ornières ; et les grands boulevards circulaires de cette ville pourraient, comme les fleuves, être appelés « des chemins qui marchent ». Ils marchent ; leurs chaussées se déroulent sur des cylindres mouvants installés dans la crypte, partageant en sections égales les quartiers inscrits entre leurs bords. On peut, sans faire un pas, faire à pied le tour de la ville, sur ces routes qui passent, tournent et reviennent, tranquilles et majestueuses. Ainsi tournent cette ville et cette civilisation autour de leur axe et de leur âme : le Feu central, dont le palais, centre de tous les cercles, point de mire de tous les secteurs, apparaît, de tous les côtés, à la place d'honneur qui lui est due.

L'édifice dédié au Feu central terrestre, au Dieu Force, θεᾷ δυνάμει, comme il est inscrit sur le fronton, est à la fois temple et hôtel de ville. L'ordre de son architecture est naturaliste ; quelque chose comme le Parthénon reconstruit, sur le plan d'un assommoir, par M. Zola, architecte.

L'une des inspirations les plus heureuses du constructeur a été de donner, à ce temple, la forme d'une locomotive gigantesque, longue de 900 pieds, large de 300, surmontée d'une coupole en cuivre formant son dôme de vapeur. Le corps de la chaudière, ou la nef, est en tôle d'acier rendue inoxydable par des recuites à la vapeur, qui conservent au métal tout son éclat. Aussi, lorsque le soleil éclaire ce cylindre aux flancs sanglés de cuivre, il est difficile d'en affronter la vue. Cette surface métallique devient un réflecteur qui rend au soleil coup pour coup ses rayons, et on ne saurait y fixer ses regards sans tomber en extase hypnotique; circonstance propre à imprégner la foule des sentiments d'attraction mystérieuse et de crainte qui firent la fortune des temples Sibyllins.

Qu'on ne conclue pas cependant qu'il s'accomplisse aucun mystère dans ce temple et dans ce culte de l'humanité nouvelle promue, par son génie, du rang de créature à celui de Créateur ; race de Prométhées vainqueurs, ayant surpris enfin le secret de la vie, ayant brisé ses chaînes, culbuté son rocher et repris ses entrailles au vautour pour aller s'asseoir au banquet des dieux.

L'intérieur du temple est pratiquement aménagé en vue de ses usages divers. Dans l'abside, au fond du sanctuaire, le Dieu ! le puits du Feu central, relié par de grosses tubulures au dôme dans lequel s'accumulent à grands flux les vagues montantes de l'air chaud.

Ce dôme dont l'hémisphère supérieur plane sur l'édifice comme un gros aérostat de cuivre, pénètre dans l'abside par toute l'autre moitié de sa sphère, qui s'y déploie comme une coupe. Une statue colossale sert de pied à cette coupe, la statue de la déesse Antrakia, la houille; fille du Feu central, née de ses œuvres aux premiers âges du monde, alors que sa chaleur, encore voisine de la surface, faisait croître et distillait les végétaux. Maintenant, la déesse Antrakia vaincue, enchaînée dans la pose des captifs de Michel-Ange, élève au-dessus de sa tête ses bras d'esclave noire, pour supporter cette sphère qu'enveloppent, comme des flammes, les torsades hérissées de sa chevelure.

Autour du Feu central sont groupés les emblèmes de sa puissance, les objets à son usage, les outils de ses travaux; tout ce que le fer, le cuivre, le bronze amollis par sa flamme et pétris par l'homme peuvent prêter de formes aux manifestations de la force : les gros tubes luisants où la vapeur respire, oppressée et rauque, les glissières et les bielles qui vont et reviennent comme des bras de menuisier; les soupapes et les sifflets d'alarme, les manomètres dont la tension fait frémir; les tuyaux qui rampent, s'enlacent et se lovent, serpents d'airain ayant pour têtes des robinets monstrueux; les pistons de pompe qui plongent dans des cylindres profonds comme des puits, et qui remontent déversant un fleuve; les condenseurs, pareils à de grandes orgues, où la vapeur bruyamment s'engouffre, puis murmure un chant triste, et peu à peu s'éteint. Apothéose de la chaudronnerie !

A la droite du Feu central, à la place d'honneur qu'offre à son collègue un dieu bienséant, se dresse la statue d'une déité mystérieuse, *Deæ ignotæ*, presque inconnue encore, tant elle se révèle avec des réticences, tant elle se dérobe aux mortels, non pas dans l'ombre, mais dans l'éclat aveuglant de ses rayons. J'ai nommé le dieu Électros, l'électricité, parent du Feu central, son égal, son supérieur peut-être ; dieu bienfaisant et terrible, qui tour à tour exauce humblement ses fidèles ou les foudroie sans égards ; âme de la matière, matière impalpable comme une âme, douée comme elle d'amour et de haine, d'attraction et de répulsion, au gré de ses deux pôles, de ses deux sexes qui haïssent leurs semblables et s'éprennent de leurs contraires.

Formée des métaux que cette divinité a choisis pour serviteurs, la statue d'Électros repose, isolée du sol, sur une roche de cristal ; assise devant un rouet, elle meut un disque de verre, et ses fuseaux dévident des fils électriques : on dirait la Parque Lachésis filant la vie des hommes. Mais ce rouet terrible engendre le tonnerre, et ces fils tout imprégnés de pensée humaine s'enroulent autour du globe terrestre, comme un réseau de nerfs sur un corps.

Aux pieds du dieu sont épars les souvenirs de son enfance, les emblèmes de ses œuvres : le zinc et le cuivre qui s'accouplent pour le faire naître et qui le nourrissent en s'entredévorant ; les piles et les bouteilles de Leyde, les statuettes et les médailles galvanoplastiques qu'Électros a appris aux hommes à ciseler.

Telles sont les dispositions de l'abside.

La nef est aménagée en salle législative : c'est là que se tient l'Assemblée, dans les jours solennels. Pour le courant de la vie parlementaire, les séances ont lieu dans une armoire où siègent deux cents bouches de téléphones, reliées à celles des deux cents députés qui de la sorte, sans sortir de chez eux, assistent aux séances et prennent part aux débats. Posé sur une table, au centre de ces appareils, un Phonographe-président avale les discours et rend les décrets.

Ces sortes de séance sont d'ordinaire paisibles ; parfois, cependant, des orages éclatent dans l'armoire qu'on prendrait alors, tant il s'y fait de tapage, pour un tambour rempli de tapins enragés. Ces jours-là, le peuple assemblé devant ce placard, friand, comme tous les peuples, de voir fonctionner ses rouages politiques, s'amuse à recueillir les miettes du bruit qui s'échappent par les fentes.

Au reste tous les citoyens, abonnés au réseau téléphonique, peuvent assister de loin aux séances, comme les députés ; ils peuvent aussi, dans les cas d'urgence, envahir téléphoniquement la salle, monter à la tribune, chasser le phonographe et renverser le pouvoir, sans déplacement, sans perte de temps, sans fatigue, et tout en vaquant à leurs occupations habituelles.

Le surplus de la forme du gouvernement d'Industria est pantopantarchique, ce qui signifie le règne de tous sur tous. Chaque citoyen en naissant trouve une couronne dans son berceau, et, arrivé en âge de manier un sceptre, exerce le pouvoir absolu, sans autre limite que l'absolu pouvoir de son voisin. L'autorité si nécessaire et la liberté plus précieuse se trouvent donc exactement pondérées.

Ce mode de gouvernement a été mal jugé par des personnes qui n'ont pas compris que, si une pareille forme de houlette ne pouvait suffire aux anciens rois, pasteurs de peuples pauvres, souffrants, enclins à la révolte, par contre, elle convenait à un peuple millionnaire et heureux, assez heureux et assez riche pour que le plus avide soit rassasié ; dans un état social arrivé à l'égalité vraie, à l'égalité obtenue sans abaisser les sommets et sans faucher les hautes tiges ; à l'égalité sur les cimes, par l'accession de toutes les tiges à la lumière, de toutes les têtes à la couronne, par l'élévation de tout un peuple sur un trône assez solide et assez large pour l'asseoir.

Quelle simplicité dans les rouages de cette société et de son gouvernement : pas de suffrage universel, pas d'élections, pas d'électeurs, tous élus ! Cependant, comme, de l'avis des sages, toute bonne règle a besoin d'être confirmée par des exceptions qui la violent, on n'a éprouvé aucun embarras à dire qu'Industria possède un Parlement, un conseil d'administration élu dans les conditions les meilleures, puisque c'est la nature plus impartiale que l'homme qui en fait l'élection, ou mieux la sélection.

L'intelligence d'un être étant, comme on sait, proportionnelle à sa masse encéphalique de même que son appétit correspond aux dimensions de son estomac, tout candidat à la législature, après avoir passé un premier examen devant le pléthysmographe du docteur Mosso, qui mesure l'intensité des afflux du sang à la tête, est soumis ensuite au cubage de sa boîte crânienne : les dépressions ou les reliefs, les moindres circonstances phrénologiques sont appréciés par un jury de fortes têtes, qui ne se trompe guère sur la quantité de labeur cérébral et de suc intellectuel que peut fournir le sujet.

Toute cervelle pesant moins de deux livres est exclue du maniement des affaires.

Ce n'est pas que l'on prise les intelligences exceptionnelles, les cerveaux monstrueux comme celui de Pascal, qui pesait 1,784 grammes, ou celui de Cuvier, le plus lourd connu, qui atteignait 1,829 grammes [1].

---

[1] On sait qu'au point de vue du développement de l'encéphale, l'homme, le serin et le rouge-gorge sont les mieux partagés ; la masse du cerveau proportionnelle au poids du corps étant, chez l'homme, dans le rapport de 1 à 35, et chez le serin, de 1 à 32. Cet animal, longtemps pris pour une bête, est donc, en réalité, mieux doué que l'homme.

On se garde, au contraire, de ces anomalies, rares d'ailleurs parmi ces hommes qui, sous l'influence du climat qu'ils ont créé, sont devenus des Orientaux plantureux et de santé superbe, mais d'esprit et d'angle facial assez obtus. L'âme n'a pas grossi, en eux, proportionnellement à l'abdomen.

Les législateurs éloignent donc des affaires les trop grands génies, par nécessité et aussi par raison ; connaissant l'inconvénient de réunir dans une assemblée des intelligences disparates dont les plus lumineuses cherchent à éteindre les autres ; ainsi qu'il arrive dans une salle éclairée, à la fois, par la lumière électrique, le gaz, les lampes-modérateur et les chandelles fumeuses. La lumière électrique opprime les petites lueurs, ce qui représente le despotisme, ou il se produit un brouillard général qui symbolise l'anarchie.

Rien de semblable dans ce parlement où tous les cerveaux pèsent et pensent comme un seul, étant exceptées la cervelle de lord Hotairwell évaluée à 3,800 grammes (près de 4 livres de plus que celle de Cuvier) et celle de M. le docteur Penkenton qui, par excès contraire, n'atteint pas le minimum d'admission. Ce vide dans une si grosse tête, joint à un ensemble de protubérances phrénologiques mieux assorties au crâne d'un loup qu'à celui d'un géologue, n'avait pas laissé d'interloquer le jury, ainsi que d'éveiller les railleries de M. William

Hatchitt, son président; et M. Penkenton n'avait pu être admis qu'avec une pesée de faveur.

A part ces deux exceptions, il n'y a pas 10 grammes de différence entre les appareils cérébraux des deux cents députés timbrés à la même pression, mesurant la même surface de chauffe, la même longueur de course, donnant dans le cylindre un égal nombre de coups de piston. Aussi les discussions sont-elles rares entre ces collègues siégeant tous à droite; tous conservateurs, non seulement parce qu'ils ont généralement dépassé la soixantaine, mais surtout parce qu'ils ont atteint les extrêmes limites du bien-être et du progrès.

Spectacle agréable et serein que celui de cette assemblée, de cette famille de deux cents frères échangeant entre eux des idées conciliantes, émettant sans passion des avis tout semblables; de ces crânes d'ivoire, d'une belle forme, semblant n'en faire qu'un, tant ils sont pareils, oscillant en signe d'assentiment et de bienveillance pour l'orateur qui exprime, à la tribune, son opinion qui est la leur.

Tel est l'état habituel de ces débats parlementaires; mais il y a des exceptions, comme on l'a dit, et la séance de ce jour, commencée depuis hier et dont rien encore ne présage la fin, marquera comme la page la plus longue et la plus émouvante des annales d'Industria.

CHAPITRE IV.

UNE SÉANCE ORAGEUSE.

Depuis quinze heures, lord Hotairwell préside non une assemblée, mais une tempête, sans que son calme et son impartialité aient un moment défailli. Comme un pilote à la barre, amarré au fauteuil présidentiel que les flots submergent, qu'entraînent les courants, que l'équipage affolé couvre de bave et d'écume ; dix fois jeté à la mer, mais s'élevant à la vague et souffletant l'orage à grands coups de gouvernail ; gouvernant toujours, même quand le navire sombre, et tenant sa route jusque sous les flots ; jaloux de mouiller l'épave sur la grève profonde où les matelots et les navires dorment, en attendant l'appareillage, à l'abri des vents, sous la voûte des eaux.

MM. James Archbold, William Hatchitt et Edward Burton cramponnés sur le banc ministériel, où déferle aussi la tempête, secondent de leur mieux le vaillant commodore. Le docteur Samuel Penkenton est absent par congé, ainsi que cela lui arrive souvent depuis que, contre toute vraisemblance et en dépit de ses aptitudes, il s'est lancé dans le commerce et improvisé armateur. Tout au moins a-t-il reçu, il y a peu de jours, deux navires chargés jusqu'au bord, qu'il a pilotés lui-même, avec mille précautions, dans le bassin d'eau douce; comme si leur cargaison était particulièrement fragile, ou que le mystère fût indispensable au succès de sa spéculation.

Donc un orage aussi violent qu'insolite sévit sur l'assemblée. Des partis dont on ne soupçonnait pas l'existence ont tout à coup surgi. Depuis quelques heures, ce corps parlementaire a une droite et une gauche, des centres droits, des centres gauches et des centres-centre, des groupes et des sous-groupes qui délibèrent, interpellent, fusionnent ou se fractionnent, s'étouffent dans un accès de colère, ou s'étreignent dans une furieuse alliance : hydre à deux cents têtes, poulpe affolé et emmêlé dans ses tentacules, qui lutte contre lui-même avec acharnement; mêlée d'opinions qui se choquent, se font des bosses et hurlent de douleur; fouillis de bras qui votent, de torses et de jambes qui se cabrent et qui ruent sous le fouet du président, lequel ne distinguant plus sa droite de sa gauche, ses amis de ses adversaires, cingle sans viser les coups de sa discipline.

Une accalmie s'étant faite par hasard ou par lassitude, lord Hotairwell se hâte d'en profiter.

— Messieurs, dit-il, pour la dixième fois je donne la parole au très honorable sir William Barnett, qui n'est pas encore parvenu à la prendre. La parole est à sir William Barnett.

Sir William Barnett. — Messieurs, je viens appeler la sollicitude des honorables gentlemen, qui siègent avec tant de lustre aux conseils de l'État, sur des faits de la plus haute gravité, sur des périls d'autant plus redoutables, que ces gentlemen s'en montrent insoucieux au point que vous pouvez les voir dormant, étendus de leur long, sur leur banc, dans la quiétude naïve, habituelle à tous les gouvernements. (Très-bien! très-bien!)

Des symptômes de révolte se sont produits parmi les Atmophytes. Ces machines ont proféré des grincements séditieux; ces esclaves ont insulté des citoyens; et plusieurs d'entre eux, sortant du sous-sol où notre constitution les confine, ont osé prendre l'air dans la rue. Ces excès sont le résultat du développement excessif que vous avez laissé prendre aux organes des Atmophytes, des perfectionnements inconsidérés par lesquels vous leur avez donné non seulement de l'instinct, mais de l'âme et de la pensée.

Oui, par un déplorable effort du génie de vos ingénieurs, vous avez élevé jusqu'à l'intelligence humaine ces organismes grossiers...... (murmures), dont les cerveaux ineptes et inaptes à tant de lumières ont été éblouis et affolés en se voyant devenir aussi intelligents et même plus intelligents que vous! (Vives dénégations sur un grand nombre de bancs). Ils ont rêvé alors de se substituer à vous et de vous détruire, ou peut-être de vous laisser vivre, pour faire de vous leurs Atmophytes (protestations et rires ironiques). Messieurs, s'il est parmi vous un hercule capable de dompter une hydre de la taille et de la force de deux millions de chevaux-vapeur, que celui-là se lève, et qu'il prenne sa massue! (Sensation prolongée.)

Quant à moi, je demande, pour ces criminels, des châtiments exemplaires; je demande la destruction immédiate de tout Atmophyte dont le rouage cérébral dépasserait en perfection la quantité utile à un bon domestique. (L'orateur, en descendant de la tribune, reçoit les félicitations d'un grand nombre de ses amis.)

M. LE PRÉSIDENT. — La parole est à l'honorable M. Greatboy, qui l'a demandée.

M. GREATBOY. — Messieurs, en prêtant une oreille attristée au discours que vous venez de subir, à ce réquisitoire envenimé contre le progrès et le bien-être des Atmophytes, je me demandais si, par une curieuse coïncidence, mon éminent contradicteur n'aurait pas perdu précisément la quantité d'intelligence qu'il reproche à ces pauvres gens d'avoir trouvée.

Un membre a droite. — Votre langage n'est pas parlementaire. (Cris : A l'ordre ! A l'ordre !)

M. le Président. — J'invite M. Greatboy à expliquer ses paroles.

M. Greatboy. — Par respect pour l'autorité de M. le Président, j'expliquerai ma pensée, bien qu'elle soit suffisamment claire ; et je dirai que l'intelligence de mon éminent ami me semble tombée au-dessous de celle de la brute. (Vives réclamations : la censure ! la censure !)

M. le Président. — L'orateur ayant expliqué ses paroles, ces réclamations sont sans objet.

M. Powell. — Mais en les expliquant, il les a aggravées !

M. le Président. — M. Powell, vous n'avez pas la parole, et le président croit connaître aussi bien que vous le règlement. Or, le règlement exige que l'orateur explique les paroles regrettables qui lui seraient échappées. M. Greatboy a expliqué les siennes, et je rappellerai à l'ordre les interrupteurs. L'incident est clos.

M. Powell. — Je demande la parole contre la clôture.

M. le Président. — La clôture de quoi ?

M. Powell. — La clôture de l'incident.

M. le Président. — Non, vous ne pouvez pas rentrer dans un incident que j'ai clos.

M. Powell. — Messieurs, l'interprétation que M. le Président.....

M. le Président. — Vous rentrez dans l'incident.....

Lord Kalhamborough. — En brisant la clôture. (On rit.)

M. le Président. — Je vous retire la parole. (Protestations au centre droit et au centre-centre. On interpelle le président... des cris discordants se font entendre, et le désordre s'apprête à monter au comble.)

M. le Président. — Si je connaissais les fauteurs de ces cris, je n'hésiterais pas à leur infliger un blâme. (Tous ! Tous ! nous tous !)

M. le Président. — Je rappelle toute la Chambre à l'ordre.

M. Powell. — Il n'y a plus de justice !

M. le Président. — Qui a dit cela ?

M. Powell. — Vous présidez avec une partialité dégoûtante.

M. le Président. — Qui a dit cela ? (Tous ! tous !)

M. le Président. — Je prie les personnes qui ont dit que je préside avec une partialité dégoûtante, de venir s'expliquer à la tribune. (L'Assemblée se lève pour monter à la tribune, M. Powell, arrivé le premier, prend la parole.)

M. Powell. — Messieurs, c'est uniquement mon profond respect pour l'autorité de M. le Président qui m'a conduit à la tribune, puisque je n'ai rien à dire.

M. le Président. — Alors, pourquoi êtes-vous monté à la tribune?

M. Powell. — Parce que vous m'y avez invité, comme tout le monde; mais puisque vous m'y obligez, je parlerai, malgré que je n'aie rien à dire, et quoique j'espérasse que le silence étant la dernière de nos libertés, vous nous le laisseriez. Je parlerai donc...

Plusieurs membres. — Non, ne parlez pas!

M. Tom Barnett. — Vous avez le droit de vous taire, maintenez votre droit.

Plusieurs membres. — Ne parlez pas, descendez de la tribune! (M. Powell quitte la tribune et reçoit les félicitations de ses amis.)

M. le Président. — L'orateur ayant refusé de s'expliquer, l'incident est clos, et je rends la parole à M. Greatboy pour la continuation de son discours.

M. Greatboy. — Je disais donc, Messieurs....

M. Stopman. — Vous ne disiez rien, et puisqu'on empêche de parler nos orateurs, vous ne direz rien.

M. Tom Barnett. — D'ailleurs, nous ne sommes plus en nombre.

M. Greatboy. — On est toujours en nombre pour parler, et je parlerai. (Non, non! — Si, si!)

(A ce moment, la droite descend dans l'hémicycle et se dirige vers la buvette.)

M. Greatboy. — Si, je parlerai, ne serait-ce que pour flétrir la sortie scandaleuse d'une partie de cette Chambre, manifestation factieuse que je dénonce aux sévérités du règlement et au jugement du pays.

(Tous les membres sortis rentrent et reprennent leurs places.)

M. Greatboy. — Oui, je qualifie de factieux.....

M. Tom Barnett. — Il n'y a pas de factieux, il n'y a que des gens qui sont allés à la buvette. (Murmures d'incrédulité et sourires.)

M. Greatboy. — Il est physiologiquement invraisemblable que vous ayez eu tous un même besoin dans le même moment. Le pays en sera juge! La vérité est que vous avez obéi à un mot d'ordre. (Non! non!)

M. Tom Barnett. — Nous sommes sortis parce que le président de notre groupe nous a offert de prendre quelque chose.

M. Greatboy. — Peu m'importe; je proteste, et je dis qu'un parlement où.....

Lord Kalhamborough. — Qui parle ment..... (On rit.)

M. le Président. — Ce calembourg n'est pas parlementaire.

Lord Kalhamborough. — Je ne prétends pas que l'orateur qui parle mente (on rit); au contraire, il dit des choses excellentes ; et je ne peux pas, quand on m'en parle, m'en taire. (On rit.)

M. Greatboy. — Je disais qu'un parlement où se fixeraient de pareilles mœurs, où chaque opinion prétexterait un besoin de sortir pour ne pas écouter l'opinion adverse, arriverait tôt ou tard à sa dissolution. Je l'ai dit, je le répète, et partant j'ai raison : de tels agissements sont inintelligibles pour le pays, factieux et indécents. (Réclamations. — Cris : A l'ordre! La droite se lève et se dirige de nouveau vers la buvette ; mais le Président, puissamment secondé par les secrétaires, assène de tels coups de sonnette sur les têtes de colonne débouchant dans l'hémicycle, qu'elles s'arrêtent indécises. M. Greatboy se hâte d'en profiter.)

M. Greatboy. — Je reprends, Messieurs, et je me résume..... L'honorable sir Tom Barnett demande le châtiment sévère des enfantillages de quelques Atmophytes. Moi, je vous dis : N'en faites rien ! Ne forcez point des ressorts déjà trop tendus ; n'enserrez point, dans des digues plus étroites, la vapeur qui mugit, le flot qui bouillonne ; car leur pression rendue indomptable renverserait, sur leurs geôliers, les murailles de leur prison. (Sensation prolongée.)

M. Greatboy. — Est-ce à dire, cependant, qu'il n'y ait rien à faire ? Qu'il n'y ait point de crise, et qu'à cette crise il n'y ait point de remède? Si, il y a une crise et il y a un remède qu'il faut se hâter d'appliquer ; mais avant tout : ne sévissez pas, pardonnez ! n'arrachez pas, guérissez ! Perfectionnez, instruisez, élevez à la dignité d'hommes ces Atmophytes, vos créatures, vos enfants ! Perdez des esclaves et gagnez des amis ! Je demande que le Gouvernement donne son avis.

(Ce discours est suivi d'une longue agitation. La séance est supendue de fait. MM. James Archbold, Edward Burton et William Hatchitt, seuls ministres présents à la séance, tiennent en toute hâte un conseil dans l'hémicycle, et décident de déléguer à la tribune M. William Hatchitt, que ses formes souples et insinuantes rendent plus apte à trouver le joint entre deux opinions et à pénétrer dans leurs interstices, sans les faire éclater. Après un quart d'heure d'interruption, la séance est reprise.)

M. LE PRÉSIDENT. — La parole est à M. William Hatchitt.

M. WILLIAM HATCHITT. — Messieurs, à l'honorable préopinant qui demande notre avis sur les avis successivement exprimés à cette tribune, il me suffira de répondre que le Gouvernement a recueilli précieusement ces avis, qu'il les partage et qu'il en fera les règles de sa conduite. (Très bien ! Très bien !) Le Gouvernement pense, avec l'honorable M. Barnett, que le maintien de l'ordre est l'intérêt primordial auquel tout autre doit être sacrifié ; dans une certaine mesure, bien entendu. Le Gouvernement est convaincu, comme l'honorable M. Barnett, qu'il convient d'opposer la force à la violence, et de réduire, par une répression sans pitié, une rébellion sans excuse. (Très bien ! très bien !) Mais il se joint à M. Greatboy, dans la ferme résolution de n'employer la force qu'unie à la douceur. (Très bien ! très bien !) Telles seront nos règles de conduite immuables, mais prêtes à s'infléchir au gré des conseils de nos amis qui siègent de ce côté de la chambre, et dans le sens des indications de nos adversaires siégeant de cet autre côté.

Car, Messieurs, si nous sommes le Gouvernement, vous êtes l'opposition ; si nous sommes la force, vous êtes la lumière; si nous sommes le pouvoir, vous en êtes un autre. Nous conduisons le char, nous sommes les cochers, mais c'est vous qui choisissez la route. Assis sur le siège, nous tenons les guides et nous agitons le fouet, mais du fond de la voiture, c'est vous qui conduisez. (Dénégations et murmures.)

Messieurs, lorsqu'il vous plaira de monter sur le siège, nous nous empresserons d'en descendre, pour vous remplacer dans la voiture ou préférablement pour aller à pied. Mais en attendant le jour que vous avez marqué pour nous décharger sur vous du fardeau du pouvoir (nouvelles dénégations), croyez que nous nous appliquerons, avec plus de zèle encore, non seulement à satisfaire vos demandes, mais à devancer l'éclosion de vos désirs, et à vous donner toutes les satisfactions qu'un gouvernement est heureux d'offrir à ses amis, parce qu'il les aime, et à ses adversaires, parce qu'il les craint.

(De vives réclamations se font entendre dans les rangs de l'opposition, et M. Greatboy, son chef, très ému et pâle, se dirige vers la tribune.)

M. LE PRÉSIDENT. — La parole est à M. Greatboy.

M. GREATBOY. — Messieurs, les protestations qui retentissent encore contre les paroles du Ministre, ont déjà payé à cet homme son salaire. (A l'ordre! à l'ordre!) Je ne m'attarderai donc point à prendre au sérieux ses demandes de conseils et ses offres d'alliance. Je me contenterai de lui poser deux questions auxquelles je ferai moi-même les réponses.

Vous venez, Monsieur le Ministre, de nous promettre des satisfactions. Votre promesse est-elle sincère?.... Non, dites-vous? Alors elle est méprisable!

M. WILLIAM HATCHITT. — Je n'ai rien dit.

M. LE PRÉSIDENT. — N'interrompez pas.

M. GREATBOY. — Je poursuis votre interrogatoire et je dis de nouveau : Votre promesse est-elle sincère?...... Oui, me répondez-vous cette fois. Oh alors, elle est redoutable, subversive, attentatoire à la constitution et aux fondements mêmes du régime parlementaire. (Très bien.) Vous n'en saviez rien, dites-vous?

M. WILLIAM HATCHITT. — Je ne dis rien.

M. GREATBOY. — Votre interruption n'a pas de

sens, puisque je vous ai prévenu que je poserais moi-même les questions et les réponses. Ainsi donc, vous dites, excuse enfantine, que vous ne saviez pas ! Ainsi sous votre règne, dans mon pays, l'instruction primaire en est venue à ce point d'ignorance supérieure, qu'il m'incombe de vous apprendre que la loi primordiale du régime parlementaire exclut toute transaction, toute trêve entre le pouvoir et l'opposition. Et vous, Ministre, violateur candide de ce dogme, vous venez nous offrir des alliances et nous promettre des satisfactions ! Ah ! en vérité, elle est aussi commode que perfide, cette politique de Calino-Machiavel, consistant à guérir la faim par la pléthore ; à tout donner pour empêcher de rien prendre ; à nous tenir la bouche pleine pour nous faire taire ; à nous lier les mains en nous serrant dans vos bras. (Très bien ! très bien !)

Non, Monsieur le Ministre : « Ne frappez pas une femme, même avec une fleur », a dit le poète Saadi ; n'enchaînez pas un peuple, même avec des bienfaits ! (Bravos, applaudissements.) A chacun sa tâche, et pas de mésalliance. Vous êtes Gouvernement ! Nous sommes l'opposition ! A nous de vous assaillir, de saper vos bases, de scier vos racines, de casser vos branches et de cueillir vos fruits !

Vous, Ministres, défendez-vous.

Si nous vous renversons, relevez-vous ; si nous vous chassons, revenez ; si nous brisons votre banc ministériel, asseyez-vous dessus avec plus d'énergie; et sachez que c'est seulement par l'observance de ces principes, que vous rendrez à peu près avouable votre profession de Gouvernement.

Je pense avoir fait le portrait du Gouvernement tel que tout le monde l'entend (oui! oui!); tel que lui seul ne parvient pas à le comprendre; ce qui prouve qu'il n'est pas fort! Or, c'est un Gouvernement fort que nous voulons, un Gouvernement qu'on brise sans qu'il s'émiette, qu'on jette à l'eau sans qu'il se noie, à terre sans qu'il se casse; que l'on sape, enfin, dans toutes ses bases, avec la patriotique certitude qu'il ne s'écroulera pas sous les coups! (Bravos! salve d'applaudissements.) Mais si, au premier mot, vous capitulez; si au moindre choc, vous demandez grâce, comment pourrions-nous vous saper? Si nous ne vous sapions pas, qui donc voudriez-vous que nous sapassions, et si nous ne sapions rien, que voudriez-vous que nous fissions! (Très bien! C'est cela.) Notre métier étant, Dieu merci, de n'être ni gouvernants, ni gouvernés, ni gouvernables.

Telle est la fin de non-recevoir que nous opposons aux offres du Ministre; et en vérité, cela peint la....

Lord Kalhamborough. — Oh! on ne parle pas ainsi....

M. Greatboy. — Je ne comprends pas le sens de cette interruption.

Lord Kalhamborough. — Vous avez dit : Ce lapin-là....

M. Greatboy. — Eh bien !

Lord Kalhamborough. — On ne dit pas ce lapin-là, en parlant d'un ministre.

M. le Président. — En effet, j'engage l'orateur à se servir d'une autre expression.

M. Greatboy. — J'ai dit que cela peint la....

Lord Kalhamborough. — Précisément.

M. Greatboy. — Je n'ai pas dit ce lapin-là. J'ai dit cela peint la... Mais si ces mots vous offusquent, je les retire.

Lord Kalhamborough. — Oui, retirez ce lapin.

M. Greatboy. — Dans le verbe peindre, je choisirai un autre temps.

Lord Kalhamborough. — C'est cela, choisissez un beau temps.

M. Greatboy. — Je dirai donc que ce qu'a peint le Ministre....

Lord Kalhamborough. — A l'ordre ! A l'ordre !

M. Greatboy. — Comment, à l'ordre ?

Lord Kalhamborough. — Vous avez dit Scapin le Ministre ; vous avez appelé le Ministre Scapin.

M. Greatboy. — Je n'ai pas dit Scapin le Ministre, j'ai dit que ce qu'a peint le.... Mais, je change encore une fois de tournure et je dis que, d'un mot, le Ministre sera peint.

Lord Kalhamborough. — Comment ! le Ministre,

ce rapin. Vous appelez le Ministre rapin. Retirez ce mot.

M. Greatboy. — Puisqu'il en est ainsi, je retire tout mon discours, et je descends de la tribune.

Lord Kalhamborough. — Oui, retirez-vous, en même temps que votre discours.

M. Greatboy. — D'ailleurs, j'ai accompli ma tâche, j'ai signifié nos volontés au Gouvernement.

M. Stopman. — Vos désirs.

M. Greatboy. — Non, nos volontés, car la majorité a le droit de vouloir, et nous sommes la majorité.

M. Stopman. — Mais, vous n'êtes que quatre sur deux cents.

M. Greatboy. — C'est possible, mais nous sommes la majorité dans le pays. (Réclamations.)

M. Greatboy. — Si les membres qui m'interrompent étaient plus forts en histoire, ils sauraient que dans tous les temps, dans tous les pays, aux seins les plus respectables des plus vieux Parlements, il a toujours été d'usage, pour la minorité dans la Chambre, de dire qu'elle était la majorité dans le pays ; d'ailleurs, c'est vrai. (Non ! non ! Si ! si !)

M. Greatboy. — Oui, c'est vrai ; parce que la minorité c'est l'opposition, et que l'opposition c'est la nature, tandis que le Gouvernement n'est qu'une fiction enfantée par les hommes, imparfaite comme ses créateurs, une création artificielle, le plus souvent difforme, une sorte de monstre! (Vives réclamations au banc des Ministres.)

Pour la quatrième fois, je me résume, et je reprends mon discours au point où je l'ai laissé, pour parler d'autre chose. Je résume notre programme et je demande, pour nos esclaves, le droit à la lumière du jour; je demande que leurs heures de travail soient réduites et qu'ils puissent, leur tâche accomplie, sortir pour prendre l'air et mêler un peu d'oxygène à l'acide carbonique qui, dans leurs ateliers, corrode leurs poumons. Et dans le but de hâter l'heure de justice où ils seront admis à siéger dans cette enceinte (vives protestations sur un grand nombre de bancs), je demande pour les Atmophytes des moyens de s'instruire. Je demande qu'il soit créé, pour les plus avancées d'entre ces machines, une école supérieure de mécanique appliquée, à laquelle nos éminents ingénieurs seront certainement fiers de prêter leur concours, afin que ces pauvres gens, apprenant à se connaître, apprennent aussi à se reproduire et à s'aimer. (Bravos.)

Au sujet de ces bruits de prétendue révolte, je serais heureux qu'on voulût bien me procurer quelques moments d'entretien avec l'insurrection; me chargeant de résoudre à l'instant toutes les difficultés qu'elle me fera l'honneur de me soumettre. (Rires approbatifs et applaudissements.)

A ce moment, M. Stopman, venant du dehors, monte au fauteuil et s'entretient avec le Président.

— Messieurs, dit lord Hotairwell, j'apprends d'une source qui est la bouche même de notre honorable collègue, M. Stopman, que la révolte des Atmophytes prend les plus graves proportions. (Rires sur plusieurs bancs.) Ils ont quitté en foule les ateliers et parcourent tumultueusement la ville.

M. Greatboy. — C'est une fausse nouvelle, destinée à influencer le vote. (Oui! oui! C'est cela.)

M. le Président. — Monsieur, je vous rappelle à l'ordre.

M. Greatboy. — Rappelez-y plutôt les Atmophytes. (Rires.)

M. le Président. — En présence de ces nouvelles graves....

Une voix. — Effrayantes.... (Rires.)

Une autre voix. — Épouvantables.... (Rires.)

M. Greatboy. — Grotesques.... (Rires.)

M. le Président. — En présence, dis-je, de ces nouvelles, je propose qu'une commission tirée au sort, émanation des différents groupes de l'Assemblée, se transporte immédiatement au sommet du dôme, d'où il sera facile d'apprécier, d'un coup d'œil, l'ensemble de la situation. (Tous! tous! Allons-y tous!)

La séance est interrompue, et l'Assemblée se dirige vers l'escalier du dôme.

CHAPITRE V.

UNE RÉVOLUTION MÉCANIQUE.

En peu d'instants, l'Assemblée arriva sur la terrasse, où un spectacle terrifiant et grandiose s'offrit à ses regards.

Pareils à des insectes géotrupes s'étirant de la poussière, dépouillant leurs larves et larguant leurs ailes, ce peuple de catachtones s'exhumait de ses limbes, s'évadait de sa geôle par toutes les issues de la crypto, par les soupiraux et par les bouches d'égout, par les lézardes et par les fissures, fourmillant, innombrable, terrible. Les Atmophytes en pleine révolte, et à leur suite les machines d'ordre inférieur, les moins intelligentes et les plus sédentaires, celles qu'aurait dû retenir leur poids ou la difficulté de leur marche, quittaient leurs ateliers, envahissant la ville.

A leur approche, suivant l'usage, les commerçants fermaient leurs volets pour se garer de l'émeute, mais laissaient leur porte entr'ouverte afin de la voir passer et d'en jouir.

Déjà les barricades obstruent plusieurs avenues, et les cochers mécaniques des fiacres à vapeur et des omnibus, déployant une intelligence humaine, versent leurs voitures en travers des rues. Derrière ces avant-postes, et hésitant encore à les franchir, s'agite une tourbe sans nom d'automates sans aveu, de machines émeutières et d'Atmophytes atteints d'atmomanie[1] furieuse, titubants, ivres d'électricité qu'ils ont bue sans mesure ; car la plupart de ces malheureux sont moins ardents à l'insurrection qu'à l'ivresse ; et les fontaines d'air chaud et de vapeur, ainsi que les réservoirs électriques, sont les premiers objets de leurs convoitises.

Des bandes sinistres assiègent en hurlant ces fontaines. Les premiers venus et les plus ivres, assis sur leurs soupapes, sourds à leurs manomètres, ouvrent leurs valves énormes et aspirent des torrents. D'autres, plus sensuels, assoiffés de liqueurs plus âcres, qui ont envahi les télégraphes, boivent dans les auges d'acide, s'y plongent et en sortent tout ruisselants d'étincelles. Ils essaient de manœuvrer les appareils et se mitraillent entre eux de décharges

---

1. Atmomane, fou de vapeur.

énormes : voluptés intenses qui les secouent, les cinglent, provoquent des rires cyniques achevés en hurlements.

Durant ces scènes odieuses aux étages supérieurs, d'autres insurgés, descendus à la cave, en remontent chargés de paniers de bouteilles de Leyde. Ils les brisent et boivent à plein goulot. Leurs cervelles en platine rougissent, la folie s'y déclare. Ce sont des fous en feu qui allument tout ce qu'ils touchent, qui propagent, inconscients, des incendies qui les font rire, où ils se précipitent et font explosion.

Il faut voir ces choses pour les croire ; et cependant ce spectacle a des acteurs plus hideux : les femmes, les furies, les bacchantes de l'émeute, ses comparses les plus féroces, les plus ardentes à se vautrer dans la coupe de l'orgie populaire. Elles se lèvent à l'aube de tous les jours sanglants de l'histoire, marchent au premier rang des révolutions violentes, et ne devaient pas manquer à celle-ci.

Voici des machines à coudre, tout à l'heure bonnes ouvrières, appliquées à leur tâche, qui, maintenant furieuses par contagion et sans cause, grincent de leur dent fine comme une langue de vipère. Leurs mâchoires d'aiguilles se meuvent à vide, avec une vitesse silencieuse et folle, pareilles à des personnes si troublées par la colère, que leurs lèvres obstruées de paroles s'agitent sans émettre aucun son. Et voici d'autres machines femelles plus grossières encore vomissant des propos monstrueux, des coassements obscènes et toutes les ordures que peut contenir la panse d'une balayeuse mécanique en état d'ivresse.

De tout cela il monte des bouffées indicibles de tapage immonde, brûlant, fétide; senteurs de cette foule, cliquetis de cette ferraille, suant la rage, le cambouis et l'huile. L'embrasement s'étend, tout s'allume et flambe au contact des incendiaires. A voir ces démons dans cette mer de flammes, on croirait que l'enfer a débordé, que le puits géothermal a rompu ses écluses, déchaîné ses chevaux-vapeur qui ont pris le mors aux dents, qui sont là écumant, hennissant, se cabrant, détachant des ruades à la face de leurs cochers.

La nuit, qui s'épand sur ces horribles scènes, ne semble pas devoir y mettre un terme ; tout au contraire, l'incendie s'accroît, la destruction se propage jusque dans le port, où les deux navires, si soigneusement remorqués par M. Penkenton, sombrent soudain et disparaissent comme si une main mystérieuse venait de forer leurs carènes.

Symptômes plus effrayants encore : on entrevoit à travers la pénombre, se ralliant dans les faubourgs, les émeutiers de réserve et les machines prudentes désireuses de ne s'insurger qu'à coup sûr. Et plus loin, au delà des murs, les Atmophytes de la campagne, tumultueux, en désordre, encombrant les routes et se hâtant vers la ville. Populations rurales, douces et laborieuses, à la bonne et large figure, à la physionomie béate : lions cachés sous des peaux de bœuf, qui, penchés sur la glèbe, scrutent l'horizon d'un regard oblique, et qui, lorsque les nuages s'amoncellent, lorsque l'orage éclate et dure, jettent leur froc aux orties, mettent au vent leur crinière ; bonnes gens qui ne sèment pas la révolte, mais qui, lorsqu'elle est mûre, donnent un coup de main à la moisson.

Déjà, les faucheuses mécaniques, avec un merveilleux instinct, ont fait de leurs lames des sabres et des piques. Les moissonneuses aiguisent leurs scies. Les faneuses, qui ont quitté le travail au premier signe des émissaires, courent en s'empêtrant dans leurs perruques de foin ; et les charrues les suivent, tenant le milieu de la route et traçant à coups de soc leur sillon dans cette tourbe.

La nuit devenue plus profonde rend ce spectacle plus fantastique. Tous ces monstres ont allumé leurs yeux, mais leurs corps noyés dans les ténèbres ne se décèlent que par la lueur des regards, qui se projettent et se croisent, comme des épées flamboyantes, aux mains d'invisibles combattants.

Autant d'aptitude à concevoir le mal, autant d'habileté à le commettre, pouvaient-elles être spontanées, même chez les Atmophytes les plus perfectionnés ? Fallait-il croire, avec M. William Barnett, que les ingénieurs avaient exagéré imprudemment la dose d'instinct de ces machines et inoculé, par mégarde, dans leurs cerveaux, un peu de virus humain ? Était-ce enfin parmi les Atmophytes que l'insurrection avait trouvé son organisateur et son chef ? Car, à n'en point douter, elle avait un chef. On l'entrevoyait, ce roi de l'émeute, çà et là, dans les grandes clairières que les flammes découpaient sur la nuit ; on le suivait à la trace des hurrahs populaires qui l'accueillaient de quartier en quartier, inspectant ses barricades, stimulant ses insurgés, semant sur sa route une traînée de feu plus dévorant, d'ivresses plus furibondes.

Lord Hotairwell, accoudé sur l'appui de la terrasse, regardait son œuvre se détruire, silencieux, écrasé par son impuissance à réprimer ses créatures. Qu'opposer à de pareils assaillants ? Ni la persuasion ni la force. On ne raisonne pas avec une locomotive emportée ; on n'emploie point la force contre un boulet de canon.

Comme je le regardais, atterré moi aussi, sans rien dire, mais cherchant à pénétrer sa pensée :

— Monsieur Burton, dit-il, l'œuvre qui s'accomplit dépasse la portée des plus intelligents de nos Atmophytes : ils en sont les instruments parfaits, mais une main et une pensée humaine les dirigent. Cette main.....

Lord Hotairwell ne put achever. Une clameur plus intense, des cris de joie, signal d'une attaque plus féroce, décisive, enveloppèrent le temple comme une trombe, du sein de laquelle un monstre énorme s'avança, conduit, poussé, charroyé en triomphe.

C'était le dieu de cette apothéose : une sorte d'éléphant armé d'une massue emmanchée dans sa trompe, quelque chose comme une enclume vivante, brandissant elle-même son marteau. C'était un marteau-pilon du poids de 200,000 kilogrammes, qu'avec une force et une adresse prodigieuses, les insurgés avaient tiré de la crypte et qu'ils dressaient en batterie devant la porte.

Dans le même temps, s'étant rendus maîtres de tout le réseau des fils et des tubes, qui se centralise à l'Hôtel de ville, ils avaient emmêlé ces tubes dans ces fils au point de rendre les transmissions inintelligibles et dangereuses ; ils envoyaient par ces conducteurs des décharges électriques, éclairs énormes, imprégnant les parois de l'édifice qu'on ne pouvait plus toucher sans ressentir un choc. L'atmosphère de la salle en était saturée ; une poignée de main amenait un échange d'étincelles entre ces corps électrisés, secoués comme des grenouilles sous l'arc voltaïque ; moins semblables à des hommes qu'à des trembleurs électriques, à des automates, à des Atmophytes sans autorité sur leurs membres, inhabiles à garder la dignité d'attitude nécessaire en un pareil moment.

Tous les appareils de transmission, ainsi transformés en agents malfaisants et en outils de révolte, vomissaient, suivant leurs aptitudes, des grêles de projectiles ou des torrents d'injures que les microphones prenaient le soin de grossir, que les phonographes enregistraient et répétaient avec un entêtement de machine, mêlant leurs voix criardes aux coups de tonnerre du marteau-pilon. Téléphones devenus cacophones et phonographes cacographes; confusion des langues embrouillées en écheveaux de fils de fer; tubes atmosphériques transformés en pièces de canon dans lesquelles ces barbares, chargeant des citoyens paisibles, les lançaient avec une telle violence que, partis boulets, ils arrivaient mitraille, mitraille de lambeaux humains.

C'est ainsi que nous eûmes l'incomparable douleur de voir revenir les restes défigurés de M. l'ingénieur William Hatchitt qui, avec son obligeance et son dévouement habituels, et se fiant à sa grande habitude des voyages sous terre, avait poussé une reconnaissance dans un tube, afin de se rendre mieux compte de la révolte et d'essayer, en la prenant en queue, de la tenir en respect.

La dernière heure d'Industria avait sonné. Les portes du temple cédaient sous les coups redoublés du marteau. Par les entrebâillements passaient des regards féroces, des haleines sifflantes, des griffes s'attachant aux fissures pour les élargir; des scies et des faulx s'essayant, avec l'adresse de leur profession, à trancher des hommes comme des épis.

L'Assemblée avait repris séance, et, redevenue calme devant le danger suprême, ne pensait plus qu'à bien mourir; lorsque M. l'ingénieur Archbold, après avoir consulté sa montre et sollicité l'autorisation du président, se dirigea d'un bon pas vers l'abside.

Aussitôt arrivé, il ferma le robinet qui distribue aux Atmophytes de la ville et de la campagne la force motrice sortant du puits.

Un tonnerre d'applaudissements salua l'exécution d'une idée si simple qui coupait les vivres et la vie même aux insurgés, qui assurait une victoire éclatante, une répression décisive; et une seconde salve de bravos accueillit M. James Archbold, lorsqu'il revint à sa place, ayant sauvé Industria avec cette faible dépense de bon sens..... ou du moins qui l'eût sauvée en se hâtant davantage, mais, à cette heure extrême, l'œuvre de l'insurrection n'allait-elle pas s'achever en vertu de l'impulsion acquise, et avant que la force motrice tarie dans les canaux eût cessé d'alimenter les Atmophytes ?

Chaque effort du marteau-pilon repoussait dans les portes une bosselure plus saillante. Les assaillants encouragés redoublaient leurs pesées, escaladaient les murs, couronnaient l'édifice écrasé sous cette foule : arbre plié sous le poids de ses fruits.

A l'intérieur, on ne craignait plus la mort, on la souhaitait, on l'eût appelée si, au milieu d'un pareil tumulte, il y eût eu chance qu'elle entendît. Lord Hotairwell, au fauteuil, se tenait debout et couvert pour recevoir l'émeute, et M. Archbold suivait attentivement sur son chronomètre les sauts de puce de l'aiguille à seconde.

Tout à coup, sous l'effort d'une poussée plus formidable, les portes cédèrent et s'abattirent, ouvrant aux regards des assiégés l'indescriptible spectacle du champ de bataille et de ses combattants, soldatesque effrénée de machines furieuses et de ferraille féroce aux mains de laquelle allaient tomber enfin ses maîtres désarmés.....

Mais, contre toute attente, ce ne fut pas un cri de triomphe qui s'éleva du sein de cette foule, ce fut un râle d'agonie. Les clameurs, les jurons et les menaces restèrent figés dans les gorges, ou moururent comme des plaintes sur les lèvres de platine; et le marteau-pilon, le poing levé, demeura dans cette attitude.

La paralysie frappait les Atmophytes à mesure qu'épuisés de forces et courant aux fontaines, ils les trouvaient taries. Stupéfaits de passer de la pléthore à la disette, du paroxysme de la force à l'adynamie foudroyante, ils chancelaient, luttant pour vivre. Mais les yeux s'éteignaient dans les orbites, les membres tombaient le long des corps, qui s'écroulaient comme des armures vides. De proche en proche, par contagion rapide, du seuil du temple, aux extrêmes faubourgs, à mesure que tarissaient les sources, il se découpait des trouées dans cette foule, comme dans une moisson çà et là commencée.

Industria était sauvée.

Les quatre cents mains des deux cents membres de son Corps législatif s'étreignirent dans une cordiale poignée, et se tendirent vers celles de M. Archbold, occupées à replacer sa montre dans son gousset.

— Messieurs, dit l'ingénieur en chef à ses collègues qui l'entouraient, nos esclaves laissent à désirer, mais nos autres machines sont excellentes. J'avais calculé que l'insurrection cesserait 12 secondes après la fermeture de la conduite qui distribue l'air comprimé aux fontaines, où se ravitaillaient les premiers rangs des insurgés. Cette conduite, de $0^m,50$ de diamètre et de 2,000 mètres de longueur, contenait alors 310 mètres cubes d'air comprimé, dont la détente pouvait fournir 6,510,000 kilogrammètres et devait être achevée au bout de 12 secondes, y compris le retard de 4 p. 100 causé dans le débit par les coudes; et mon chronomètre m'a montré que $11^1/_4$ secondes ont suffi pour couper court à l'émeute. Mais en outre, admirez, Messieurs, avec quelle justesse a frappé le marteau-pilon. Il a ouvert dans les plaques, en tôle d'acier de 3 pouces, qui formaient les vantaux des portes, une brèche que je viens de mesurer et qui est de 750 décimètres carrés, exigeant un travail de 110,000 kilogrammètres par décimètre ; soit, 82,500,000 kilogrammètres pour la totalité de la brèche. Or, la conduite fournissant, à la vitesse de 400 mètres par seconde, un travail de 11,625,000 kilogrammètres, la confection de cette brèche n'aurait demandé que 7 secondes ; mais en réalité, elle a duré $9^3/_4$ secondes, ainsi que je l'ai observé. La différence est due aux résistances passives du mécanisme qui, pour ce travail exceptionnel, ont excédé la proportion ordinaire de 25 p. 100; sans que d'ailleurs il y ait lieu de tenir compte des coups de pied sans valeur et des coups de poing négligeables, appliqués par les Atmophytes contre les portes.

Il est donc évident, Messieurs, que l'air comprimé a agi, montre en main, en se conformant à mes calculs, et que s'il s'était trompé de deux secondes, les gonds des portes volaient en éclats et les insurgés envahissaient cette enceinte. Oui, conclut l'ingénieur, le caractère des Atmophytes a besoin d'être retouché, mais nos autres appareils sont excellents!

Et M. Archbold, dans un accès de satisfaction extrême, s'oublia jusqu'à se frotter les mains, sans tenir compte de la dépense de force et de l'usure qui résulteraient de ce frottement.

CHAPITRE VI.

ET ALORS LA CLEF DE L'ABÎME LEUR FUT DONNÉE...

(L'Apocalypse de saint Jean, chap. IX.)

— Messieurs, dit lord Hotairwell, après avoir agité sa sonnette présidentielle pour rétablir le silence, nous venons de remporter une grande victoire : victoire douloureuse! douloureuse victoire, trop chèrement achetée par la fin tragique de M. l'ingénieur Hatchitt, notre éminent collègue, notre ami, l'homme de science et de dévouement dont la vie ne pouvait trouver une fin plus digne que sa mort. (Assentiment général.)

Mais du moins William Hatchitt a été vengé, car les Atmophytes eux aussi ont péri, comme doit périr la créature qui méconnaît son créateur! Messieurs, si personne ne demande la parole, je lèverai en signe de deuil cette pénible séance.

— Je demande la parole, cria de l'abside une voix creuse comme le puits d'où elle semblait sortir.

— Vous avez la parole, dit lord Hotairwell surpris.

— Mylord et Messieurs, commença la voix....

— A la tribune, à la tribune ! s'écria-t-on dans l'Assemblée.

— Non ! riposta l'orateur, je parlerai d'où je suis.

Obéissante comme un enfant pris de peur, l'Assemblée se tourna vers l'abside.

— Messieurs, reprit-il, à cette heure tardive, je ne viens pas faire un discours, je ne veux qu'ajouter mon applaudissement personnel à ces paroles de M. le Président : « Périsse la créature qui méconnaît son créateur » ! Et les Atmophytes ont péri : c'était justice. Mais vous aussi, Messieurs, vous allez périr, et ce sera justice, parce que vous avez méconnu votre créateur, parce que vous vous êtes faits créateurs et dieux. Et c'est moi que le Seigneur a daigné choisir pour être l'exécuteur de ses hautes œuvres et votre bourreau.

Disant ces paroles l'orateur mystérieux s'était dressé comme un spectre, profilant sur le mur de l'abside sa silhouette énorme, indécise.

On conçoit dans quel état de débilité physique et de dépression morale se trouvait cette assemblée, siégeant depuis deux jours, courbée par les émotions diverses, comme un champ sur lequel les douze enfants d'Éole ont versé tour à tour leurs outres d'aquilons.

L'apparition de ce funeste orateur fulminant comme un dieu, dans la nuit de son sanctuaire, avait mis le comble à cet énervement, et plus d'un dans l'auditoire, parmi ces hommes de croyance positive, inclinait à voir quelque chose de surnaturel et de diabolique. Qui sait, se demandaient-ils, si la Compagnie du Feu central n'avait pas été téméraire en ne tenant nul compte des rois et des royaumes infernaux, dont tous les anciens ont affirmé l'existence ? Qui sait si la fracture advenue naguère dans le puits et considérée comme fortuite, n'était pas le fait d'un de ces rois souterrains troublé dans son empire ?

Ce pouvait être Osiris, le grand juge, le roi jaloux de l'Amenthès, qui en parcourt sans relâche les 75 zones, pendant que veillent au centre ses 42 assesseurs ; Osiris, incarnation du feu, Feu central lui-même, furieux de l'invasion de ses zones, et venant protester contre les violateurs. Ce pouvait être Héla, fille de Loki, dont le sein allaite onze fleuves de serpents ; ou Yama, le roi implacable, qui gouverne la Tamissa et la Borava, pays des ténèbres et des larmes ; le Pontimrithica, séjour infect ; l'Asipahanava, forêt d'épées ; le Redjicha, poêle à frire les méchants.

D'autres, en raison de la grande taille du fantôme, estimaient qu'ils avaient affaire au géant Kaïfi, roi du Zazzarragouan, métallurgiste féroce, Pluton mâtiné de Vulcain, qui forge dans sa fournaise les âmes des Mariannais, dont l'affinage lui est confié; et d'autres songeaient à Zagara réduit en cendres pour avoir, en pénétrant aux entrailles de la terre, offensé sa divinité.

— Qui êtes-vous? Qui êtes-vous? criait-on de toute part.

L'orateur sortit alors de la pénombre, menaçant et brandissant une massue énorme, toute prête à devenir l'instrument des vengeances divines.

— Qui je suis? dit-il. Vous allez le savoir, car l'heure est propice et les temps sont venus.

Samuel Penkenton, car c'était lui, s'avança sur le seuil de l'abside, dans la pleine lumière de la statue d'Électros : et là, indifférent au silence comme aux murmures, il demeura immobile, le bras tendu, les yeux fixés sur un objet visible pour lui seul. Son visage courroucé, maintenant tout baigné de larmes, s'asserénait à mesure que ses regards perçaient mieux l'ombre, comme s'il entrevoyait dans le lointain de son extase, tout au bout d'une longue avenue de siècles, un spectacle enchanteur qui, contrairement à la perspective, devenait plus distinct en s'éloignant des premiers plans.

— Qui je suis? reprit-il.

Et montrant du doigt la vision fascinatrice :

— Là-bas, là-bas! sur cette pente orientale qui

fait face à la Genèse et aux premières aurores, dans la plaine de Chaldée, que le fleuve aux quatre sources arrose, j'ai vécu jeune, innocent, heureux, au milieu d'un peuple formé de mes frères et de mes sœurs, sous le sceptre de mon père qui était roi....

Puis, j'ai vu, dans un jour funeste, j'ai vu mon père s'approcher d'un arbre dont les branches étaient des serpents qui s'éveillèrent et lui tendirent leurs fruits. Et ces fruits, c'étaient la mort, la haine, la rivalité des races, la dispersion des peuples, la confusion des langues....

Et après un peu de temps, ces fruits avaient porté leurs fruits.... Et dans le pays de Sennaar où devait s'élever Babylone, les tribus, filles des fils de Noé, ne pouvant plus s'entendre, allaient se séparer.... Et prêtes à se dire un éternel adieu, elles construisaient une tour si haute que ceux qui en ont vu les ruines, ont cru que des Titans l'avaient faite avec des montagnes entassées....

Et sur les ruines de cette tour, j'ai vu s'élever le temple énorme de Bélus, et sur les ruines de Bélus, le palais de Nimroud plus gigantesque. Et ainsi la terre s'est peuplée de colosses.

Et durant ma longue vie, j'ai visité tous ces colosses.

J'ai vu, au pays d'Anahuac, que vous appelez Mexique, la pyramide de Cholula plus haute que celle de Chéops, bâtie sur les plans de Babel, ainsi que l'attestent les Toltèques, prédécesseurs lointains des Chichimèques et des Astèques. Et, non loin de cette pyramide, j'ai vu des temples offerts au soleil et à la lune, j'ai vu des montagnes taillées en forme d'animaux gigantesques, par des peuples sculpteurs qui n'ont pas dit leur nom.

J'ai vu, en Chine, le temple des mille Lamas peuplé de fauves en pierre, que surveillent d'autres monstres nés du même granit, adorateurs féroces, qui font trembler leur dieu.

J'ai vu, en Égypte, la statue de Ramsès, faite d'un bloc de deux millions de livres; et j'ai traîné ce bloc depuis Syène jusqu'à Thèbes, attelé avec trois mille Hébreux mes frères, brisant mes reins, ensanglantant mes épaules, sanglé comme une bête dans mes rudes harnais en tresses d'aloès.

J'ai vu enfin, après cinq mille ans, Babel renaître de ses cendres et un peuple audacieux construire, dans un abîme, une tour si haute qu'elle dépasse la première Babel de plusieurs milliers de coudées.

Et du sein de cette tour profonde, j'ai vu s'élever un grand feu avec des fumées et des créatures étranges nommées Atmophytes, que j'ai reconnues pour les fléaux qui furent montrés à Jean l'Apocalyptique, quand le septième sceau fut brisé.....

« Et alors, dit Jean, la clef de l'abîme leur fut
« donnée et ils l'ouvrirent, et il monta du puits la
« fumée d'une grande fournaise..... Et de cette fu-
« mée, il sortit des sauterelles, et ces sauterelles

« ressemblaient à des chevaux armés pour le com-
« bat..... Et leurs visages étaient comme des visages
« d'hommes, et elles avaient des cuirasses de fer,
« et le bruit de leurs ailes était comme un bruit
« de chariots..... Et leur pouvoir était de nuire aux
« hommes. »

Le Seigneur, continua Samuel Penkenton d'un accent terrible, châtie comme il lui plaît ces créations de l'orgueil ; il les noie dans le déluge, dans les flammes de la mer Morte ; ou plus sévère, il les oublie : il laisse le temps les inhumer sous l'herbe, les siècles user leur mémoire, et les savants tamiser leur poussière sans y recueillir un nom ou un débris.

Parfois encore, continua l'orateur, s'exaltant plus encore et lâchant la bride aux éclairs de son regard et aux tonnerres de sa voix, lorsqu'un peuple descend au-dessous de la bête, comme vous qui êtes devenus les esclaves de vos machines, le Seigneur le change en bête ainsi qu'il a fait de Nabuchodonozor, ou il le détruit et choisit, parmi les coupables, un vengeur qui obtient sa grâce en se faisant bourreau ; qui se nomme, suivant les siècles, Samson ou Samuel Penkenton, qui renverse le temple, tue les Philistins, périt avec eux sous les ruines.

Et joignant cette fois l'action à la menace, Samuel Penkenton assaillait de sa canne la statue d'Anthrakia sans défense, et celle d'Électros, dieu irascible, dont le corps enflammé de colère, hérissé d'étincelles, essayait, mais en vain, de foudroyer le sacrilège.

S'enivrant de son œuvre, l'Iconoclaste en démence multipliait ses ravages et n'épargnait rien dans le sanctuaire, ni les dieux régnants, ni les dieux déchus, ni le feu central lui-même, dont il brisait les appareils ; pulvérisant les manomètres, arrachant des cris de détresse aux soupapes de sûreté et aux sifflets d'alarme, qu'il faisait taire en les rivant d'un coup. Massacre de choses qui n'était qu'un prélude ; car, du sein du tumulte, où se confondaient les cris des spectateurs, les rires du fantoche et les grincements du métal, un bruit s'éleva plus terrible encore ; et le fou lui-même s'arrêta, effrayé.

L'Assemblée avait compris l'acte infernal qu'il venait d'accomplir et, figée par l'angoisse, recueillie dans sa terreur, elle avait fait silence ; elle écoutait le bruit sourd, mugissant, de la cataracte qui tombe dans l'abîme : le bruit du lac en communication avec le puits géothermal, se déversant dans ce puits de toute la vitesse de sa chute verticale, de toute la largeur des vannes que, dans un paroxysme de rage, Samuel Penkenton venait de briser.

Lorsque, par une faille souterraine, la mer fait irruption dans un cratère proche de sa rive, ses flots se vaporisent, et leur volume, dix-sept fois centuplé, acquiert une pression qui disloque le sol et en projette les débris aux cieux. Pareil phénomène n'allait-il pas s'accomplir, puisqu'on venait d'en faire naître la cause, d'en assembler les éléments en jetant un lac dans un puits-volcan, dans le feu central, père de tous les volcans ? La ville d'Industria, la terre elle-même pouvaient se trouver compromises par d'aussi redoutables moyens de destruction.

Une conjoncture aussi grave réclamait des mesures d'une extrême énergie. Mais quelles mesures pouvaient être suffisamment énergiques contre des éléments alliés à un fou et devenus fous comme lui ? Lord Hotairwell, M. Archbold et moi, nous nous étions élancés, mais Samuel Penkenton faisait bonne garde et défendait ses approches en exécutant, avec son bâton, un moulinet terrible dont la moindre atteinte eût brisé nos crânes comme des coupes fragiles et projeté au loin leur contenu. Puis, à quel danger courir au milieu de tant de périls ? Déjà les eaux précipitées dans le gouffre remontaient en nuages, et le dôme ne dépensant plus sa pression, depuis que M. Archbold avait fermé le clapet, était arrivé à une tension si forte que l'air comprimé transsudait en sifflant, par les pores du métal.

Pendant ce temps, l'infatigable organisateur de ces désastres s'appliquait à les parfaire, enivré de son succès et répétant ces mots, sans cesse : « Hinneh haratson Jéhovah !..... Hinneh haratson Jéhovah ! »

— Que veut-il dire ? demandai-je.

— Hinneh, hallephets Jéhovah, me répondit lord Hotairwell, tellement polyglotte que, sans y penser, il m'expliquait de l'hébreu en cophte.

Mais, se reprenant:

— Cela, dit-il, signifie: Dieu le veut.

Tout à coup, le sol trembla par soubresauts rapides. On eût dit que la terre piétinait sur elle-même. Puis une oscillation énorme se produisit; le vaisseau du temple, surpris par ce tangage, se cabra du chevet au porche, comme un navire mordu à la proue par les vagues: et le dôme éclata avec un bruit terrible.

La terre avait-elle déraillé de son écliptique et versé dans l'espace? ou ces bruits souterrains n'étaient-ils qu'un écho de l'explosion du dôme?

Le globe terrestre continuait d'osciller, comme si Charlemagne l'eût secoué dans sa main. Les ténèbres étaient profondes, faites de vapeur, de fumée, de poussière et de débris flottant dans l'atmosphère. L'Assemblée essayait de fuir, mais la mort gardait toutes les issues. Lord Hotairwell, M. Archbold et moi, nous demeurions immobiles, ne distinguant plus la vie de la mort au milieu de la dévastation universelle, des explosions et des écroulements.

Après un temps que je ne saurais préciser, quand la lumière revint, elle nous retrouva dans la même attitude, semblables à des acteurs qui, la pièce jouée et pendant que la toile tombe, persistent dans la pose où les a laissés le dénouement ; tous trois sains et saufs ; Samuel Penkenton disparu dans l'espace ou dans l'abîme, victime expiatoire de son forfait.

Autour de nous, la désolation, la mort, les murs du temple, loques de métal tordues et convulsées ; partout des cadavres d'hommes et d'Atmophytes ; ceux-ci ayant conquis l'égalité pour laquelle ils avaient combattu : l'égalité moléculaire qui nivelle dans la fosse les cadavres et les débris. Au loin comme auprès, la destruction triomphante, des ruines croulant encore et d'autres déjà tassées et prêtes à recevoir la sépulture des ruines : la mousse et l'oubli.

CHAPITRE VII.

L'ANGLETERRE INTERCOSMIQUE.

L'orifice du puits géothermal disloqué, agrandi, évasé par la secousse, formait un entonnoir dont les bords s'ouvraient jusqu'à nos pieds. Lord Hotairvell s'avança un peu sur la pente; mais à peine eut-il regardé, qu'il poussa un cri et demeura frappé de stupeur, les bras tendus, les yeux rivés sur l'abîme.

« La terre ! s'écria-t-il, la terre ! »

M. Archbold et moi, nous nous étions approchés.

S'il est des hommes qui aient passé par une semblable conjoncture, qu'ils prennent ici la plume et qu'ils essayent de peindre les sentiments qu'ils ont éprouvés.

Le puits n'avait plus de fond ! Ce n'était plus

qu'un tunnel, une vallée tubulaire et verticale, au bout de laquelle apparaissait la terre déjà lointaine, mais distincte.

Ainsi, ce n'étaient pas seulement le dôme et le temple qui avaient sauté, sous l'influence des masses d'eaux vaporisées, mais en même temps une portion du globe terrestre ; et nous étions, nous, les éclats de cette explosion, les scories de cette éruption, voués au scalpel des savants sélénites ou solaires qui déjà nous guettaient dans leurs lunettes pour nous saisir dans leur orbite.

Assis sur la rive de cette vallée de la Mort, lord Hotairwell et moi nous demeurions silencieux, ne trouvant ni pensées ni paroles à la hauteur d'un tel désastre. Près de nous, penché sur le gouffre, les yeux plongés dans sa lorgnette, M. Archbold sondait la profondeur sans fond.

— Oh ! fit-il, après un moment. Oh ! oh ! Et il essuya, pour mieux voir, les verres de sa jumelle. Parfaitement ! parfaitement !.... Et il rebraqua la lorgnette : *All right !* conclut-il.

— Qu'est-ce donc ? dit lord Hotairwell, surpris de cette exubérance d'exclamations sans suite et de paroles sans pensées. Que voyez-vous qui puisse vous surprendre, après ce que nous avons vu ?

— Je vois un peu d'espoir.

— Espoir de retourner sur la terre ? demandai-je.

— Non, monsieur Burton, mais espoir d'y rester.

— Comment, d'y rester, puisque nous sommes partis ?

— Sommes-nous partis, monsieur Burton ?

— Vous en doutez ? fit lord Hotairwell.

— Je ne crois ni ne doute, je me pose la question et je ne me fais pas encore la réponse.

— Quel doute peut-il y avoir, lorsque nous voyons la terre, à cette distance, sous nos pieds ?

— Nous voyons la terre sous nos pieds, cela est vrai, répondit M. Archbold, mais nous voyons aussi sur cette terre Industria à sa place habituelle, son hôtel de ville, ses maisons et ses habitants.

Lord Hotairvell prit la lorgnette, regarda longuement, la rendit à M. Archbold et la reprit de nouveau, ne pouvant se décider à en croire ses yeux.

Je regardai à mon tour et je fus ébahi au point de retourner la lunette, pour m'assurer qu'on n'y avait pas mis les choses que je voyais.

— Eh bien, qu'avez-vous vu ? interrogea M. Archbold.

— J'ai vu, répondit lord Hotairvell, Industria à sa place, son temple debout, sur la terrasse du temple, de petits points noirs qu'on croirait de petits hommes, et dans les rues d'autres points noirs qui s'agitent. J'ai vu enfin, réduites par la distance aux proportions infimes, les choses telles qu'elles étaient au moment de l'explosion.

— J'ai vu absolument la même chose, dis-je.

— Et vous avez bien vu tous deux, confirma M. Archbold.

— Mais alors, m'écriai-je, Industria n'est pas détruite ! Nous n'avons pas quitté la terre ! Cette catastrophe n'est qu'un rêve !

— Non, une réalité, interrompit l'ingénieur, dont le visage s'était assombri de nouveau, pardonnez-moi l'illusion que je vous ai fait partager.

— Revenez-vous donc à croire que nous avons sauté ? fis-je anxieusement.

M. Archbold, sans répondre, me montra, me fit toucher du doigt les murs de l'hôtel de ville démantelés, et les ruines qui nous entouraient.

Lord Hotairwell restait muet, mais moi, énervé par ces horribles doutes :

— Tout cela est insensé ! m'écriai-je avec emportement ; et je ne vous comprends pas, monsieur Archbold : car nous sommes partis, ou nous ne sommes point partis.

— Pourquoi cela, monsieur Burton ?

— Parce que, si peu savant que je sois, je sais que nous ne pouvons pas être sur la terre et n'y pas être.

— Démontrez donc cela, je vous prie, me répondit l'ingénieur.

— Je le démontre en disant que, si cela est, c'est absurde et que, si c'est absurde, cela n'est pas.

— Et moi, je dis que nous sommes sur la terre et

que nous n'y sommes pas. Cela n'est pas absurde, mais au contraire si simple que je suis honteux de m'être attardé à des hypothèses au lieu de saisir la vérité. Oui, nous sommes ici et là. C'est clair, et cela prouve simplement que notre explosion a été si foudroyante, notre vitesse initiale si rapide, que nous avons couru plus vite que la lumière.

— Et quand nous aurions couru plus vite que la lumière, qu'est-ce que cela ferait? demandai-je.

— Cela ferait que nous aurions précédé dans l'espace la nouvelle de l'événement dont nous sommes victimes ; que nous aurions marché plus vite que notre propre image qui, elle, ne se transmettant qu'à la vitesse de la lumière, n'a pu nous suivre; et court après nous comme un chien qui a perdu son maître, comme une ombre qui a perdu son homme. Comprenez-vous ?

— Pas le moins du monde.

— C'est cependant de la physique élémentaire ; et soit dit sans vous offenser, le moins intelligent des habitants du soleil comprend cela lorsqu'il regarde la terre. Vous savez bien pourtant que le rayon visuel et le rayon de lumière vont du même pas, l'un portant l'autre. Or, la lumière du soleil mettant 8 minutes 13 secondes pour aller à la terre et autant pour en revenir en rapportant l'image des événements qui s'y passent, un événement arrivé à midi sur notre globe, n'est connu au soleil qu'à midi huit minutes treize secondes. Les astres plus éloignés reçoivent ces nouvelles avec plus de retard. Certaines étoiles apprennent en ce moment les premières notions de notre histoire ancienne; d'autres, plus lointaines, n'en sont qu'au déluge, et d'autres aperçoivent la terre avant sa création, ou, pour mieux dire, ne la voient pas encore. Par contre, si elle était détruite, ces mêmes astres continueraient à la voir.

Si donc Industria nous apparaît toujours florissante, c'est parce que les rayons solaires qui nous montrent son image ont quitté la terre avant la catastrophe, et que d'autres rayons, porteurs de la nouvelle, n'ont pas atteint l'altitude où nous sommes. Ce qui prouve, monsieur Burton, que nous allons extraordinairement vite, que nous sommes déjà arrivés très haut et par suite que nous sommes partis. Mais cela prouve également que nous ralentissons, puisque les rayons solaires nous rattrapent.

Mais, continua M. Archbold, se parlant à lui-même, quelle effroyable puissance explosive a-t-il fallu pour lancer ce débris terrestre avec une vitesse supérieure à celle de la lumière? Plus de dix-neuf millions de kilomètres à la minute, huit cents fois autant qu'un boulet de canon. Est-ce possible? Non, ce n'est pas possible! Sans doute il n'y a que le premier pas qui coûte; la pesanteur diminue à mesure qu'on s'élève; et, une fois sorti de l'attraction terrestre, il n'y a plus qu'à se laisser choir ailleurs. Mais le départ, la force initiale ! Quelle force a-t-il fallu ?

M. Archbold s'accota à une roche et, tirant son carnet, se mit en devoir de poser des chiffres ; mais il s'arrêta.

— Monsieur Burton, me dit-il, à combien de mètres estimez-vous la profondeur de ce trou ?

— Cent mètres environ, répondis-je, après avoir regardé le précipice. Notre pauvre William Hatchitt vous eût dit cela mieux que moi.

— Pauvre William Hatchitt ! dit lord Hotairwell, il serait déjà descendu dans ce gouffre. Quel dommage de l'avoir laissé en arrière !

— Nous n'avons pas laissé William Hatchitt en arrière, répliqua M. Archbold, nous l'avons laissé en avant, puisqu'il est déjà mort et que nous ne sommes pas encore parvenus à en faire autant. William Hatchitt est à son poste, à l'avant-garde comme toujours. Déjà sans doute, il creuse dans un monde meilleur que ce misérable astéroïde sur lequel je perds mon temps, et où son activité n'aurait que faire.

— Il nous eût été de bon conseil, répondit lord Hotairwell, qui n'acceptait pas aussi stoïquement la perte de ses amis ; et je suis sûr qu'il aurait trouvé moyen de tirer partie de ce débris.

— Il faut aimer ses amis pour eux-mêmes, répliqua M. Archbold, dont la ferme raison ne transigeait pas ; et je suis bien aise que William Hatchitt soit mort, puisque cela vaut mieux pour lui.

— Mais est-il bien certain qu'il soit mort, demandai-je ; et de quoi est-il mort ? Car, en vérité, il était difficile de le reconnaître dans ses restes en morceaux.

— Il est mort, c'est trop certain, répondit M. Archbold, et il ne lui eût servi de rien que nous sussions de quoi il est mort, ni que nous fissions son autopsie.

— Est-ce que l'autopsie d'un homme peut faire reconnaître si, de son vivant, c'était un ingénieur ou un homme comme un autre ? demandai-je.

M. Archbold haussa les épaules sans me répondre, et renouant le fil de ses calculs :

— Vous disiez tout à l'heure, monsieur Burton, que ce gouffre a 100 mètres de profondeur. Va pour 100 mètres. Maintenant, quelle longueur et quelle largeur attribuez-vous à notre fragment de planète ?

— Pourquoi faire, ces mesures ? dis-je.

— Pour savoir si nous sommes partis.

— Comment, vous en doutez encore !

— Je n'en doute pas, je n'en sais rien.

— Mais tout à l'heure, science en main, vous nous en avez convaincus.

— La science, monsieur Burton, sert à se créer des convictions diverses sur un même objet, voilà tout. Quelles dimensions, Mylord, attribueriez-vous à notre sphéroïde ?

— Cela m'est véritablement impossible à évaluer, répondit lord Hotairwell.

— Il me faut cependant ces mesures. Comment sans cela en ferais-je le cube?

— Peut-être y aurait-il moyen de les prendre sans déplacement, dit lord Hotairwell, montrant une portion de l'hôtel de ville restée debout. L'office des téléphones et des télégraphes semble à peu près intact : si les fils subsistent, et si au bout de ces fils les employés survivent, faisons appel à leur concours. Je propose d'expédier trois phonogrammes à trois chefs de gare du chemin de fer Industria-Ceinture. Leur réponse ou leur silence nous fixera approximativement sur notre périphérie.

M. Archbold ayant approuvé, on se dirigea aussitôt vers l'office des téléphones et des télégraphes.

Le désordre y était grand : les boussoles, les commutateurs, les galvanomètres, précipités de leurs étagères, gisaient pêle-mêle avec les tables de manipulation renversées, avec les piles et les récipients brisés. Mais, en faisant un choix dans ces débris et en renouant les fils, on eut vite reconstitué un appareil suffisant ; et je téléphonai aussitôt la dépêche suivante dont la rédaction me parut le mieux convenir, après les terribles événements de cette nuit :

« *Edward Burton esq. à chef gare Cumnocch.*

« Comment avez-vous passé la nuit ?

« Ed. Burton. »

Cinq minutes après, la sonnerie se fit entendre et le composteur autophone récita, d'une voix encore endormie et tout entrecoupée des bâillements de l'expéditeur, la réponse suivante :

« *Chef gare Cumnoch à très honorable Edward Burton esq.*

« Passé très bonne nuit, merci. Et vous ? Un peu agité vers cinq heures, sais pas pourquoi. Comprends pas non plus pourquoi passe plus aucun train. Vais me recoucher. Bonsoir.

« Edward HENSHAW. »

— Voilà un homme doué d'un bien bon sommeil, dit lord Hotairwell ébahi. Mais il dort, donc il vit ; donc notre terre s'étend, de ce côté, jusqu'à lui.

Une seconde dépêche fut aussitôt envoyée.

« *Edward Burton esq. à chef gare Grantley.*

« Comment avez-vous passé la nuit ?

« Ed. BURTON. »

La réponse tarda un peu plus, mais arriva cependant.

« *Sous-Chef gare Grantley à très honorable Burton esq.*

« Passé mauvaise nuit. Chef gare, penché imprudemment sur bord morceau globe terrestre, tombé dans Atlantique. Grandes inquiétudes son sort. Chef éminent, perte douloureuse. Moi remplacer bien lui.

« *Le Sous-Chef de gare de Grantley,*

« Z. APPLETON. »

Là, on s'était aperçu de la catastrophe ; et, en outre, le terrible accident arrivé au chef de gare montrait que la station de Grantley était, de ce côté, l'extrême frontière de l'astéroïde.

Un dernier phonogramme fut expédié.

« *Edward Burton esq. à chef gare Galoshiels.*

« Comment avez-vous passé la nuit ?

Ed. BURTON.

J'avais à peine fini de téléphoner que la réponse m'arriva, rapide comme la foudre qui l'apportait.

« *Chef gare Galoshiels à Burton.*

. . . . !

« *Le Chef de gare de Galoshiels,*

« KEMBROWN.

La riposte de ce fonctionnaire était tellement laconique, excessive et peu congrue qu'en d'autres circonstances, elle eût attiré à son auteur sa révocation par retour du fluide. Mais il fallait tenir compte du trouble jeté dans les esprits et dans les services par de tels événements ; puis enfin, cette dépêche, pour être peu convenable, n'était pas moins concluante.

— Contentons-nous de ces données, fit M. Archbold, reprenant son crayon. Nous avons donc 900, 1000 et 1100 mètres dans trois directions, soit en moyenne 1 kilomètre qui, le point d'explosion étant pris pour centre, nous donnent un diamètre de 2 kilomètres et une surface de 3,141,600 mètres, que je multiplie par la profondeur évaluée à 100 mètres; et j'obtiens 314,160,000 mètres cubes de matériaux terrestres, eau, argile, roche et autres détritus plutoniques ou neptuniens, dont le poids moyen de $2^1/_2$ tonnes par mètre cube, multiplié par 314,160,000, donne à ce fragment de terre un poids total de 785,400,000 tonnes d'astéroïde qui, suivant quelque apparence, ont été lancées hors de la sphère d'attraction terrestre par un phénomène explosif assimilable à la projection d'un boulet par un canon. Dans ces conditions, je remarque aussitôt qu'un boulet, pour être lancé par son canon à 10 kilomètres de distance verticale, exige une charge de poudre égale au quart de son poids, et qu'un morceau de planète de 785,400,000 tonnes, pour être lancé par son volcan à même hauteur, exigerait une charge égale au quart de 785,400,000 ; soit environ 200,000,000 de tonnes de poudre, correspondant à la force explosive de

1,436 quatrillions de calories, ou de 610,300 quatrillions de kilogrammètres, si l'on suppose l'explosion produite en une seconde. Mais le fleuve vaporisé dans le puits, et auquel on attribue l'explosion, n'a pu produire une pareille force; et je le prouve en disant que, par l'écluse ouverte, même à gueule bée, sur 15 mètres de largeur et sur 13 mètres de profondeur, section à laquelle correspond une vitesse d'écoulement de 7 mètres, il n'a pu s'écouler que 1,365,000 litres d'eau par seconde, et qu'il ne s'est écoulé que $32\ ^1/_2$ secondes, à mon chronomètre, entre le moment de l'ouverture et celui de l'explosion : soit donc environ 44 millions de litres d'eau qui ont pénétré dans un foyer dont la température, d'environ 800°, a transformé cette eau en vapeur à 230 atmosphères. Or, à cette pression, 1 kilogramme d'eau donnant $7\ ^1/_2$ litres de vapeur, les 44 millions de litres d'eau vaporisés n'ont fourni que 330 millions de litres de vapeur, ou 330,000 mètres cubes. La vapeur à 230 atmosphères ne donnant que 967 calories utilisables par kilogramme, les 44 millions de kilogrammes vaporisés ne fournissent que $42\ ^1/_2$ milliards de calories ou 18,060 milliards de kilogrammètres ou, en une seconde, 241 milliards de chevaux-vapeur : chiffre inférieur aux 8,140 quatrillions ou 8,140,000 milliards de chevaux nécessaires pour nous projeter seulement à la hauteur de 10 kilomètres. Dans ces conditions, notre explosion est invraisemblable, notre départ impossible ; l'explosion n'a pas eu lieu et nous ne sommes pas partis !

M. Archbold souffla un moment, car on n'engendre pas sans fatigue une telle suite de raisonnements, surtout à jeun et dans une atmosphère raréfiée.

— Non, reprit l'ingénieur, aussitôt que ses poumons se furent remis en pression ; cette explosion est un rêve, une illusion de nos sens, indigne d'hommes sérieux : je le dis, je le prouve et je ne m'en occupe pas davantage.

Ce disant, M. l'ingénieur Archbold remit son crayon dans son carnet, son carnet dans sa poche ; et boutonna sa redingote.

Tout en discutant, on était revenu sur le bord du précipice, au bout duquel la terre apparaissait toujours, mais plus confuse.

— Quelle autre preuve vous faut-il donc, dit lord Hotairwell, montrant ce spectacle à l'ingénieur ; et la vérité n'éclate-t-elle pas à nos yeux assez saisissante ?

— Les yeux, Mylord, répondit M. Archbold, ennuyé de voir rouvrir la discussion qu'il avait close, les yeux sont myopes ou presbytes, faibles et variables ; les chiffres n'ont pas d'infirmités.

— Les chiffres, monsieur Archbold, ne peuvent lutter contre l'évidence.

— L'évidence ! s'écria l'ingénieur, à qui ce mot

parut plaisant, au point que nous crûmes qu'il allait rire, lui qui avait ri moins de fois que Rossinante n'avait galopé. Qu'est-ce que cela, l'évidence ?

— L'évidence, répliqua lord Hotairwell, c'est le fondement même de la certitude. C'est une vérité si bien unie à sa preuve, qu'on ne peut les distinguer ni les disjoindre ; une lumière si éclatante qu'on peut à peine la regarder et qu'on ne peut pas l'analyser.

— Qu'on ne peut la voir ni la comprendre, ricana M. Archbold. Moi, Mylord, en fait de certitude, je ne connais que la certitude mathématique, et je n'admets que les faits qui se peuvent exprimer en termes numériques.

— Cependant, monsieur Archbold, Aristote, Descartes, Jacobs, Fichte, Kant, tous ces grands esprits ont enseigné qu'il faut admettre certaines évidences.

— Je suis un nain auprès de ces géants d'intelligence qui devaient être très forts s'ils se sont compris. Mais, dans mon opinion, l'évidence n'est qu'une conclusion sans prémisses, une affirmation sans base, une statue sans socle, qui s'impose à la vue et s'évanouit au toucher. Je ne suis qu'un pauvre mathématicien, un malheureux arpenteur-géomètre, qui gagne sa certitude à la sueur de son front, qui compte ses preuves, les pèse, les cube et les estime en raison de leur densité. Et comme, de votre aveu, l'évidence n'a pas de preuves, je tiens pour faux tout ce qui est évident. Je ne me rends donc pas à la prétendue évidence de notre explosion; je n'en tiens aucun compte; je ne lui accorde pas plus longtemps mon attention, jusqu'à ce qu'on m'ait prouvé qu'une force explosive de 10 millions de kilogrammètres peut lancer à des millions de kilomètres un boulet de 785,400,000 tonnes.

Mais à ce moment, M. Archbold fut interrompu par une évidence qui, pour être sans preuves, présentait cependant des caractères de certitude. C'était la nuit, une nuit instantanée et opaque qui, sans le moindre prélude crépusculaire, venait d'obscurcir la petite planète aussi subitement que peut l'être une chambre ensoleillée dont on clôt les volets.

— Déjà la nuit! fit l'ingénieur étonné. J'ai regardé l'heure, il y a un instant; il n'était que six heures du matin.

— Je vois dans ce phénomène une nouvelle preuve de notre rupture avec la terre et de l'autonomie de notre astéroïde, dit lord Hotairwell.

— Je ne vois rien du tout, répliqua énergiquement M. Archbold, qui, dans ces ténèbres, ne pouvait, en effet, rien voir.

— Nous verrons ce que durera cette nuit, dis-je; mais, à ma montre, la journée qui finit n'a pas duré plus d'un quart d'heure.

— Ce qui prouve, reprit lord Hotairwell, que

nous sommes sur un astéroïde qui accomplit sa rotation à sa manière, proportionnant ses jours à sa vitesse et à son petit volume.

— Je n'en crois rien, répondit M. Archbold.

— Voulez-vous l'admettre un moment par hypothèse ? dit lord Hotairwell.

— L'hypothèse est un premier pas vers la croyance ; je ne puis l'admettre par hypothèse, mais je l'admettrai par obligeance.

— Admettant donc pour un moment, reprit lord Hotairwell, qu'une explosion nous ait projetés hors de la sphère d'attraction terrestre, notre situation serait-elle désespérée ?

— Je le craindrais, dit M. Archbold.

— Je ne le pense pas, reprit lord Hotairwell, et j'estime que nous aurions dans les mains un moyen de sauvetage aussi puissant que l'impulsion qui nous aurait projetés. Ce serait cette impulsion même, dont nous disposerions.

— Nous disposerions de cette impulsion à peu près comme l'homme dispose de la rotation et de la translation terrestres ; il en profite, mais il n'en dispose pas.

— Eh bien ! monsieur Archbold, essayons de commander à la force qui nous emporte ; c'est là qu'est le salut.

Après quelques instants, le jour revint aussi soudainement qu'il s'en était allé.

— Les nuits, sur cette terre, sont de 15 minutes comme les jours ; nous sommes tombés dans l'équinoxe, dit M. Archbold.

— Admettant donc, continua lord Hotairwell, que ce morceau de terre soit lancé dans l'espace, que nous reste-t-il à faire, sinon d'influencer sa course, soit pour le faire virer de bord et nous ramener à terre, soit pour le conduire dans la contrée cosmique qui nous conviendra le mieux.

— Les moyens d'exécution, Mylord ? demanda M. Archbold.

— Nous les avons : nous avons l'impulsion, la force motrice ; nous sommes plus lourds que l'éther, et par conséquent, dirigeables. Nous sommes un navire en pression et en marche, mais qui vogue au hasard, parce qu'il lui manque le gouvernail.

Construisons ce gouvernail, poursuivit lord Hotairwell avec feu, et passant du raisonnement au lyrisme, à mesure que l'idée, couvant sous la cendre, s'avivait et allumait sa flamme : construisons ce gouvernail, réglons la marche du navire. Hissons sur le grand mât les couleurs de la patrie ! Rallions l'équipage qu'a dispersé la tempête ! Soulevons ces pierres et secouons ces ruines, il s'en exhumera des matelots !

Vous, monsieur Archbold, mettez-vous à la barre; monsieur Burton, veillez à l'avant, moi, je monterai sur la hune pour vous donner la route ! Nous allons voguer sur les longues vagues de l'éther, flots d'azur sans tempête ; océans sans rivages, semés d'îles énormes qu'on nomme planètes et soleils ; où le navigateur peut franchir les lieues par milliards, sans accoster une terre ou une étoile. Pilotes et avisos de la navigation intercosmique qui s'établira un jour, colonie aérienne de l'Angleterre, nous allons dire sa gloire aux astres, et peupler de son nom les solitudes de l'espace.

Oui, en ce moment, où notre vieille Angleterre terrestre va pour jamais disparaître, jurons de lui garder, quelque lointaine qu'elle puisse devenir, notre obéissance et notre foi ; accomplissons le devoir de fidèles sujets en faisant hommage de ces régions nouvelles à Sa Majesté, reine de la Grande-Bretagne, impératrice de l'Inde, que je proclame aujourd'hui Reine des espaces. Messieurs, à la Reine !

Lord Hotairwell s'était découvert, et, la main tendue sur l'abîme, le prenait à témoin de son serment.

La terre apparaissait toujours dans la profondeur, mais encore plus lointaine et plus vague, au travers d'une atmosphère laiteuse, troublée sur un point par des cumulus de petites vapeurs noires, pareilles aux fumées qui s'échappent, par mille embrasures, des fourneaux rustiques où se carbonise le bois, dans les forêts.

Nos regards, sans se concerter, nos cœurs, sans se le dire, s'intéressaient à ces nuages, à leurs spirales mobiles, à leur vol si ras de terre, si loin des cieux. Et bientôt, les yeux pleins de larmes, genou en terre, nous saluions, pour la dernière fois, la suprême vision de la patrie ; car ce ciel fumeux, ce dôme de houille fluide, c'était Londres ; c'était le ciel du pays.

CHAPITRE VIII.

OU M. BURTON SE LIQUÉFIE, PENDANT QUE M. PENKENTON SE VOLATILISE.

Vingt minutes s'étaient écoulées depuis le dernier lever du soleil. Cette nouvelle journée dépassait déjà, du quart, la durée de la précédente. M. Archbold, qui avait en horreur l'inexactitude, de quelque part qu'elle vînt, en fit l'observation avec aigreur.

— Cette petite planète, si elle en était une, serait ridicule, dit-il; et on ne trouverait pas dans le ciel un autre astre de pareille incurie, allongeant et diminuant ses jours au hasard et sans motifs astronomiques.

— C'est vrai, approuvai-je, sans compter que cette rotation si rapide m'étouffe et m'étourdit.

— Cependant, dit lord Hotairwell, étant partis

comme un coup de canon, nous ne pouvons pas nous plaindre de tourner comme un obus; et puis, il faut être indulgent pour une petite terre qui vient de naître et qui s'essaye à tourner; l'enfant à la mamelle roule maladroitement son cerceau.

— C'est possible, répliqua M. Archbold; mais, en Angleterre, le directeur de l'observatoire de Greenwich n'aurait pas supporté qu'une journée s'allongeât de moitié.

La chaleur croissait à chaque moment; et le soleil décochait, à travers cette atmosphère trop mince, des rayons aigus comme des dards.

— Croyez-vous, en vérité, reprit M. Archbold, s'épongeant le front, qu'il serait possible d'entreprendre un travail sous une pareille température, et sur une terre à jours aussi inconstants?

— Il fait très chaud et les jours sont courts en effet, répondit lord Hotairwell, dont la respiration oppressée entrecoupait la parole, mais il résulte de cette brièveté une alternative plus fréquente de travail et de repos, qui peut être salutaire..... à la longue; car, pour le moment, j'avoue que ce changement de climat m'indispose.

La chaleur était effroyable. M. Archbold, et moi plus encore, en raison de mon obésité, nous ruisselions d'une sueur qui, en se vaporisant, nous enveloppait de brouillard. Lord Hotairwell, maigre et anhydre, ne fournissant rien à l'évaporation, souffrait plus encore et se desséchait. Le sang surchauffé se dilatant dans nos veines distendait nos corps, en augmentait le volume, en diminuait le poids ; et, le peu d'attraction de ce petit globe aidant, nous nous sentions près de prendre pied dans l'espace, par la force de cette rotation rapide. Il n'y avait pas un instant à perdre pour fuir ; mais où fuir ?

— Cette ouverture dans la roche, nous dit lord Hotairwell, en nous montrant un point de la paroi du gouffre, ne serait-elle pas l'entrée de la caverne qui renfermait les fossiles ?

— Assurément, répondit M. Archbold, et cette caverne nous serait un excellent abri ; je crois que nous pourrions l'atteindre sans trop de peine.

En effet, descendant avec prudence les sentiers abrupts et presque verticaux de la paroi du cône, nous arrivâmes à l'entrée de la grotte et nous y entrâmes aussitôt.

Je ne pourrais dire qu'il régnât de la fraîcheur sous cette voûte, déjà toute imprégnée de soleil ; mais, dans un four, même lorsqu'il est chaud, on est à l'ombre. Traqués par la lumière, nous nous précipitâmes avec délices dans les ténèbres, et nous parvînmes bientôt à cet endroit de la caverne qui se resserre et se cintre en ogives, au seuil de la crypte où naguère nous avions exhumé les merveilles paléontologiques et les reliques humaines demeurées là ensevelies.

M. Archbold, qui marchait devant, s'arrêta tout à coup.

La crypte était éclairée, et une ombre humaine, énorme, allait et venait sur la muraille, répétant les gestes de son corps invisible.

Nous avançâmes en silence.

Quelle révolution dans cet Éden, depuis le jour où il nous était apparu dans sa gloire! Que de destructions nouvelles, amoncelées sur ces ruines; sur cette terre autrefois peuplée des cadavres de ses habitants, de ses animaux, de ses plantes, maintenant réduits en une nappe de poussière terne et brune, comme une robe de moine!

Un rayon de soleil, insinué comme un lézard par les crevasses de la muraille, tombait de la voûte, stalactite de lumière, décolorée durant son trajet souterrain; rayon vacillant qui encadrait cette grande ombre, et s'émiettait ensuite, en un semis de feux follets, sur une dalle longue et large comme un double cercueil, sur la tombe des morts trouvés dans cette crypte et inhumés par Samuel Penkenton.

Près de cette dalle s'ouvrait une fosse récemment creusée, dont les déblais poudreux ruisselaient encore sur les pentes; et au chevet de la sépulture des deux morts se dressait une pierre tombale, sans croix. Une couronne y était appendue, une seule, mais de taille à ceindre deux fronts; et l'inscription, d'une écriture tremblée, énorme, portait ces mots que lord Hotair-well épela avec stupeur :

FAMILLE PENKENTON

A LA MÉMOIRE DE MES BONS PARENTS

S. אב PENKENTON EREXI.

Un homme, secoué par les sanglots, était agenouillé sur cette tombe, si absorbé dans sa douleur qu'il n'avait pas entendu les visiteurs. C'était le docteur Samuel Penkenton!

Samuel Penkenton, fils ou frère de ces fossiles ! La folie, même celle d'un géologue, pouvait-elle aller aussi loin !

Faisant un retour dans mes souvenirs, je songeai alors à l'accès de démence qui avait déjà atteint le docteur ici même, à sa course échevelée, à son évanouissement, à cet objet furtivement caché dans sa poitrine, à son soin jaloux de veiller sur les corps de ces fossiles, jusqu'à ce qu'il eût muré la caverne.

Nous allions nous retirer, car, le premier sentiment de surprise passé, la vue de cet homme nous était odieuse ; mais lui, nous ayant entendus, se retourna si courroucé que son regard se stria d'un éclair rouge ; toutefois, ce ne fut qu'un éclair, et prenant soudain son parti d'être dérangé, il s'avança le sourire aux lèvres, comme un hôte qui se résigne à des hôtes importuns.

— Soyez les bienvenus, mes amis..... Messieurs, reprit-il, en voyant nos visages sévères..... Soyez les bienvenus dans ma caverne, et permettez-moi de vous en faire les honneurs.

L'aisance de ce misérable, en face de ses victimes, dépassait toute mesure ; et, l'indignation revêtant la forme de nos caractères, je me préparais à me répandre en reproches, lord Hotairwell se détournait avec mépris, et M. Archbold, plus pratique, armait son revolver. Mais lord Hotairwell le retint.

— Cet homme est fou, dit-il ; on ne se venge pas d'un fou, on s'en gare..... si l'on peut.

— Mon intention est précisément de me garer de lui d'une façon définitive, répondit l'ingénieur en ajustant son pistolet.

— A quoi bon ? insista lord Hotairwell ; cet homme n'a-t-il pas achevé son œuvre, et lui reste-t-il un crime à commettre ?

— Messieurs, reprit M. Penkenton, qui n'avait paru prendre aucun intérêt à cette discussion, vous êtes venus sans doute ici pour y chercher de la fraîcheur, et je suis au désespoir d'en avoir si peu à vous offrir ; mais, croyez que je ferai tous mes efforts pour vous rendre supportable ce séjour.....

Mais lord Hotairwell et M. Archbold, retournant

aussitôt sur leurs pas, sortirent de la grotte et, au risque d'une mort foudroyante, s'assirent à l'entrée. Je voulus suivre mes collègues; mais, ralenti par mon poids, suffoqué par la chaleur, je fus contraint de m'asseoir un moment.

Le docteur, qui les avait accompagnés jusqu'au seuil en multipliant ses effusions de politesse et ses instances pour les retenir, congédié par eux, revint en hâte à moi, au seul interlocuteur qui lui restât.

— C'est une grande imprudence que commettent ces messieurs, me dit M. Penkenton, une imprudence qui peut parfaitement abréger leur vie d'une heure ou deux. Je me suis brûlé la main, en présentant tout à l'heure mon thermomètre de poche au soleil : il marquait 110 degrés centigrades ; mais ici, à l'ombre, nous en avons seulement 84, chiffre encore considérable, monsieur Burton, même pour l'homme qui, de tous les animaux, supporte le mieux le changement de climat et les variations thermales. Non, en vérité, même dans mon voyage en Australie avec Henry Russell Killough, je n'ai pas eu aussi chaud; nous n'avons constaté que 70° au soleil et 49° à l'ombre : et déjà, la santé publique était altérée, la mortalité grande; les oiseaux se laissaient prendre à la main, et venaient boire dans les théières.

Je sais bien que cette température ne serait qu'une plaisanterie pour les rotifères et les tardigrades, qui se laissent sécher à 100° et ressuscitent gaîment dès qu'on les jette à l'eau. Mais votre constitution, monsieur Burton, diffère de celle des rotifères. Et puis, nous avons, sur ce petit astre, des changements trop brusques; ses nuits sont fraîches autant que ses jours sont chauds; son atmosphère trop mince ne nous sert ni d'écran ni de couverture : circonstances inconciliables avec une bonne prophylaxie.

Vous me direz, monsieur Burton, qu'au point où nous sommes, les questions d'hygiène sont de petite importance. Je suis de votre avis et je compléterai même votre pensée par quelques considérations.

Je n'avais pas soufflé mot, et la force physique seule me manquait pour étrangler ce bavard.

— Ainsi, par exemple, continua M. Penkenton, je suis surpris que la chaleur ne soit pas encore plus forte, et que, voyageant depuis deux jours (des jours d'un quart d'heure il est vrai), à une aussi grande vitesse, vers le soleil, nous n'y soyons pas arrivés. J'aurais voulu causer de cela avec M. Archbold plutôt qu'avec vous, monsieur Burton, qui n'y entendez rien; mais ce diable d'homme était si pressé!

Je reconnais cependant que la température s'accroît notablement. Je dessèche à vue d'œil, poursuivit le docteur en tâtant ses joues brunes et plates comme des poires tapées : il y a un réel progrès, et si la nuit ne vient pas mal à propos nous refroidir, nous pouvons espérer une crémation très prochaine. Notre petite planète ne nous survivra guère; elle entrera comme nous en combustion, et pourra dans cet état fusionner dignement avec le soleil.

Pouvons-nous espérer d'être les témoins de cette fusion ? Non, puisque nous serons nous-mêmes fondus. Jouissons-en donc d'avance par la pensée. Vous formez-vous une idée précise de votre individualité incandescente, liquéfiée ou gazeuse ? On a tout d'abord de la peine à s'y faire, mais on s'habitue à tout : et quant à moi, je vous déclare, monsieur Burton, que cette transformation de votre matière ne changera pas mes sentiments, et que, gazeux ou liquide, je serai heureux de continuer avec vous mes bonnes relations.

M. Penkenton, complétant par un geste gracieux ces aimables paroles, étreignit mes mains dans ses mains brûlantes, et me causa autant de souffrance que si des tenailles rouges m'avaient pincé.

— Telles sont, monsieur Burton, les observations que je désirais vous soumettre et auxquelles vous avez la faculté de répliquer, en vous y mettant tout de suite ; car le temps s'écoule, et il doit nous en rester bien peu à vivre. Un peu plus, un peu moins, suivant les tempéraments. Moi, par exemple, je n'en ai que pour un instant : je suis presque cuit ; ma chair grille, mon sang et ma lymphe s'évaporent ; ma synovie est si sèche que mes os ont un jeu ridicule dans leurs jointures. Tout à l'heure, lorsque je me suis mis au soleil, j'ai entendu dans mes veines le chant du liquide qui va bouillir, et je ne considérerais pas comme impossible qu'une brusque ascension du thermomètre déterminât mon explosion.

A vous, monsieur Burton, qui êtes extrêmement gras, il semble au premier abord que les climats chauds vous soient contraires, et cependant j'estime que vous me survivrez.... Oh! de quelques minutes, ce n'est pas une affaire; je n'en suis pas jaloux. Dieu sait quelle est mon impatience de mourir! Mais votre graisse vous donne une aptitude à la transpiration, précieuse dans ce cas; car la transpiration est produite par la chaleur enlevée au corps: l'homme en sueur est un alcarazas en activité. Entretenez donc votre sueur, monsieur Burton; et pour cela, buvez beaucoup. La science vous enseigne qu'en buvant sans relâche, vous pouvez abaisser votre température intérieure au tiers de la chaleur ambiante. Mais nul doute qu'en buvant davantage encore, vous ne parvinssiez à descendre en vous-même au-dessous de zéro.

Croyez cela et buvez de l'eau, s'il s'en trouve sur ce petit globe, ce dont je doute, car il est trop mince pour y creuser un puits, et à l'altitude où nous sommes ce serait en tout cas un puits d'eau bouillante. Car au niveau de la mer, l'eau bout à 100°; au sommet du Mont-Blanc, elle bout à 84°; et au sommet de 84 Monts-Blancs, elle bouillirait au-dessous de zéro. Ce serait de la glace bouillante, sur laquelle rien ne vous empêcherait de patiner.

Heureux monsieur Burton ! vous pourrez plus longtemps et de plus près que moi assister à notre mort, à notre nouvel état moléculaire : si cependant vos facultés mentales, qui semblent affaiblies, vous le permettent ; et si l'obésité, dont je vous félicitais tout à l'heure, ne présente pas, en y réfléchissant, le danger que vos huiles et vos graisses ne fondent par trop vite et ne prennent feu prématurément. La graisse de porc, par exemple, qui, au point de vue chimique seulement, est la vôtre, fond à une basse température.

J'appelle sur ce point votre attention, monsieur Burton, car vous pourriez finir plus tôt que je ne pensais, et vous enflammer si vous sortiez de ma caverne. Restez donc ici pour prolonger votre existence : ce que d'ailleurs je ne vous conseille ni ne vous souhaite ; car, lorsque la mort est là qui nous tend obligeamment sa faulx pour nous hisser à elle, il est mieux de ne pas la faire attendre.

La mort, monsieur Burton, le débarras de la vie ! Quel rêve ! Quelle compensation aux petits ennuis que nous souffrons ! Je veux espérer que, malgré l'affaissement évident de votre intelligence, il vous en restera assez pour jouir de vos derniers instants : mais vous n'en jouirez jamais autant que moi, cela est impossible, et je vous dirais pourquoi, si le temps ne me pressait, et si je n'avais d'autres choses de la plus haute importance à vous dire.

Monsieur Burton! s'écria le docteur, après une pause employée à tirer de son larynx la plus caverneuse de ses intonations, puisque, tout compte fait, il est à croire que vous me survivrez quelque peu, j'arrête mon choix sur vous pour vous confier mes dernières pensées et vous instituer mon héritier sur cet astéroïde; car, pour les biens que j'ai laissés en bas, je me trouve empêché de vous en investir.

Monsieur Burton!! hurla-t-il d'une voix si perçante qu'elle parcourut comme une décharge électrique mon réseau nerveux, et éveilla de force mon attention. J'ai, en outre, ma confession à vous faire et votre miséricorde à implorer, mais il convient pour cela que j'embrasse vos genoux.

À ces mots, ce grand corps, tout désarticulé par la cuisson, s'effondra à mes pieds en faisant gémir ses charnières et répandant autour de lui la chaleur d'un poêle de fonte.

— Edward Burton! dit solennellement le docteur: Gérant de la Société du Feu central, aujourd'hui en liquidation! je m'adresse en ta personne, à tous les administrateurs, à tous les actionnaires, à tous mes amis, si j'en ai, ce que j'ignore; et je leur demande pardon de les avoir trompés. Car je ne suis ni Samuel, ni Penkenton, ni professeur, ni géologue;

je ne suis pas moi ; nul ne me connaît ; et il faudrait creuser au plus profond de la poussière des âges, pour retrouver les os de la femme et de l'homme qui m'ont engendré. Voici mes initiales, ajouta Samuel Penkenton, montrant les signes sculptés sur son bâton.

Et, comme il me vit stupéfait, incapable de comprendre, il ajouta :

— Vous vous souvenez, monsieur Burton, de ces deux corps humains trouvés gisant ici, et près desquels j'irai bientôt gésir, dans la fosse que je me suis préparée ? Vous rappelez-vous leurs traits ?

— Oui, dis-je, je me les rappelle parfaitement.

— Alors, vous reconnaîtrez ce portrait ?

En même temps, M. Penkenton me présentait un fragment de bois de renne, sur lequel le visage d'un jeune homme était représenté ; dessin de facture naïve, mais d'une grande netteté de contours et d'une frappante ressemblance avec l'un des morts découverts dans cette caverne ; œuvre d'art préhistorique, analogue à celles qu'on retrouve dans les grottes tertiaires.

— C'est le portrait de l'homme fossile, dis-je aussitôt ; puis fixant sur Samuel Penkenton mon regard encore empreint de cette image.... C'est aussi votre portrait ! m'écriai-je.

Samuel Penkenton s'était placé dans le rayon de lumière qui tombait de la voûte, pour lui faire découper son profil et montrer sa parfaite ressemblance avec cette gravure.

— Cette image, monsieur Burton, est la mienne en effet ; et si elle ressemble, comme vous l'affirmez, à l'homme fossile trouvé ici, la cause en est simple : l'homme fossile est mon neveu, sa femme est ma nièce ; et je venais de la recueillir dans leurs mains au moment où vous m'avez trouvé évanoui, succombant à l'émotion. Ce tableau de famille, le portrait sans prix d'un géologue fossile, je vous le donne et lègue, monsieur Burton !

Depuis les dernières paroles du docteur, un brouillard intense, strié d'hallucinations fantastiques, avait envahi mon cerveau. Étaient-ce les ténèbres mêlées de lueurs qui enveloppent l'âme quand vient le soir de la vie ? Était-ce la mort survenue clandestine et qui, pendant que je croyais encore vivre, m'avait livré à l'enfer et aux tortures expiatrices que m'infligeait ce diable loquace et fou ? Ces incertitudes étaient affreuses, et le besoin d'en sortir me donna la force d'adresser à mon bourreau ces paroles :

— Monsieur, suis-je encore de ce monde ou d'un monde quelconque ? Veuillez me le dire, à moins que vous ne préfériez vous taire, ce qui vaudrait encore mieux ; car il me paraît hors de doute que vous ne savez pas ce que vous dites, de même que je ne comprends rien à ce que j'entends. Comment ces cadavres antédiluviens peuvent-ils être vos parents ? Comment vous, qui vivez encore à l'heure qu'il est ou qui avez l'air de vivre ; comment pourriez-vous être l'oncle d'un neveu et d'une nièce morts depuis des milliers d'années ?

— J'affirme, répondit simplement le docteur, que ces fossiles sont mon neveu et ma nièce, et je le prouve par la ressemblance que vous-même avez constatée.

M. Penkenton avait raison : l'authenticité de la gravure étant indiscutable, son argument était sans réplique.

— Enfin, repris-je, si ces fossiles sont vos parents, vous savez leurs noms ; faites-les-moi connaître, et vous-même, qui êtes-vous ? Je vous adjure, à cette heure suprême, de le dire.

— Vous le saurez plus tard, répondit le docteur.

— Dans le soleil, alors ?

— Non, dans le second volume.

— Mais l'auteur de ce livre fera-t-il un second volume ? demandai-je, anxieux et si fou moi-même que l'absurdité d'une telle question ne me choquait plus.

Le docteur resta muet cette fois, sans doute parce qu'on le priait de parler, et comme je me préparais à insister, je le cherchai vainement du regard. Samuel Penkenton avait disparu, sans que je pusse comprendre par quel chemin. Avait-il été volatilisé plus tôt qu'il ne pensait? Avait-il succombé à une combustion foudroyante? Je ne saurais le dire; car dans l'air ou sur le sol, je ne vis, en regardant bien, une bulle de vapeur ou une pincée de cendres qui parussent ressembler à la dépouille mortelle de M. le docteur Samuel Penkenton.

CHAPITRE IX.

LE DERNIER RÊVE DE LORD HOTAIRWELL.

Cet entretien pénible, terminé par cette disparition fantastique, avait livré mon cerveau à une tempête d'idées vagues et folles qui me semblaient fuser, comme des jets de vapeur, par toutes les fêlures de mon crâne chauffé au rouge.

Mais l'acuité même de ma souffrance me rendit de l'énergie ; je fis un suprême effort et je me levai pour fuir cette caverne, pour aller mourir près de mes amis, pour revoir encore la terre et ce soleil si beau qui nous tuait.

Il s'était rapproché le bourreau radieux, il nous étreignait plus encore dans ses bras de flammes ; et son œil rouge, sanglant et sans paupière, appliqué à l'orifice du cône, nous brûlait de son regard à bout portant.

Et cependant, un homme était là, qui ne baissait pas les yeux devant cet œil terrible, qui conversait avec ce géant.

Lord Hotairwell, radieux lui-même, comme s'il eût emprunté au soleil un peu de son nimbe, le contemplait face à face, aspirait avec délices ses ondes brûlantes, s'enivrait de ses effluves. Ses pieds semblaient ne plus toucher le sol, ni son corps la paroi du gouffre ; il s'en détachait comme une cariatide qui s'envole et planait sur l'abîme, les mains tendues vers l'astre ; pareil aux corps glorieux des saints qui, sans avoir besoin d'ailes, s'élèvent dans le pur éther, parce qu'ils sont plus purs encore.

M. Archbold semblait extrêmement absorbé, lui aussi, mais dans une extase diamétralement inverse. Étendu ventre à terre et penché sur le bord, toutes ses mesures prises pour se garer d'une chute, il fixait au fond du précipice la terre, qui ne formait plus au loin qu'une brume confuse.

Je n'osai lui demander le sujet de sa rêverie, mais je conjecturai que cet esprit si fort était en train de fléchir et de faire à l'évidence des concessions nécessaires.

— Oh ! venez, monsieur Burton, s'écria lord Hotairwell, en m'apercevant ; venez jouir de ce beau soleil, avant qu'il nous absorbe en lui. Sur la terre, une atmosphère impure nous entoure et fausse notre vue. La lumière, comme la vérité, nous arrive de biais, oblique, diffuse ; elle nous trompe par ses réfractions protéiques, par ses mirages qui simulent, dans la plaine aride, des ombrages et des sources. Mais ici, à cette magnifique altitude, l'air est pur, la lumière vraie, la vue sans limite ; nous pénétrons les secrets de l'espace, nous entrons au pays de l'éternelle genèse, et les dogmes cosmogoniques vont s'épanouir à nos regards comme les soleils sans taches de ces paysages infinis.

Déjà, nous pouvons reconnaître que le soleil est habité, ou plutôt qu'il n'est qu'un agrégat d'habitants, un faisceau fourmillant d'êtres lumineux. Voyez, monsieur Burton, ces corpuscules si brillants que mes yeux ne peuvent s'y arrêter, formes changeantes, insaisissables, presque incorporelles, qu'on dirait des âmes mal dévêtues de leurs corps. Ces formes, par moments, deviennent plus distinctes et je reconnais plusieurs d'entre elles. Je les ai vues sur la terre, mais ce ne sont pas des hommes, ce sont des idées, dont le soleil est peut-être le pays natal, le foyer générateur.

Oui, ces milliards de corpuscules sont des idées, les idées venues ou à venir sur toutes les planètes, dans tous les temps, dans tous les pays ; qui, depuis la naissance des mondes, suscitent le labeur de toutes les humanités. C'est du soleil qu'elles naissent, c'est à lui qu'elles reviennent, lorsqu'elles ont accompli leur carrière dans les corps ou dans les mondes éteints.

En voyez-vous, de ce côté, qui arrivent toutes poudreuses de la route, tout imprégnées encore des contacts matériels et des souillures terrestres? Aussi elles restent en quarantaine à la surface, jusqu'à ce qu'elles méritent de l'avancement vers le centre. Ce sont sans doute ces idées impures qui forment les taches solaires que nos astronomes ont observées…. Oui, comme les flots de l'Océan se mélangent au gré de la chaleur qui les pénètre; comme les vents se croisent et échangent, sur leurs routes alizées, les rigueurs du pôle et les effluves des tropiques; ainsi règnent, dans l'astre que je contemple, le mouvement, l'incessant échange d'une population atomique qui s'élève de la périphérie ou qui s'y précipite : immense essaim d'abeilles emplissant cette sphère du bruit pailleté de leurs ailes et de l'étincellement de leurs activités.

Lord Hotairwell se tut quelques instants pendant que ses regards, miroirs ardents de ce foyer de lumière, s'efforçaient de le pénétrer mieux encore. Puis il reprit :

— A mesure que mes yeux s'habituent à ce spectacle, j'en comprends mieux l'ordonnance et les acteurs; je distingue plus nettement les atomes qui reviennent des profondeurs cosmiques, lents et lourds comme des voyageurs fatigués, et tombent à la surface solaire, semblables à des flocons de neige terrestre ; tandis que d'autres, parés pour le départ, tout brillants d'illusions et de jeunesse, affranchis de la pesanteur par une immatérialité plus pure, s'envolent légèrement vers tous les pôles de l'espace.....

Non, mes yeux ne m'avaient point trompé, en me montrant dans cette foule des ressemblances humaines, formes incorporelles que l'œil peut à peine saisir, ombres qui survivent à leurs corps disparus.

J'en vois, parmi ces corpuscules, qui s'avancent majestueux et prudes, comme des idées d'économiste et d'académicien. Leur visage est austère et leur crâne a la forme de la coupole de l'Institut..... Voici des idées guerrières, à la mâle attitude ; des idées politiques pêle-mêle avec des idées folles, avec des idées fausses ; elles marchent sans ordre et bruyantes comme des chocs d'épées ou des cliquetis de grelots.

Voici des idées vieilles, banales, arrondies comme des galets ; et plus loin, des idées jeunes, des idées de poète, qui flottent dans l'éther comme des fils de la Vierge. Et en voici d'autres, plus jeunes encore, qui n'ont pas même vécu et qui reviennent avant l'heure, honteuses comme des forçats qui cachent leur flétrissure... Oh ! ne vous voilez pas ainsi, pauvres petites ! Je vous ai devinées, je sais qui vous êtes ; sur la terre, d'où vous venez comme moi, je vous ai connues et aimées. Vous êtes mes sœurs et mes filles, vous êtes des idées chimériques, des idées nouvelles, des idées brevetées, et vous portez la marque s. g. d. g. que les hommes, dans leur mépris, vous ont imprimée sur l'épaule. Mais ici, il vous sera pardonné, parce que vous avez travaillé et souffert. Allez en paix, mes sœurs, et gardez-vous des idées noires, des idées malsaines qui vous suivent, toujours prêtes à offrir aux malheureux leur alliance.

Oh ! fit lord Hotairwell, portant la main à son front comme quelqu'un qui chasse une mouche ou qui reçoit un choc. Oh ! voyez, monsieur Burton, dans cette foule d'idées, il y en a qui ont un corps, car l'une d'elles, en volant, m'a heurté le front. Elle ressemblait à un grêlon luisant des feux du prisme ; peut-être arrivait-elle, toute glacée encore, d'une mission hivernale dans les froids climats d'Uranus ou de Saturne..... Mais écoutez, ajouta-t-il, posant un doigt sur ses lèvres..... entendez-vous cette sorte de bruissement qui résonne, comme l'écho, sans qu'on voie la bouche qui le prononce, ces chocs impalpables de gestes et de paroles de tous les temps et de tous les pays ; si légers qu'à peine troublent-ils le silence, et que je ne saurais dire si ces immatériels interlocuteurs échangent réellement des paroles, ou si leur langage ne consiste que dans leurs couleurs,

leurs attitudes, leurs évolutions caméléoniennes, multiformes, infinies ?

Ah ! qu'il est regrettable que nos sens humains, trop grossiers, ne puissent mieux percevoir ces créations subtiles ! Mes regards sont éblouis par ces visions éclatantes, et je me trouve aussi gêné qu'un corps qui voudrait voir son âme avec ses yeux charnels.

Et cependant, malgré que ce monde et sa vie intense m'échappent dans leurs détails, comme les mouvements d'une foule qu'on regarde de loin, je distingue nettement un merveilleux phénomène : c'est qu'au milieu de cette confusion apparente, l'ordre absolu règne et l'harmonie triomphe. Ils règnent en vertu de la loi de Newton, de la loi de gravitation universelle, qui commande à cet empire idéal aussi bien qu'aux mondes matériels.

Loi d'attraction ! force de pure essence, assez puissante pour tenir sur leur route la course vertigineuse des mondes. Loi d'amour, loi créatrice de toute harmonie, promulguée au commencement des âges par la parole dite aux hommes et aux astres : « Aimez-vous les uns les autres. » C'est en vertu de cette parole que les mondes se sont élancés dans l'espace, que les planètes éprises de leur soleil ont épousé sa course ; que les soleils, guidant leurs théories de planètes, se sont mis à poursuivre des étoiles inconnues qui se dérobent à leurs feux dans l'infini de l'éther. C'est au nom de cette loi que les gouttes d'eau se sont unies en océans; que le pollen s'est mis à courtiser la fleur; que l'aiguille aimantée ou aimante conserve au mystérieux époux qui l'attend vers le pôle, son incomparable fidélité : témoignages d'obéissance, aussi magnifiques dans les hymens insaisissables de l'atome que dans les amours gigantesques des planètes satellites pour leurs soleils suzerains.

C'est en vertu de ce pacte d'amour que je vois les idées qui habitent le soleil, confondre leurs activités et leurs tendances en une seule tendance de la périphérie vers le centre, qui les attire à lui par l'attrait de sa lumière et de sa pure beauté. Car c'est au centre du globe solaire, au cœur de tous ses habitants lumineux, que resplendit la clarté suprême devant laquelle les clartés qui l'entourent ne sont que ténèbres; la lumière idéale aux rayons de laquelle toutes les autres pâlissent, s'inclinent et se tordent en brûlantes spirales, en amoureux méandres, et se consument comme un encens. Cette lumière des lumières, c'est le feu central du soleil, c'est l'idée vierge, l'idée sans souillure et féconde, ce que Dieu créa de plus pur après l'âme, à qui il l'a donnée pour servante et pour compagne.

O soleil! patrie des idées! leur berceau et leur tombe! port d'attache d'où elles voguent vers des missions nouvelles, où elles se rapatrient quand leur cycle est achevé ! O soleil ! voici la plus grande idée de ce temps, la conquête du feu central terrestre qui revient, avant l'heure, se rénover en toi ! La voici qui, par une faveur due à son mérite et à ta clémence, traverse les espaces, portée en triomphe par une portion de la terre qu'elle a fécondée, guidée jusque dans ton sein par les hommes en qui elle s'était incarnée. O soleil ! accueille favorablement cette terre ; accorde à cette idée, à ses apôtres, à ses martyrs, une sépulture dans ta lumière, une auréole de tes rayons. Donne-leur.....

Un ricanement énorme qui, grossi en chemin des affluents de l'écho sonore, semblait le rire de toute une foule, interrompit lord Hotairwell à ces mots. D'où venait ce rire malséant ? De la base ou du sommet du cône ? De la terre ou du soleil ? Je cherchais à m'en rendre compte, lorsque la même voix reprit :

— Des mouches ! Mylord, des mouches ! Ce sont des mouches et non pas des idées. Regardez mieux, et vous distinguerez l'essaim de ces insectes qui volettent autour de vous. Ces pauvres bêtes sont venues se réfugier, elles aussi, dans ce courant d'air, et le soleil les fait luire comme des étincelles. Oh, mon Dieu ! il n'y a pas de honte à prendre des mouches pour des idées. Les savants de la terre n'en font pas d'autres ! Et je pourrais nommer tel d'entre eux qui, par un temps chaud, comme celui d'aujourd'hui, a récolté dans le champ de son télescope un passage d'insectes qu'il avait pris pour une pluie de bolides.

Lord Hotairwell n'avait pas même honoré son interrupteur d'un haussement d'épaules. Peut-être ne l'avait-il point entendu. A bout de forces, il s'était affaissé sur une roche, regardant toujours, mais ne parlant plus.

Quant à moi, lorsqu'après avoir réuni toutes mes forces, je fus parvenu à lever la tête vers le point d'où la voix m'avait semblé descendre, je ne fus pas seulement aveuglé par le soleil, mais je perdis le peu qui me restait de raison en voyant debout sur le sommet du précipice le docteur Samuel Penkenton, qui me regardait, souriant.

La grande taille du docteur se développait à l'aise sur ce socle à sa mesure, et sa nudité mettait en valeur sa stature athlétique; car M. Penkenton n'avait pour habillement qu'une courte peau de bête sanglée aux reins. Vêtu, comme Adam, de la dépouille fauve que le premier homme ceignit en hâte après sa faute, il imposait par sa majesté, et en même temps, on songeait qu'un astronome, trouvant dans sa lunette ce géant ainsi vêtu, debout sur ce sphéroïde, l'eût pris pour un acrobate interplanétaire, roulant sa boule dans les cieux.

Samuel Penkenton souriait toujours, jouissant visiblement de ma surprise. Puis, s'aidant de son bâton comme un pâtre de sa houlette, il se mit à descendre le sentier abrupt du gouffre ; et quand il ne fut plus qu'à quelques pas :

— Monsieur Burton, dit-il, je viens solliciter de vous l'honneur d'un nouvel entretien.

CHAPITRE X

SAMUEL אN PENKENTON

La perspective d'une seconde conversation avec cet homme me causa un tel effroi, que je me fusse hâté de fuir si je n'eusse été acculé au vide. Le docteur s'en aperçut, mais persista dans son dessein.

— Monsieur Burton, reprit-il, lorsqu'il fut arrivé près de moi, mon costume me change-t-il à ce point que vous ne me reconnaissiez plus? Regardez-moi bien, je vous prie.

— Je vous reconnais, répondis-je froidement, et je vous demande quel nouvel accès de folie vous a poussé à ce déguisement peu convenable?

— Ce n'est point un déguisement, répliqua le docteur, c'est mon vrai costume que j'ai repris, le costume de mes parents, cette peau de bique que j'ai gardée pendant six mille ans, attendant le jour de ma mort pour m'en parer. Il est arrivé, ce beau jour ; et je revêts mes habits de fête, je reprends ma personnalité véritable et mon nom, n'étant pas tenu de me cacher pour mourir comme je me suis caché pour vivre.

— Alors, qui êtes-vous ? interrompis-je sèchement.

Samuel Penkenton baissa la tête sans répondre.

— Vous êtes le Juif-Errant ! m'écriai-je, éclairé d'une intuition subite.

Le docteur eut un sourire amer.

— J'ai connu Isaac Lak-Edem, dit-il ; nous nous sommes souvent rencontrés dans le monde ; mais Lak-Edem, près de moi, n'est qu'un enfant : il essayait ses premiers pas quand je marchais depuis quatre mille ans. Il me rattrapera cependant, car il lui reste, jusqu'à la fin des siècles, beaucoup de chemin à faire ; et moi, je suis arrivé. Dieu me pardonne, puisqu'il me laisse mourir. Pardonnez-moi, vous aussi, monsieur Burton, au nom de tous ceux que j'ai offensés, au nom de mes parents dont j'ai fait le désespoir, au nom de mon frère que j'ai assassiné...

La voix du docteur trembla tellement à ces mots, qu'elle s'éteignit sans pouvoir achever ; et il me tendit une main si suppliante et si humble, que je dus faire un effort pour ne pas la presser dans les miennes.

— Avant tout, dis-je, je dois savoir qui vous êtes.

— Vous allez être satisfait, murmura le malheureux, dont les lèvres tremblantes ouvraient et fermaient tour à tour le passage à l'aveu qu'il voulait faire ; puis, d'une voix tonnante et comme pour étouffer son secret sous le bruit :

— Je suis Kaïn ! s'écria-t-il, Kaïn, fils aîné du premier homme, frère du malheureux Abel. Ce bâton en bois de gopher est l'instrument du premier meurtre, et moi, je suis le premier assassin !

Et après un silence, entrecoupé de sanglots :

— Vous n'êtes pas, monsieur Burton, sans avoir entendu parler de mon crime. C'était en 128, au mois de mai ; Abel et moi, nous venions d'immoler quelques brebis sur nos autels, et la fumée de mon frère, plus agréable à Dieu, montait droit vers le ciel, tandis que ma fumée se rabattait sur moi. J'étais suffoqué, jaloux, et je résolus de me venger. Le lendemain, lorsque Abel se rendait aux champs, je m'élevai contre lui et, d'un bon coup de cette canne, je l'abattis à mes pieds.

En même temps, Kaïn présentait la pièce à conviction de son crime, son bâton que je repoussai avec horreur ; mais les lettres gravées sur l'écorce attirèrent mon attention.

— Que veulent dire ces signes ? demandai-je.

— Ce sont mes initiales, א כ (Kaïn-Adam), en syriaque, la langue que nous parlions au paradis terrestre.

Atterré de mon crime, j'essayai de fuir, mais une voix m'appela. « Qu'as-tu fait de ton frère ? » me dit-elle. J'avais reconnu la voix et je voulus nier : impossible ! Dieu m'avait vu. « Kaïn, me dit le Seigneur, j'ai condamné à mort tes parents qui ont péché, mais toi, qui as donné la mort, je te condamne à vivre ; je te fais immortel, errant sur la terre, sans nom et sans patrie, *eris in terra Nad;* cette branche de gopher, instrument de ton crime, restera attachée à ton flanc comme ton ombre, et tu marcheras éternellement à cette ombre. Va !.... » et je m'enfuis.

La haute taille de Kaïn pliait sous le poids de ces souvenirs. Ses mains bistrées et sèches tremblotaient comme des feuilles mortes, et des ruisseaux de sueur coulaient par les ravins de son visage.

— *Eris in terra Nad!* répéta-t-il en sursaut, comme si la voix terrible venait de redire ces paroles.

Vous connaissez, monsieur Burton, les dissertations faites sur ce mot *Nad,* et vous voyez que les savants qui ne l'ont pas traduit par *errant* se sont trompés, comme ceux qui m'ont dit tué par mon neveu Lameck : calomnie sans prétexte, mes relations avec Lameck ayant toujours été excellentes, aussi bien qu'avec Tubal-Kaïn, son fils, à qui j'ai donné mon nom, que j'ai poussé dans la métallurgie, où il a fait fortune, puisque Tubal-Kaïn et Vul-Kaïn sont une même personne sous deux noms.

Cela dit pour rectification, qu'ajouterais-je, monsieur Burton ? La macrobiographie d'un homme né le neuvième mois de l'an I, et encore vivant aujourd'hui, âgé de 5,880 ans, 73 fois octogénaire, demanderait plusieurs milliers de volumes.

Parti comme je viens de vous dire, je marchai sans trêve, comme si la terre avait un bout et mon voyage un but, ne voyant âme qui vive, puisque la plus grande partie du globe était encore inhabitée. Revenu en Arménie après 15 siècles d'absence, je m'y trouvai orphelin : mon père et ma mère étaient morts depuis 700 ans. Noé était le chef de la famille, et celle-ci, qui, à l'époque de mon départ, ne comptait que quelques membres, s'était accrue par centaines de mille et commençait à se répandre.

Kéasaire, femme de mon cousin Kaïnan, et ma nièce à la mode de Bretagne, se disposait à partir pour fonder une colonie dans le Nord de la terre. J'allai trouver Kéasaire, je lui fis connaître notre proche parenté, et je mis à sa disposition mon expérience des voyages. Je réussis à vaincre les scrupules que lui inspiraient mes mauvais antécédents, et au mois de juillet 1628, ma nièce, son mari, leurs quatre-vingts enfants, les serviteurs, les chameaux et moi, nous nous mîmes en route pour l'Irlande.

La terre, à cette époque, atteignait son âge mûr tertiaire, et avait à peu près la figure que vous lui voyez. Cependant, il existait des mers que, depuis, les continents ont chassées, de même que des parties de continents sont descendues sous les eaux. Mais la géographie ancienne m'était familière, et comme ma nièce craignait la mer, j'avais combiné la route en sorte que notre caravane arrivât en Irlande sans quitter la terre ferme.

Longeant les rives de la Méditerranée, depuis l'Asie-Mineure jusqu'aux lagunes de Gabès, nous parvînmes aux Colonnes d'Hercule, ou mieux à leur emplacement futur, car Hercule n'avait pas encore séparé l'Afrique de l'Europe : enfantillage et jeu de géant, qui crut qu'en ouvrant le détroit, il allait vider la Méditerranée dans l'Océan. Au point de vue de notre voyage, nous n'avions qu'à nous féliciter de ce que Hercule et M. de Lesseps ne fussent venus encore scier l'Afrique, chacun par son bout ; et nous passâmes de pied ferme en Europe, laissant à notre gauche l'Atlantide, qui venait justement d'émerger.

La traversée de l'Espagne fut facile, celle de la France moins aisée. D'Angers à Châlons, de Clermont à Valenciennes, comme on peut le voir sur mes cartes tertiaires, et dans tout le bassin de Paris abandonné depuis peu par les eaux, le pays n'était qu'un marécage lézardé de bras de mer et de canaux naturels. Nous dûmes faire un long détour par l'Est.

Les grottes de Bruniquel en Tarn-et-Garonne, celles de l'Hérault, les cavernes à ossements de

Vergisson dans Saône-et-Loire, celles d'Arcy-sur-Cure et de Saint-Remy dans la Meurthe, furent les principales stations de notre route ; et les os à moelle brisés, les couteaux et les aiguilles en silex, les dessins sur bois de renne qu'on y retrouve, ne sont que les traces de notre passage, les reliefs de nos repas, nos objets de ménage et les essais de gravure de mon neveu Kaïnan.

Notre dernière halte en France se fit près d'Abbeville, à Moulin-Quignon, où mourut Éliézer, notre chamelier en chef, emporté en quelques heures par les fièvres paludéennes du pays.

A ce propos, vous vous souvenez, monsieur Burton, des controverses que souleva la découverte d'une mâchoire d'homme prédiluvien trouvée, à Moulin-Quignon, par mon collègue Boucher de Perthes ; mais vous n'imaginez pas à quel point ces débats m'amusèrent, moi qui connaissais pertinemment l'affaire, qui savais de source certaine que Boucher de Perthes avait raison, et que cette mâchoire était aussi antédiluvienne que moi. Mais croiriez-vous que, lorsque je voulus intervenir et trancher la question d'une manière décisive, offrant de faire connaître le nom de cet homme fossile, son âge, sa profession et jusqu'aux circonstances de sa dernière maladie, Boucher de Perthes lui-même, que je soutenais, se moqua de moi, et tout le clan des géologues, par hasard unanime, me traita de fou. C'était pourtant bien simple et cette mâchoire, je la connaissais comme je connais la vôtre, puisque c'était celle d'Éliézer, notre chef des chameaux, décédé, comme j'ai eu l'honneur de vous le dire, pendant notre passage à Moulin-Quignon.

Du reste, ajouta Kaïn avec amertume, il en a été ainsi chaque fois que j'ai voulu faire profiter les hommes de mon exceptionnelle expérience ; ils m'ont pris pour un aliéné. On ne savait pas, et je ne pouvais dire que toute ma science de géologue était faite de mes souvenirs d'enfance : on eût cessé de me voir si l'on m'eût connu.

Ce fut entre Calais et Boulogne, par un passage guéable, où la mer actuelle est encore peu profonde, que nous arrivâmes en Angleterre, et quelque temps après en Irlande. Notre voyage, accompli avec une rapidité exceptionnelle pour l'époque, avait duré vingt ans.

C'est ici, monsieur Burton, à cette place où je parle, que notre caravane fit sa halte définitive en septembre 1648 ; et que mon neveu Kaïnan et ma nièce Kéasaire, tous deux intelligents, instruits, actifs et bien jeunes encore, puisqu'ils n'avaient pas cinq cents ans à eux deux, fixèrent le siège de la Société Kéasaire, Kaïnan, Kaïn and C°; car je m'étais associé : et je peux dire que nos produits métallurgiques ne le cédaient en rien à ceux de mon autre neveu Vul-Kaïn, établi dans l'Etna, lorsque survinrent la fatale année 1656 et la catastrophe que vous savez.

Mais j'abrège, dit Kaïn, qui venait de surprendre sur mon visage des signes d'ennui, et je passe au déluge, puisque c'est précisément ce grand événement qui allait s'accomplir[1].

Durant 150 jours, ainsi que Moïse l'a dit en excellents termes, les cataractes du ciel s'unirent en un même Océan; les montagnes s'effondrèrent, en creusant des abîmes qui vomirent des flammes, car le feu central avait été aussi déchaîné; et c'est sous l'effort de tous ces fléaux, dont l'Irlande porte encore les marques, que cette portion de son territoire fut engloutie avec ses habitants, avec mon neveu et ma nièce châtiés ainsi de leurs bontés pour moi.

C'est ici, monsieur Burton, que cette catastrophe les a ravis à mon amour; et c'est dans cette grotte que je les ai retrouvés, sur ce territoire où ils ont vécu, sous ces arbres que j'ai plantés.

Comprenez-vous, maintenant, mon émotion le jour où ils me sont apparus?

---

1. Ce récit de Kaïn complète et confirme le Précis d'histoire d'Angleterre, d'Écosse et d'Irlande, par Mme P. Rolland, où il est dit que la première colonie qui a peuplé l'Irlande y est arrivée peu de temps avant le déluge, conduite précisément par Kéasaire nièce de Noé et petite-nièce de Kaïn. Quatre cents ans après déluge, Bartholam, descendant de Japhet, revint peupler ce p· et, au temps de Jacob, d'autres voyageurs de même provenan· fixèrent. Ce n'est donc pas sans motifs que les Irlandais se · le plus ancien peuple d'Europe.

Le docteur chancela, et son grand corps fut secoué par de tels sanglots qu'il eût roulé dans l'abîme si je ne l'eusse promptement retenu. Après un moment, il reprit :

— Dans la douleur de perdre ces êtres si chers, dans la rage de leur survivre, je m'insurgeai contre ma condamnation à la vie et j'essayai tous les suicides : je me précipitai dans la bouche des volcans, qui me reçurent mollement sur leurs laves élastiques, et me vomirent sans violence ; je m'élançai sur des rochers pour me briser la tête, mais ma tête brisa la roche ; en vain je me frappai avec ce bâton, en vain je tentai de me noyer : la mer me ferma ses abîmes ; ses vagues, figées soudain, s'arc-boutèrent sous moi comme des arceaux de cristal.

Et quand les pluies du ciel se furent nivelées avec les océans ; quand, du pôle nord au pôle austral, les eaux eurent recouvert toute la surface, sur la sphère sans rivages, il n'émergea plus que deux points noirs flottants. L'un c'était moi ; c'était la grande stature de Kaïn, nageant malgré lui, cahoté par les vagues comme une roche erratique, si dure et si haute que les flots qui la déplacent ne peuvent la briser ni l'engloutir. L'autre était l'arche de mon parent Noé !.... Que de fois, durant ces cent cinquante jours, je la vis passer au large sans oser l'accoster, moi maudit!.... Elle portait le pardon, l'espérance, l'avenir. Le souffle de Dieu enflait sa voile, les flots se nivelaient sous sa carène ; et le patriarche, attentif au gouvernail, suivait de ses regards levés au zénith, l'arc-en-ciel qui montrait son aurore et dessinait sa courbe vers le mont Ararat.

Que vous dirai-je encore, monsieur Burton ? J'ai vu naître et vieillir l'humanité, conduisant au hasard ma course vagabonde, mais revenant toujours vers les rives charmantes de la Méditerranée.

Cette mer était pour moi le bassin de Hyde-Park, aux bords duquel le promeneur s'arrête et regarde les enfants lancer leurs flottilles. Ainsi faisais-je autour de la Méditerranée. N'ayant rien à faire, ayant des siècles à perdre, je regardais les jeux et les combats de ces peuples enfants ; je tâchais de m'intéresser à leurs révolutions, qu'ils croyaient bien terribles ; à leurs migrations, qu'ils jugeaient très lointaines, quand ils parcouraient le monde du Pont-Euxin aux Colonnes d'Hercule. Grecs, Tyriens, Carthaginois, Romains, troupes d'acteurs nomades, paradaient devant moi, dans le costume et dans le décor du temps : spectacle varié et si mobile que, parfois, avant que j'eusse achevé le tour du lac, les hommes et les choses s'étaient renouvelés ; je retrouvais d'autres combattants sur les flots, de nouvelles colonies sur les bords.

Tout en me tenant à l'écart, je cherchais à me rendre utile ; et combien de services, qu'ils ignorent, tous ces peuples n'ont-ils pas dus à ma bienveillance attentive ! que de fois j'ai renfloué du bout de ma canne leurs petits navires, dont l'équipage, sans me dire merci, tendait sa voile et gagnait le large, moins effrayé de son naufrage que de son sauveur!

La guerre de Troie, ce temps des belles prouesses de l'humanité adolescente, fut l'un des meilleurs de ma vie, et le spectacle qui m'a le plus attaché.

Je voyageais, cette année-là (1270), dans l'Eubée, que vous appelez maintenant Nègrepont, et je m'étais arrêté un soir au bord de la mer Égée, là où, quelques années plus tôt, j'avais regardé disparaître la barque des Argonautes dans les passes de la Propontide. Adossé au Delfi, je savourais du regard ces riants rivages et ces flots qu'une brume d'Orient toute soyeuse enveloppait pour la nuit, lorsqu'une clameur furieuse, quelque chose comme le juron d'un peuple, me fit tourner la tête du côté de la Grèce.

Ménélas menait tout ce bruit, dont Mycènes et les nations voisines prirent bientôt leur part; de sorte que, en un moment, ce fut dans tout le Péloponèse un coassement général de ces petits peuples et de leurs roitelets. Pâris, envoyé par Priam pour réclamer sa tante Hésione enlevée par Hercule, avait enlevé Hélène; et la Grèce, amoureux chevalier, s'armait pour venger sa dame.

Mon neveu Vul-Kaïn, ami des Grecs, fut tout naturellement favorisé de leurs commandes pour les fournitures d'armes que cette guerre exigeait; et ses forges de l'Olympe, leurs succursales de Lipara, de l'Etna et de Lemnos, reçurent un énorme accroissement d'activité.

Souffrant d'une boiterie de naissance aggravée par une chute ; mal secondé par Vénus, sa femme, uniquement occupée de sa beauté et passant la plus grande partie de l'année à Paphos, mon neveu réclama le secours de son vieil oncle. Mon expérience de la métallurgie, ma force et ma taille me donnaient l'autorité nécessaire pour diriger des cyclopes. Je me chargeai des ateliers de l'Etna et je pris ainsi une part active à la fabrication des armes d'Achille, du sceptre d'Agamemnon et de tant d'autres chefs-d'œuvre de ciselure, dus aux marteaux et aux burins de mes meilleurs ouvriers : Pyracmon, Acamas, Stéropès, cyclopes éminents dont l'histoire a bien fait de conserver les noms.

Ces travaux achevés et les livraisons faites, je me hâtai de quitter cette fournaise, et je vins m'asseoir à Chalcis, sur la rive de l'Euripe, située en face d'Aulis, où s'assemblait la flotte grecque. J'assistai à son départ, et je vois encore ce magnifique spectacle : les phalanges de la Grèce couronnant dès le matin les sommets de l'Attique, depuis les forêts de l'Œta jusqu'au Laurium, et descendant les pentes comme des torrents rapides. Les uns viennent d'Orchomène aux plaines fertiles, d'Énispe tempétueuse ; de Stymphale, qui boit l'Alphée ; du pays du Haut-Cyllène, où naissent les hommes intrépides. D'autres ont quitté Sparte et Hélos. Ménélas, chargé de soucis, les commande : je le vois franchir l'isthme étroit de Corinthe ; ses soldats le suivent comme un troupeau furieux ; ils se pressent au point que plusieurs tombent dans les flots, mais ils se hâtent de boire l'onde amère, nagent vers la rive et reprennent leur rang.

Puis voici d'autres guerriers : les Arcadiens, peuple de vieille noblesse (προσέληνοι, plus vieux que la lune), sorti de la terre comme la cigale, son emblème. Les Ioniens au visage imberbe, au corps de marbre, statuaire surgie vivante des carrières du Pentélique, dont ils descendent les sentiers ; ils sont vêtus de cuirasses de lin, variées, éclatantes, et les abeilles de l'Hymette se pressent sur le seuil des ruches, croyant voir une troupe de fleurs.

Les Béotiens arrivent les derniers, bien qu'ils soient les plus voisins de l'Aulide ; Pénéléus et Prothénor, leurs chefs, aiguillonnent ces soldats pesants ; mais leurs corps aqueux, énormes, trébuchent sur la pente, s'écroulent comme des roches, s'entassent sur la rive et roulent jusque dans les navires, qui les reçoivent et en sont ébranlés : peuple dont l'entendement est obscurci par les brouillards et qui cependant enfantera Hésiode, Pindare, Corinne, Épaminondas, Plutarque.

Agamemnon, pasteur des peuples, s'empresse sur le rivage, reçoit ces troupeaux d'hommes, les marque, les compte et les pousse à grands coups de sceptre dans les carènes, qui se boursouflent sous la charge de tant de guerriers. Car les navires sont là qui attendent enchaînés, la voile pliée au fond : il y en avait 1,175. C'est moi qui ai donné ce chiffre à Homère.

La flotte ayant mis à la voile, je lui laissai prendre quelques années d'avance. Puis, sautant de roche en roche, de cyclade en cyclade, suivant à fleur d'eau les montagnes effondrées qui joignaient jadis l'Asie-Mineure à l'Eubée, je passai en Asie et j'arrivai devant Troie, comme Ulysse achevait de construire son cheval. Je m'engageai volontaire dans le corps de cet animal, où avait déjà pris place Ménélas, toujours au premier rang, mais bien changé par ces dix années d'inquiétudes. Mes jambes enfourchées dans les jambes de devant du cheval, mes pieds dans ses sabots, mes yeux dans ses orbites, je formais l'avant-garde de la citadelle, pendant qu'Ulysse, établi dans l'arrière-train, veillait par l'embrasure, et donnait un coup d'œil aux troupes campées dans les flancs.

Vous savez ce qu'il advint. Les Grecs prirent Troie ; moi, je pris le cheval, et je l'emmenai dans ma collection. J'avais le goût des choses anciennes, déjà très chères à cette époque, d'autant plus rares que le monde était plus jeune ; et je prévoyais la valeur que prendrait un jour cet objet, comme tant d'autres bien autrement anciens, que j'ai dû chasser de mes vitrines, à mesure qu'ils tombaient en poussière.

Le siège de Troie achevé, je n'eus que le temps de courir à la Méditerranée, où d'autres spectacles m'appelaient. Mais l'humanité, arrivée à l'âge mûr, ne se battait plus pour une femme. A cette époque, des peuples marchands, les Phéniciens, les Tyriens, les Carthaginois, occupent la scène du monde. Les Romains, acteurs tragiques, y montent à leur tour et y restent longtemps. Le décor s'assombrit, les costumes s'ensanglantent. La guerre n'est plus la mêlée héroïque où s'échangent, entre hommes et dieux, les invectives et les quartiers de roche; où résonnent les épées sur les cuirasses sonores, où les guerriers reçoivent vingt mortelles blessures, épanchent des fleuves de sang et, la journée finie, se retirent paisibles sous leur tente. Les guerres nouvelles sont implacables. On se bat pour prendre ; on frappe pour tuer ; on meurt pour de vrai, et souvent sans gloire, sans poésie et sans barde : car il n'y a pas d'Homères pour de tels combats.

Ainsi poursuivais-je ma route sans terme, marchant sans avancer, vieillissant sans mourir, travaillant pour oublier, et choisissant par dérision, moi, fils de famille, les tâches les plus infimes et les plus rudes, auxquelles me rendaient propre ma force et ma taille. Homme de peine, manouvrier, géant de foire, modèle d'atelier, j'ai posé devant Charès pour le colosse de Rhodes, que j'ai mis en place lorsqu'il fut achevé. Dans la vieille Égypte, on n'eût pas osé remuer un obélisque sans me prévenir et, souvent aussi, j'ai prêté mon bras à Dieu. J'ai été, par obligeance, Goliath, Samson, Gabbara, Teutobochus : rudes labeurs, après lesquels on me disait mort, parce qu'on retrouvait mes vêtements vides. C'était faux, hélas ! et je n'avais fait que changer de costume.

La défense de mourir m'exaspérait sur toute chose et m'a poussé malheureusement à plusieurs révoltes : au deuxième siècle de cette ère, par exemple, lorsque j'instituai le Kaïnisme et me proclamai dieu du mal, élevant carrément autel contre autel[1].

Mes dogmes, empruntés aux cosmogonies de la Perse renforcées du gnosticisme de Chaldée et de l'ophisme nécessaire pour en parfaire le syncrétisme, opposaient la science à la foi : la Bible n'était plus qu'une série de paraboles, mon crime qu'une allégorie, et je cessais d'être un vrai meurtrier.

---

1. La secte du Kaïnisme apparut, en effet, au temps de Tertullien, proclamant l'existence d'un principe tout-puissant du mal, considérant Kaïn comme issu de ce principe et supérieur à Abel, représentant du bien. Une branche de cette secte prit le nom de Quintillianistes, du nom de Quintillia, sa fondatrice. Les Abéliens, qui vinrent ensuite, préconisèrent la supériorité d'Abel et se firent un devoir de mourir, comme lui, sans postérité : nihilistes inoffensifs, se bornant à détruire en s'abstenant de créer.

Ma religion, ayant tous les vices pour base, réunit naturellement beaucoup d'adeptes. Mon autel fut assiégé, et mon temple regorgea de fidèles d'une telle ferveur, que je ne pus suffire à les exaucer. Il y eut des mécontents; les femmes, toujours exaltées, s'en mêlèrent. Quintillia, une de mes servantes, voulut se faire prêtresse. Cela ne me convint pas : elle me donna congé, créa la secte des quintillianistes; et l'hérésie se mit dans mon culte.

Déjà l'impiété de quelques vieux gnostiques avait suscité contre moi les Abéliens, qui adoraient mon frère et pratiquaient le bien. C'était réveiller maladroitement, entre Abel et moi, une vieille querelle, et transformer en question de personnes un différend théologique. Aussi, la lutte fut chaude et la mêlée si confuse que, dans ce tohu-bohu[1], ni dieux ni fidèles ne distinguèrent plus le mal du bien. De là l'expression Cahin-Caha (TANT BIEN QUE MAL) appliquée à ce mélange, et qui n'est autre chose que mon nom Kahin, accouplé à celui d'une de mes prêtresses, Kaha[2]. Abreuvé d'ennuis, ne pouvant faire tout le mal que j'aurais voulu, en butte à tous les reproches et n'osant plus sortir de mon temple;

---

1. On s'étonnerait à tort de trouver, dans la bouche de Kaïn, ces mots de pur hébreu : *Tohu-bohu* ou *Thokou-bohou*, qui signifient *cahos.*

2. On voit combien se sont trompés les étymologistes frivoles qui ont prétendu tirer *cahin-caha* du latin *qua hinc, qua hac.*

ayant contre moi Dieu et plus encore le diable, jaloux d'un collègue de ma force, je m'enfuis, jurant bien qu'on ne m'y prendrait plus.

Si vous désirez, monsieur Burton, de plus amples renseignements sur ma secte, vous les trouverez dans mes *Mémoires* qui sont restés sur la terre et que mes exécuteurs testamentaires ont ordre, dans le cas où je viendrais à mourir, de ne faire paraître, comme ceux de Talleyrand, qu'à l'époque où ils n'intéresseront plus personne ; je les ai déposés à la Banque d'Angleterre, enfermés dans 77 caisses plombées. Ils m'ont donné beaucoup de travail, dans ces derniers siècles ; car, les ayant commencés très jeune et continués, en me conformant aux progrès et aux transformations du langage et de l'écriture, les premiers chapitres étaient gravés sur bois de renne et d'aurochs, en caractères idéographiques ; les suivants sur pierre et sur brique, en phonétique acadienne ; d'autres étaient écrits sur peaux de poissons, sur lames de plomb, sur papyrus, en sténographie égyptienne ; les derniers en anglais, sur papier Bristol. Mon éditeur ne s'en fût jamais tiré si je ne m'étais mis avec courage, depuis deux cents ans, à les recopier en écriture moderne. Ces 77 caisses contiennent 7,777 cahiers in-folio entièrement mis au net.

Comme j'esquissais un geste d'effroi :

— Le chapitre 7 de mes *Mémoires* vous donnerait la clef de cette quantité de 7 qui vous étonne, et vous dirait aussi pourquoi le chiffre 7 a la forme d'une hache et d'une clef.... Il a pour titre : *l'Heptaïsme ou l'Influence du nombre 7*. C'est un des plus curieux. Peut-être désirez-vous en entendre quelques fragments ?

En même temps, Kaïn tira un manuscrit de sa peau de bique ; mais mon visage devint si suppliant ou si terrible, qu'il n'insista pas.

— Ne pensez pas, d'ailleurs, monsieur Burton, reprit-il, changeant de sujet, qu'à raison de ma misanthropie, j'aie vécu en sauvage, étranger aux choses de mon temps. Non, j'ai fréquenté tous les hommes marquants de l'histoire ancienne, accueilli par eux avec l'urbanité antique, mais exclu de l'intimité de la famille par une défiance instinctive de la malédiction qui pesait sur moi.

C'est dans la société contemporaine que j'ai pénétré le plus avant. L'accueil y est banal, et l'hospitalité ouverte à tous les vents ; on ne s'y trouve pas bien, mais on entre aisément. Ma réputation de géologue m'ouvrait d'ailleurs les portes du monde des savants, où j'ai souvent bien ri de ce que j'entendais dire. Je les ai tous connus. J'ai été lié avec Cuvier, et je lui ai donné des notes dont il a su tirer parti. Mais je n'ai rien pu faire de Buffon.

J'ai encore des parents qui portent mon nom, avec des variantes d'orthographe excusables pour un mot soumis à l'épreuve de tant d'alphabets et d'idiomes : les Caïn, Caën, Cahen, Cohin et autres ; la plupart dans l'industrie, où notre famille excelle. Je ne les vois pas, j'ai flétri le nom, et personne n'aime à se souvenir qu'il a un aïeul assassin.

C'est encore à ma qualité de géologue que je dois mon introduction dans la Société du Feu central, qui m'a inspiré tout de suite l'espérance d'y trouver la mort. Aussi, me suis-je dévoué à ses travaux ; et je crois, monsieur Burton, que vous devez rendre justice à mon concours.

— Oui, monsieur Penkenton, répondis-je, n'osant encore, par bienséance, l'appeler Kaïn ; mais votre collaboration s'est terminée par un accès de folie qui nous a coûté cher.

— Je n'ai pas été fou un moment, répliqua Kaïn.

— Je le regrette pour vous, c'eût été votre seule excuse.

— Non, je ne suis pas fou, je ne l'ai jamais été : j'ai agi avec discernement et préméditation, convaincu d'être agréable à Dieu en vous détruisant. J'ai entrevu ce moyen de pardon et j'ai marché vers lui, en foulant aux pieds les scrupules puérils qui eussent arrêté des hommes de votre temps. Et cependant, en souvenir de nos relations passées, j'aurais préféré n'être pas moi-même votre bourreau, et m'en remettre de ce soin aux Atmophytes. Dans ce but, j'ai fomenté, organisé leur révolte ; j'ai dirigé de mon mieux leurs efforts.....

— Vous avez fomenté la révolte des Atmophytes ? interrompis-je avec violence.

— Oui, car, ainsi que j'ai eu l'honneur de vous le dire, je désirais, par un sentiment de convenance, ne pas tremper mes mains dans votre sang. Mais ces brutes, qui avaient bien commencé leur émeute, ont perdu leur temps à briser vos portes. Vous leur avez coupé la force motrice, et je me suis vu contraint d'entrer en ligne avec mes réserves. Je dois d'ailleurs rapporter à l'honneur de MM. les ingénieurs Hatchitt et Archbold, les résultats explosifs si remarquables que j'ai obtenus.

— Comment! intervint M. Archbold, dont l'attention depuis quelques instants s'était éveillée, prétendez-vous faire de moi votre complice?

— Dieu m'en garde, monsieur James Archbold, répondit Kaïn, je tiens essentiellement à ne partager avec personne le mérite de mon action, et je veux dire seulement que j'ai utilisé, pour faire sauter une partie de cette terre, les moyens que M. William Hatchitt et vous-même aviez proposés jadis pour la détruire.

— Serait-il indiscret, monsieur Kaïn, de vous demander comment vous vous y êtes pris? dit l'ingénieur.

— Oh! nullement; le secret n'est plus utile. Voyant donc que la révolte des Atmophytes n'atteindrait pas à elle seule le but que je me proposais, j'ai eu recours aux derniers moyens.

— Ah! fit M. Archbold, qui commençait à s'intéresser.

— J'ai ouvert les vannes du lac, et j'ai versé un fleuve dans le puits.

— Moyen médiocre, je sais cela; passons, dit M. Archbold.

— Ce fleuve, d'un volume considérable, a, dans ce brasier énorme, engendré une quantité de vapeur gigantesque.

— Peuh! quelques milliers d'atmosphères! insuffisants pour nous chasser de l'orbite terrestre, interrompit M. Archbold, dont la curiosité s'émoussait.

— Ce fleuve, dit Kaïn, n'était pas un fleuve comme un autre.

— Ah! fit l'ingénieur.

— C'était un fleuve préparé.

— Un fleuve préparé? dit M. Archbold, reprenant intérêt au récit.

— Un fleuve explosif, continua Kaïn, puisqu'il sortait d'un lac dans lequel j'avais fait sombrer mes deux navires. Avez-vous vu sombrer mes deux navires?

— Moi, je les ai vus sombrer, dis-je, mais qu'importe?

— Il importe, monsieur Burton; car en tombant dans le lac, le contenu de mes navires s'y est mêlé.

— Qu'est-ce qu'il y avait dans vos navires?

— Dix mille tonnes de nitroglycérine. D'où résulte que le fleuve sorti de ce lac a entraîné dans ses eaux cette grande quantité de substance extrêmement explosive.

— Misérable ! m'écriai-je.

— Calmez-vous un moment, me dit M. James Archbold, et laissez-moi poser quelques chiffres.

L'ingénieur avait rouvert son carnet à la page déjà couverte de ses calculs ; et sa figure s'éclairait de satisfaction, à mesure que les hiéroglyphes algébriques se dessinaient sous son crayon.

— Je vous remercie, monsieur Kaïn, dit-il, en voyant que celui-ci attendait le résultat. Mais il faut du temps pour manier tous ces chiffres. Toutefois, grâce à vos renseignements, je conçois quelque espoir d'expliquer notre catastrophe et de périr conformément aux données de la science. Merci donc, Monsieur.

Et saluant de nouveau pour prendre congé, M. Archbold évita adroitement la main que Kaïn lui offrait.

— Et vous, fit celui-ci, revenant à moi, me refuserez-vous aussi votre main ? Me garderez-vous rancune d'avoir sacrifié le peu de temps qui vous restait à vivre, pour mettre fin à mon interminable vie ?

Disant cela, M. Penkenton tendait toujours sa main. Mais, exaspéré par tant de cynisme et incapable de me contenir, je le repoussai avec violence.

Un cri de fureur, suivi d'une grêle de malédictions et d'injures, répondit à cet acte brutal, dont je n'avais certes pas calculé la portée.

CHAPITRE XI

OÙ M. BURTON, DÉJA SI ÉPROUVÉ, SUBIT DE NOUVELLES ÉPREUVES, SE BRÛLE LES MOLLETS, REÇOIT UNE DOUCHE, ET SE RETROUVE AU SEIN DES SIENS.

Le corps géant de Kaïn Penkenton, réduit par la cuisson, sec et léger comme de l'amadou, n'avait pesé qu'une once dans ma main qui, en repoussant la sienne, l'avait précipité dans l'abîme.

Le malheureux hurlait, en roulant dans ce gouffre qui le rendait à la terre par le chemin le plus direct; ses mains s'éraillaient sur la pente, cherchant une fissure où ses longs doigts osseux auraient pris racine, des aspérités dont les pointes auraient cloué sa chair et arrêté sa chute. Vains efforts! Les pierres croulantes cédaient sous ses pieds, s'éboulaient sur sa tête, s'amoncelaient autour de lui, matériaux mouvants de son sépulcre. Il disparaissait dans cette funèbre apothéose; et, du sein de ce chaos de débris où son crâne, aussi chenu que les roches, roulait pêle-mêle avec elles, sa tête convulsée m'adressait des blasphèmes et des menaces, et m'eût jeté des pierres si elle l'avait pu : tel un mort qui se prend de querelle avec son fossoyeur, lui lance au visage les pelletées de terre qu'il en reçoit.

J'étais demeuré sur le bord, ahuri, stupide, épouvanté de mon action, étreint au cœur et à la gorge par le regret de ma brutalité, par le remords d'avoir rendu à la terre et peut-être à la vie ce malheureux qui se faisait une si grande fête de mourir.

Le bruit de la chute, les cris de Kaïn, mes gémissements, ma pantomime désespérée arrachèrent un moment M. Archbold à ses calculs et lord Hotairwell à ses pensées. Celui-ci jeta un vague regard vers l'abîme, ébaucha un geste qui voulait dire : Qu'importe! et retourna à ses méditations. Moi, oubliant un moment ma douleur, je me pris à le considérer.

Il était demeuré à demi étendu sur le roc où la fatigue l'avait jeté. Mais son extase continuait plus intense, sa vision plus lucide. Ses regards dessillés des mirages qui, tout à l'heure, les trompaient encore, percevaient maintenant, par delà ce soleil périssable, la lumière immaculée, créatrice et incréée, l'astre sans tache et sans ombre, sans crépuscule et sans aurore, duquel émane la vie des mondes, qui dispense le pain aux hommes et aux étoiles les rayons. Émerveillé comme un élu qui, du seuil des portiques célestes, entrevoit les vérités éternelles et les voluptés séraphiques, son visage était plus radieux, sa contemplation plus avide et ses lèvres murmuraient, plus ferventes, la prière de Gœthe : « Plus de lumière, ô mon Dieu! encore plus de lumière ! »

Spectacle sublime que celui de cet agonisant consumé, diaphane, aussi immatériel que sa pensée qui s'efforçait de survivre et qui, près de s'éteindre dans ce corps, l'éclairait une dernière fois de ses plus beaux feux du couchant ! Pareil au voyageur qui mesure les adieux à la durée de l'absence, l'âme de ce fantôme s'attardait à le parcourir et à l'étreindre, à visiter la demeure où elle avait souffert, travaillé, aimé ; à s'assurer une fois encore, dans un suprême retour, qu'elle n'oubliait rien d'immortel, rien d'elle-même, dans sa dépouille, qui allait périr.

Quant à M. Archbold, un peu réconcilié avec Kaïn par les renseignements *in extremis* qui lui donnaient l'espoir d'établir, sur des bases chiffrables, la réalité de la catastrophe, il l'avait suivi avec plus d'intérêt dans sa chute.

— Je regrette, dit-il avec bonté, que Kaïn soit tombé dans ce trou, avant que j'aie songé à lui demander s'il est vrai que Adam son père avait 123 pieds de hauteur et sa mère 118, comme l'affirme Henrion, de l'Académie française. Mais, peut-être avons-nous quelque espoir de le retrouver, ajouta l'ingénieur, après avoir regardé l'avalanche au milieu de laquelle disparaissait Kaïu, car l'accident de M. Penkenton peut être envisagé sous plusieurs aspects.

— En vérité! m'écriai-je avec joie, et reprenant espoir, à l'énoncé de divers aspects, alors que j'en voyais un seul, implacable et sans remède.

— Oui, dit l'ingénieur, la chute de M. Penkenton se présente sous trois aspects :

1° M. Penkenton retombera sur la terre ;

2° M. Penkenton n'y retombera pas ;

3° M. Penkenton recevra une destination intermédiaire.

Fortement assis sur le trépied de ces trois prémisses, M. Archbold entama son raisonnement :

— M. Penkenton tombera par terre, comme nous, si l'attraction terrestre qui nous enraye vainc la force terrifuge qui nous emporte ; et nous sommes certains qu'elle y fait tous ses efforts, auxquels je joins tous mes vœux.

Si l'attraction terrestre n'est pas la plus forte, et si nous sortons de sa sphère, M. Penkenton ne retombera pas plus que nous ; nous resterons ensemble, et il en sera quitte pour le voyage à l'antipode de notre astéroïde qu'il exécute en ce moment.

Cependant, si la vitesse personnelle que M. Penkenton acquiert durant ce voyage, devenait suffisante pour l'entraîner hors de l'attraction de notre petit globe, il se séparerait de nous. Mais ce troisième aspect se divise en deux sous-aspects :

1° Dans l'hypothèse où il serait projeté hors de ce sphéroïde, par la force qu'il emmagasine dans sa chute, M. Penkenton, bénéficiant de l'impulsion initiale qui nous est commune, pourrait encore nous suivre, à la condition que sa densité soit pareille à la nôtre.

2° Si sa densité est moindre, M. Penkenton s'arrêtera avant nous, comme une plume qui, lancée en même temps et avec la même force qu'une balle, ne va cependant ni aussi vite ni aussi loin. Nous aurions, dans ce cas, le regret de perdre M. Penkenton, de le laisser dans l'espace extrêmement isolé, impuissant à se mouvoir, malgré les efforts de natation qu'il pourrait faire, formant à lui seul sa planète et son habitant ; et cela jusqu'à la fin de sa vie qui, paraît-il, ne doit pas finir. Tout dépend du poids spécifique de M. Penkenton ; son sort est entre ses mains et il est inutile de nous en occuper davantage.

Je me sens d'ailleurs indisposé, et probablement sur le point de mourir. Veuillez donc me permettre, monsieur Burton, de rompre cet entretien. Veuillez aussi agréer et faire agréer à la Compagnie du Feu central toutes mes excuses de mourir dans les circonstances difficiles qu'elle traverse, et aussi tous mes regrets de n'avoir pu la fixer avant ma mort sur la réalité de notre explosion; car, toutes réflexions faites, j'ai dû me tromper.... Il est évident que notre astéroïde exigeant 610,300 quatrillions de kilogrammètres pour 10 kilomètres seulement de parcours, et la nitroglycérine n'en produisant que 16 milliards et un quart par tonne, les 10,000 tonnes de Kaïn n'ont donné que 162 quatrillions et demi de kilogrammètres, c'est-à-dire 2 millièmes et demi seulement de la force nécessaire; et que par conséquent....

— Par conséquent, interrogeai-je avidement?

— Nous ne sommes pas partis.

— Et alors, qu'est-ce que nous sommes devenus, demandai-je haletant?

— Pour cela, je n'en sais rien, répondit l'ingénieur, ou plutôt, je ne sais pas si je le sais. Car dire que je ne sais pas où nous sommes, c'est admettre que nous sommes quelque part!.... Or, sommes-nous quelque part, ou ne sommes-nous plus nulle part? Je n'ose me prononcer.... C'est embarrassant.... C'est très embarrassant.... Voyez-vous, monsieur Burton, ce qui me paraît le plus vrai dans tout cela, c'est que tout est faux.... Et cependant, si tout est faux, ce que je dis là ne serait pas vrai!.... Car, si rien n'est vrai, il y a quelque chose de vrai, c'est que tout est faux.... Ce qui ne peut pas être vrai, puisqu'il n'y a rien de vrai.... Non, il ne peut pas être vrai qu'il soit vrai que tout est faux.... Mais alors il serait donc vrai qu'il n'est pas vrai qu'il soit vrai que rien n'est vrai ?.... Oseriez-vous soutenir cela, vous, monsieur Burton ? Moi, je ne l'ose pas ; et je dis tout bonnement que je ne sais pas s'il est vrai qu'il n'est pas vrai qu'il soit vrai que tout est faux.... ou, plus simplement, que je ne sais pas si je ne sais pas que je ne sais pas.... Mais alors, que sais-je ?

J'écoutais, ahuri, cette série de déraisonnements indiquant un trouble complet des facultés de l'ingénieur qui, ayant surpris mon impression attristée, interrompit ses équations psychologiques pour me dire :

— Vous semblez mécontent, monsieur Burton : est-ce que ma dialectique vous offusque ? Ai-je dit quelque chose d'obscur, et ne savez-vous pas que les plus grands philosophes ne raisonnent ni autrement ni mieux ? Pyrrhon, Énésidène, Montaigne, Schultze, ces maîtres du scepticisme, n'en disaient pas d'autres ; et je sens que si les mathématiques ne m'avaient pas distrait de la philosophie, je les eusse égalés.... Si vous ne me croyez pas, lisez Pyrrhon : il n'a rien écrit, mais Sextus Empiricus a écrit pour lui : lisez ses hypotyposes et ses XI livres contre les mathématiques que, de mon vivant, j'ai réfutés. Étudiez cela, monsieur Burton, vous me direz des nouvelles de ces grands sceptiques... Vous prenez l'air méprisant, continua l'ingénieur, dont le verbe s'exaltait. Seriez-vous

un antisceptique? Si cela est, dites-le! Déclarez-vous!
Entrez dans l'arène, ceignez vos reins, huilez votre
torse, luttez corps à corps avec ces athlètes ; cervelle
à cervelle, avec ces psychologues.... Ah ! cette joute
sera belle et fera du bruit dans les mondes. D'un
côté, l'armée des philosophes commandée par Pyrrhon ; de l'autre, Edward Burton, ancien négociant,
seul et nu sur son astéroïde, comme Milon sur son
disque! Burton, directeur du feu central en fuite,
vagabond de l'espace ! Homme sans terre ! Citoyen
sans pays ! Aliéné sans cabanon !.... Ah ! ah ! ah !....

Et l'ingénieur éclata de rire avec la vigueur d'un
homme qui, depuis 60 ans qu'il est au monde, se
pince pour garder son sérieux.

Ces divagations m'étaient si pénibles à entendre
que je résolus d'y couper court, en prenant la parole
avec autorité.

— Monsieur Archbold, dis-je, laissez là ces discours
trop savants : l'excès de la science éblouit comme
l'excès de la lumière aveugle, et l'aveugle ne distingue plus la nuit du jour, ni l'erreur de la vérité.

Quand j'eus fini, M. Archbold me regarda avec
tant de pitié et de mépris que, croyant avoir dit des
sottises, j'ajustai de suite sur ma figure une pareille
expression de mépris et de pitié. Mais cette concession ne désarma pas l'ingénieur.

— Monsieur Burton ! s'écria-t-il, vous parlez
comme Sancho Pança, dont vous avez la tournure;

et vos sentences naïves seraient dignes d'être vagies par Prudhomme au berceau. Apprenez pour votre gouverne, qu'il n'existe pas de vérités ou d'erreurs, mais des points de vue divergents ; pas de lumière et de ténèbres, mais des soleils différents : le soleil blanc qu'on nomme jour, le soleil noir qu'on appelle nuit ; astres qui se valent, car je ne sache pas que le noir soit inférieur au blanc, le bleu au rouge, et que la nature ait institué, pour les couleurs, des préséances et une hiérarchie. Prouvez le contraire si vous le pouvez.

Vous ne dites rien ! donc ces astres sont égaux, ils coexistent comme des frères Lyonnet, ou des frères Siamois, unis l'un à l'autre comme la médaille à son envers. Avez-vous jamais vu une médaille sans revers ou un revers sans médaille ? Non, car l'endroit implique l'envers, l'être affirme le non-être, la négation de ceci est l'affirmation de cela ; et l'existence prouve le néant, sous la réserve que, si le néant existe, il n'existe pas, puisque s'il existait, il ne serait plus le néant..... C'est clair comme le jour ou comme la nuit, à votre choix.

Cette loi des contrastes est inéluctable, rien n'existe en dehors d'elle ; on ne pourrait, sans elle, rien voir ou rien entendre, puisque voir un objet c'est le distinguer de ce qui l'entoure ; entendre un son c'est le distinguer d'un autre ; percevoir le silence c'est le distinguer du bruit. Entendre toujours du bruit équivaut à ne rien entendre, et ne doutez pas, monsieur Burton, que, si l'on vous cornait toute la journée aux oreilles, vous finiriez par croire qu'il règne un profond silence dans vos trompes.

Laissez donc vos sophismes ; ouvrez les yeux à la lumière, et, voyant qu'il existe un soleil blanc, concluez qu'il existe un soleil noir et saluez avec moi, saluons l'astre-ténèbres, la lumière-ombre, reine des espaces et des étoiles, qu'elle glace et qu'elle étreint dans son deuil éternel !

> Et l'on voit tout au fond, quand l'œil ose y descendre,
> Au delà de la vie et du souffle et du bruit,
> L'énorme soleil noir d'où rayonne la nuit[1].

déclama M. Archbold avec emphase.

Astre incommensurable ! plus grand que l'infini ! puisque l'univers est inclus dans ses pôles, et que la création tout entière n'est qu'une sphère noire mouchetée de planètes et d'étoiles, globe d'ébène incrusté de rubis..... Spectacle merveilleux mais offert à peu de regards, car pour le contempler, il faut en sortir..... Peut-être y parviendrons-nous, si l'impulsion qui nous entraîne alimente suffisamment notre course. Nos destinées déjà si belles, deviendront alors sans égales. Nous voyez-vous, monsieur Burton, dépouillés de nos êtres, libérés des matérialités, des

---

1. Victor Hugo, *Contemplations*.

pesanteurs, des attractions et des gravitations qui courbent les créatures sur la glèbe des planètes, assis dans le vide, regardant la nuit, voyant la création par son envers, la vérité par son erreur..... Y serions-nous déjà? Je le croirais, tant j'éprouve un allégement physique et une lucidité d'intelligence dont vous devez être frappé.

— J'estime que vous êtes complètement fou, fis-je cette fois, sans hésiter.

— Croyez-vous? Moi, je n'en sais rien, repartit l'ingénieur, devenu très pâle; non, en vérité, je ne sais pas, je ne sais rien.

— Est-ce donc là votre dernier mot, lui dis-je?

— Oui! répondit-il, c'est le dernier mot de la science.

En disant ces paroles, sa voix était devenue calme et grave; il les murmura comme un soupir, et lorsque, le voyant chanceler, je saisis sa main pour le soutenir, je serrai la main d'un cadavre: James Archbold n'existait plus.

Ces natures puissantes n'ont pas de défaillance dans la vie, pas d'agonie avant la mort : pour elles, pas de transitions crépusculaires; elles sont ou ne sont plus. M. l'ingénieur Archbold, le soir de sa vie venu, sa journée finie, s'était assis pour mourir commodément, correctement, sans fatigue comme sans mollesse, la tête et le buste accotés à la roche, les mains appuyées sur les cuisses, pour étayer le corps et porter, sans fléchir, le fardeau des âges; dans l'attitude précise de ces colosses de Louqsor, gardiens sculptés dans la pierre, qui veillent, depuis trente siècles, au seuil désert des Pharaons.

Un rapprochement, qui manquait peut-être de convenance, se présenta en ce moment à mon esprit; je me souvins d'avoir entendu comparer l'illustre ingénieur à une machine à vapeur qui ne saurait être, tant qu'elle existe, que toute-puissante ou tout inerte: machine parfaite, modèle idéal de ces Atmophytes qu'il avait créés. Tel avait été M. James Archbold, ingénieur en chef de la Compagnie du Feu central; tel il était passé, sans transition et sans autre décadence qu'un court délire philosophique, de la pleine pression à la pleine inertie. Les organes de cette machine avaient stoppé net au point mort.

Lord Hotairwell et M. Archbold n'étaient plus. M. Penkenton avait disparu.

— Et moi? m'écriai-je, pris de peur et de désespoir en voyant qu'on me laissait seul, Robinson de l'éther, sur cet îlot. Et moi? ô mort, ne vais-je donc pas mourir et ne t'ai-je pas méritée? Vois mon corps noirci par la flamme solaire, mes mains craquelées et mes doigts qui s'écaillent comme des cigares trop secs! O mort! ferme mes yeux à cette lumière qui les dévore, dont le miroir ardent incendie mon cerveau. Je devrais avoir péri comme mes compagnons; pourquoi ce retard? Pourquoi me faire survivre à ma dépouille qui tombe en ruines..... Mon corps est usé, j'ai, comme tout le monde, le droit d'en sortir ou au moins d'en changer..... Grand Dieu! j'y songe, tout s'explique : mon crime!! Assassin de Kaïn! meurtrier du meurtrier! son sang s'élève contre moi. Dieu a dit que celui qui ferait mal à Kaïn serait puni sept fois au double ; Kaïn a requis contre moi ses sept doubles vengeances, et voici la première, si terrible..... que seront les autres, mon Dieu ? Oui, il a obtenu que je lui succède dans sa vie éternelle, que je prenne la suite de son châtiment. Cela est, je le sens ; je sens sa peau de bique qui se drape sur mon squelette, son bâton qui prend ma main. Je suis Kaïn, meurtrier de Kaïn et d'Abel, chargé de deux sangs, deux fois immortel et deux fois maudit!.... Il rit, le vrai Kaïn, je l'entends, j'entends grincer son rire dans ses mâchoires énormes ; il rit parce que sa peau m'est trop grande, son bâton trop lourd..... Il me trouve ridicule et il a raison, car lui du moins avait un corps. Job, le plus pauvre des hommes, était propriétaire, il avait un fumier..... Mais moi, il me faut vivre, dans un cadavre en pièces, sur une terre en loques, et souffrir ce que je souffre.

En ce moment, je ressentis une impression de chaleur tellement douloureuse, que je poussai un cri terrible.....

. . . .

Mon domestique Joé accourut à ce bruit. Mon fils

Edward ; Mary-Ann, Ketty, Jane et Arabella, mes filles ; mon épouse mistress Burton, arrivant à leur tour, ouvrirent précipitamment la porte de mon bureau, poussèrent à l'unisson une exclamation pareille, refermèrent la porte et disparurent, mais pour revenir prompts comme l'éclair, munis de seaux, de baquets, de petites pompes et de tous autres appareils propres à éteindre un incendie en chambre. Sous la direction éclairée de M. l'ingénieur Hatchitt qui, malgré les grandes occupations que lui donne le tunnel de la Manche, était revenu à la surface pour passer son dimanche avec nous, ils déversèrent sur moi le contenu de tous ces vases, ce qui acheva de m'éveiller.

Il était temps ; car, sans que le soleil fût pour rien dans l'affaire, j'allais périr incendié. Déjà, mes chaussures en feu calcinaient mes pieds, épandant le fumet double de nos cuirs juxtaposés, et mes jambes commençaient à roussir en même temps que celles de mon pantalon.

Le soleil, le feu central, lord Hotairwell, l'ingénieur Archbold n'étaient pour rien, je le répète, dans ce sinistre ; ils n'étaient que les fantoches d'un cauchemar que peut se procurer, comme moi, toute personne d'un peu d'imagination, qui s'endort trop près du feu et trop tôt après dîner, en laissant son cerveau aux prises avec son estomac.

Mes brûlures sont guéries ; mais ce rêve s'est si

fortement incrusté dans mon esprit qu'il s'y confond avec la vérité, et qu'il y a des jours où ne les distinguant plus, je prends au sérieux l'existence de la Compagnie du Feu central, les fonctions de gérant que j'y ai exercées et la catastrophe finale qui m'a emporté dans l'espace.

— Cette histoire n'est pas même vraisemblable, me disait un de mes amis, à qui je venais de la raconter, tous les personnages y sont fous!

— C'est justement cela qui me donne à croire qu'elle est vraie, lui répondis-je avec mon bon sens des meilleurs jours.

Une autre conséquence pénible de ce rêve est la méfiance involontaire que m'inspire depuis ce temps mon vieux camarade, M. le professeur Samuel Penkenton. Je le suspecte malgré moi d'avoir été réellement l'un des fauteurs de ce drame et j'avoue avoir tenté plusieurs fois l'expérience de l'appeler : Kaïn ! à l'improviste, en le regardant bien en face. M. Penkenton n'a pas paru comprendre ; mais il m'a fait savoir, avec ménagement, par un de nos amis communs, qu'il me considérait comme atteint d'aliénation mentale.

. . . .
. . . .
. . . . lorsque Chatterton, présenté au lord-maire, reçut de lui le conseil d'abandonner sa misérable profession de poète, sté-

rile pour lui-même, pour ses concitoyens et pour la patrie :

« Le poète a sa tâche, répondit Chatterton : il cherche aux étoiles quelle route nous montre le doigt du Seigneur ! »

Et nous, sans élever jusqu'aux étoiles des contemplations qui ne sont offertes qu'au génie, nous avons essayé, en un rêve, d'entrevoir, parmi les visées du Seigneur, une route nouvelle pour le navire, une nouvelle conquête pour l'humanité.

Mais l'activité du siècle a rendu difficile ce rôle de précurseur. La science, de nos jours, a le regard et l'envergure de l'aigle ; elle contemple les espaces sans vertige et les franchit d'un coup d'aile ; elle devance ses prophètes, et souvent le poète, qui sommeille encore, s'éveille au bruit de son rêve déjà réalisé.

Qui sait si, pendant que ma plume trace une route idéale aux abîmes géologiques, le pic et la sonde, dirigés vers le même but, ne trépanent pas déjà sur quelque point du globe sa vieille ossature, pour en extraire cette nouvelle moelle ; non plus pour ravir, comme Prométhée, le feu du ciel, mais pour asservir le feu de la terre et le capter dans son repaire plutonien ?

Je pense que l'avenir verra se réaliser cette grande entreprise, que les hommes conquerront ce magnifique patrimoine et que les générations qui nous suivent, plus frileuses en avançant dans leur vieillesse cent fois centenaire, viendront, conduites par la science, se réchauffer et s'asseoir autour de ce grand foyer.

A moins que le feu central de la terre ne soit lui-même un rêve des savants et des poètes : *That is the question!*

TABLE DES MATIÈRES

Pages.

Préface 1

PREMIÈRE PARTIE

Chap. Ier. — Où le lecteur est prié de faire un peu de toilette (habit noir et lunettes d'or). 1
Chap. II. — Assemblée des actionnaires de la Compagnie générale d'éclairage et de chauffage par le feu central de la terre. 5
Chap. III. — Fête d'inauguration de la Compagnie générale d'éclairage et de chauffage par le feu central terrestre 29
Chap. IV. — Le comble du patriotisme ou un homme qui transporte une île. 43
Chap. V. — Un puits de trois lieues 57
Chap. VI. — Promenade en forêt. 87
Chap. VII. — Pulvis in pulverem. 109
Chap. VIII. — Une revue 125
Chap. IX. — Où le projet de détruire la terre, présenté par M. le docteur Penkenton, est repoussé à la majorité d'une voix. 155

	Pages.
Chap. X. — Le puits tombe dans l'eau.	183
Chap. XI. — Un grand dîner	199

DEUXIÈME PARTIE

Chap. I. — Une nouvelle espèce humaine.	225
Chap. II. — Confortable City.	241
Chap. III. — Plus de bonheur encore.	253
Chap. IV. — Une séance orageuse.	267
Chap. V. — Une révolution mécanique	285
Chap. VI. — Et alors la clef de l'abîme leur fut donnée... (L'Apocalypse de saint Jean, chap. IX)	297
Chap. VII. — L'Angleterre intercosmique.	309
Chap. VIII. — Où M. Burton se liquéfie, pendant que M. Penkenton se volatilise.	329
Chap. IX. Le dernier rêve de lord Hotairwell	345
Chap. X. — Samuel אן Penkenton	357
Chap. XI. — Où M. Burton, déjà si éprouvé, subit de nouvelles épreuves, se brûle les mollets, reçoit une douche, et se retrouve au sein des siens	381

Nancy, imp. Berger-Levrault et Cⁱᵉ.

www.ingramcontent.com/pod-product-compliance
Lightning Source LLC
Chambersburg PA
CBHW071901230426
43671CB00010B/1429